U0723863

SCIENCE MUSEUM

# 科学博物馆

## 神奇藏品背后的医学简史

伦敦科学博物馆 著

［英］娜塔莎·麦肯罗 ［英］塞利娜·赫尔利 主编

董震东 译

THE

# MEDICINE CABINET

The Story of
Health and Disease
Told Through
Extraordinary Objects

北京时代华文书局

上图：医用玻璃器皿，藏于伦敦科学博物馆

下图：用于控制血流的外科器具，藏于伦敦科学博物馆

右页图：第一次世界大战后出现的现代假肢，藏于伦敦科学博物馆

# 前　言

很多我们所熟知的博物馆的建立都源于好奇心驱使的收藏。这些博物馆保存并陈列了自然、艺术、民族、宗教和文化等多个方面的展品。伦敦科学博物馆不仅有上述各种类别的藏品，更有着丰富的医学类藏品，其中尤为引人瞩目的是其在外科手术器具和药剂学工具方面的收藏。伦敦科学博物馆以及本书中所提到的医学类藏品大部分都属于亨利·惠康。作为一名制药行业的企业家，惠康将他的大部分收入用于完善他的收藏。他致力于完整地展示人类面对生与死、健康与疾病、宗教与科学的历程，虽然他没有实现他的目标，但是他的遗产仍是与医学相关的最丰富、最有趣的文物收藏。在他去世后，他的 100 多万件藏品分散到世界各地的博物馆和私人手中。1979 年，这些藏品中最重要的一部分被长期租借给伦敦科学博物馆，开启了该馆医学史展览的新纪元。从那时起，伦敦科学博物馆又陆续增加了一些新的藏品，比如世界首个核磁共振成像仪、移动式 X 射线检测车、肌红蛋白和青霉素的分子结构模型、首个在英国使用的手术机器人，以及有着全球性意义的假肢收藏品等。

伦敦科学博物馆中的 15 万件医学藏品体现了人类长期以来对自身健康的重视。在本书中，21 位作者与该馆合作，一起向我们讲述了 100 多个与收藏品相关的故事。通过这些故事，我们会看到人们是如何全力去应对某些严峻的医学挑战的，这些挑战包括：认识我们的身体、完善科学诊断、从个体和群体的角度关怀所有年龄段人们的健康，以及不断发展医疗技术。

我们对医学的期待是不断变化的，这取决于我们的居住地、年龄以及对自身在人类历史长河中的自我定位。在不同的时期，医学可能刚好达到我们的期待，也可能达不到或超越了我们的期待。而这都在不断改变我们对自我和身体的理解，改变我们与他人，特别是医学从业者的交流方式。接下来的每一则故事不仅会向我们讲述医学的发展历史，更会展示我们自身的历史。

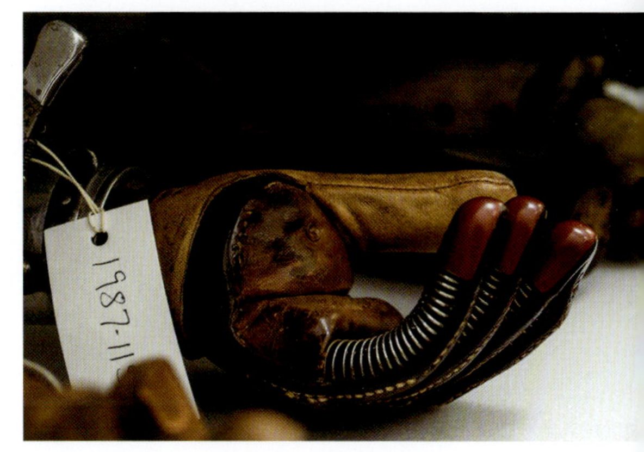

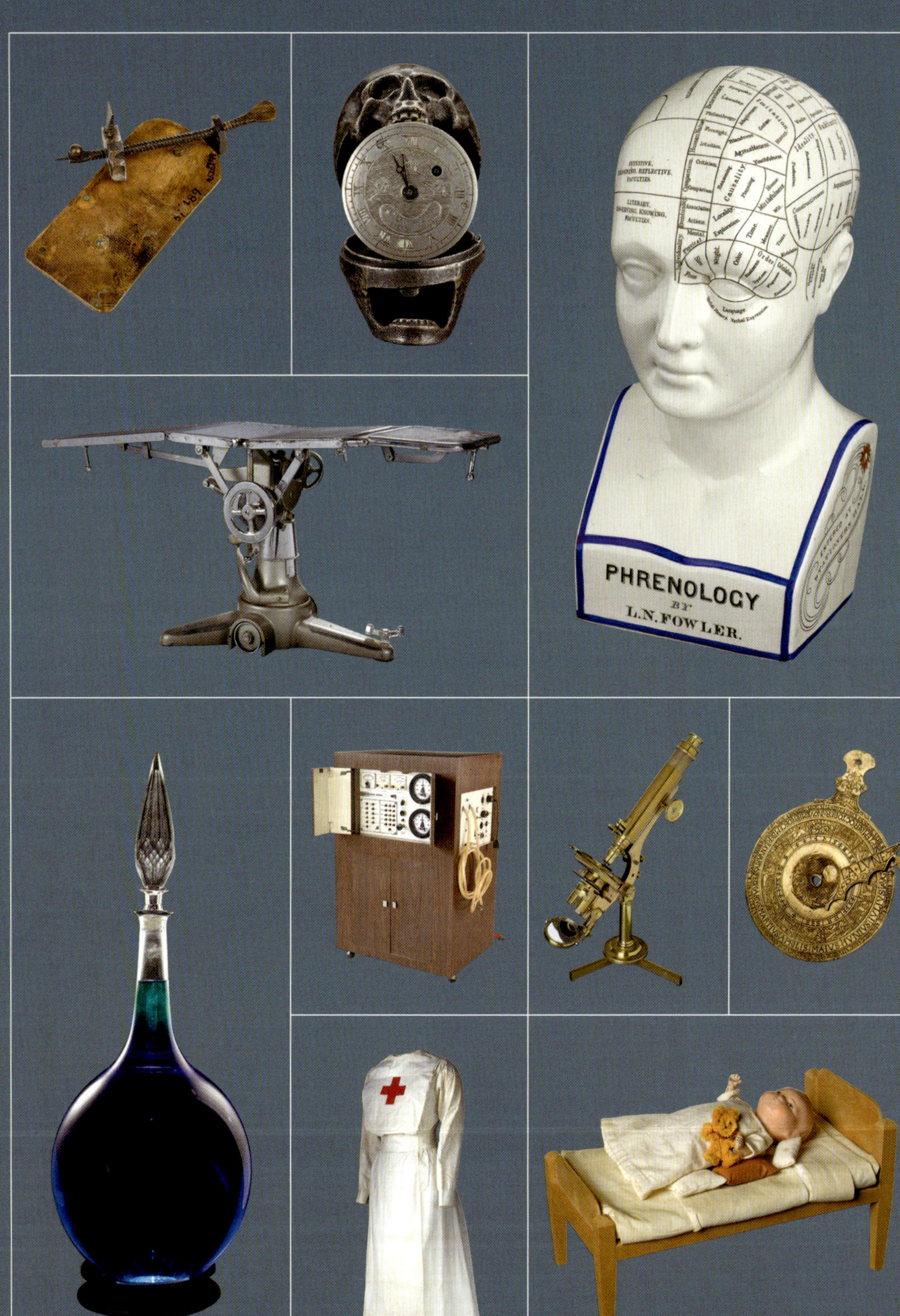
PHRENOLOGY
BY
L.N.FOWLER.

# 目 录

CONTENTS

## 一 认识我们的身体



## 二 出生与死亡



## 三 诊断

## 四 外科医学



## 五 公共健康



## 六 辅助性技术



## 七 信仰

## 八 药物与药店



## 九 战争



## 十 医院

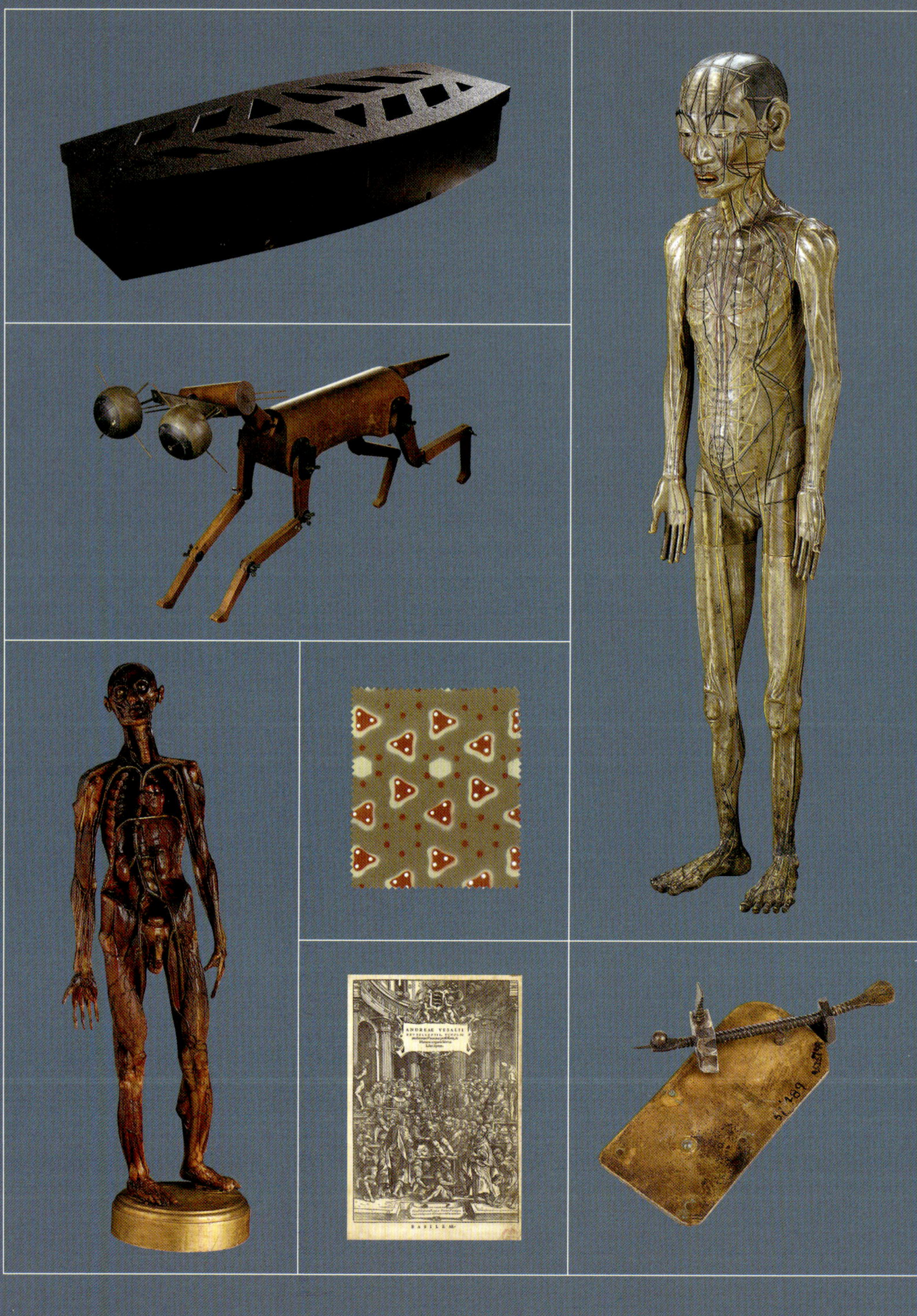
ANDREAE VESALII
BASILEAE

# 一

# 认识我们的身体

人体是如何工作的？它为什么会出现健康问题？数百年来，这些关于人体的奥秘一直令医学专业人士和医学爱好者们着迷。通过检查动物和人类的身体或尸体，我们加深了对生命与健康的了解。长期以来，我们通过观察、嗅闻，甚至品尝体液来检测疾病、监测健康状况。那些蜡制或纸制的解剖模型精美奇特，记录了我们对神经系统、肌肉系统和血液系统的认知和理解。通过测量和记录身高、力量和营养情况等身体特征，我们能够更好地了解广大民众的身体状况。X 射线和核磁共振成像等技术能让我们看到皮肤之下隐藏于身体内部的人体结构。

# 奥祖的解剖模型

**路易斯·奥祖用混凝纸制作解剖模型，向医学生传授人体知识。**

医生要治疗病人，必须先了解人体内外的工作机制。而要研究人体结构，最简单的方式之一就是在人死后将其尸体剖开以做观察，这一过程也称为“解剖”。直到16世纪，解剖仍是宗教信徒所谴责的行为，公众对此有极大的敌意。后来，解剖逐渐被人们接受，但如何长时间保存尸体使之能用于教学的挑战依然存在。解剖学家不得不忍受腐肉和尸体渗液的味道，快速完成解剖，避免尸体过分腐烂而不能用于课堂教学和演示。

为了解决这一问题和支持解剖学的研究，年轻的法国医生路易斯·奥祖用混凝纸设计制作了精致的解剖模型。这些模型由多个可拆卸的部分组成，每个部分都有清晰的标签，而且质地坚固，可重复使用。在经过多年的实践之后，奥祖于1825年向法兰西科学院（法兰西学会下属五个学院之一）展示了他制作的第一个完整人体模型以及其他作品。法兰西科学院赞扬了奥祖的努力，但认为模型的美感可以再提升。

得到认可后，奥祖继续制作纸质模型，并将制作范围扩大到植物模型和动物模型。1828年，他在家乡开设工厂，雇用了100多名工人。这些工人既没有医学背景，也不懂制作工艺，他便亲自进行培训。奥祖认为工人在制作模型的过程中可以自然而然地学到解剖知识。他称自己的模型可以取代“专家”，人们可以通过使用这些模型直接学习解剖知识。每个新模型的初版都是由奥祖亲自制作的，这些原版模型随后被制作成模具，用于批量生产模型并销往世界各地。右页图中的模型是奥祖制作的原版模型之一，其他模型都是在此基础上生产的。

随着模型遍销世界各地，奥祖在国际上声名鹊起。1851年，他在万国工业博览会（第一届世界博览会）的展出大获成功，在博得满堂彩的同时也获得了许多奖项，这说明行业内外人士都渴望一睹他的作品。尽管奥祖的作品最初用于医学培训，但后来他将其推向了普通大众。奥祖认为，即使没有老师的帮助，初学者也可以通过这些模型学习解剖和生理知识。

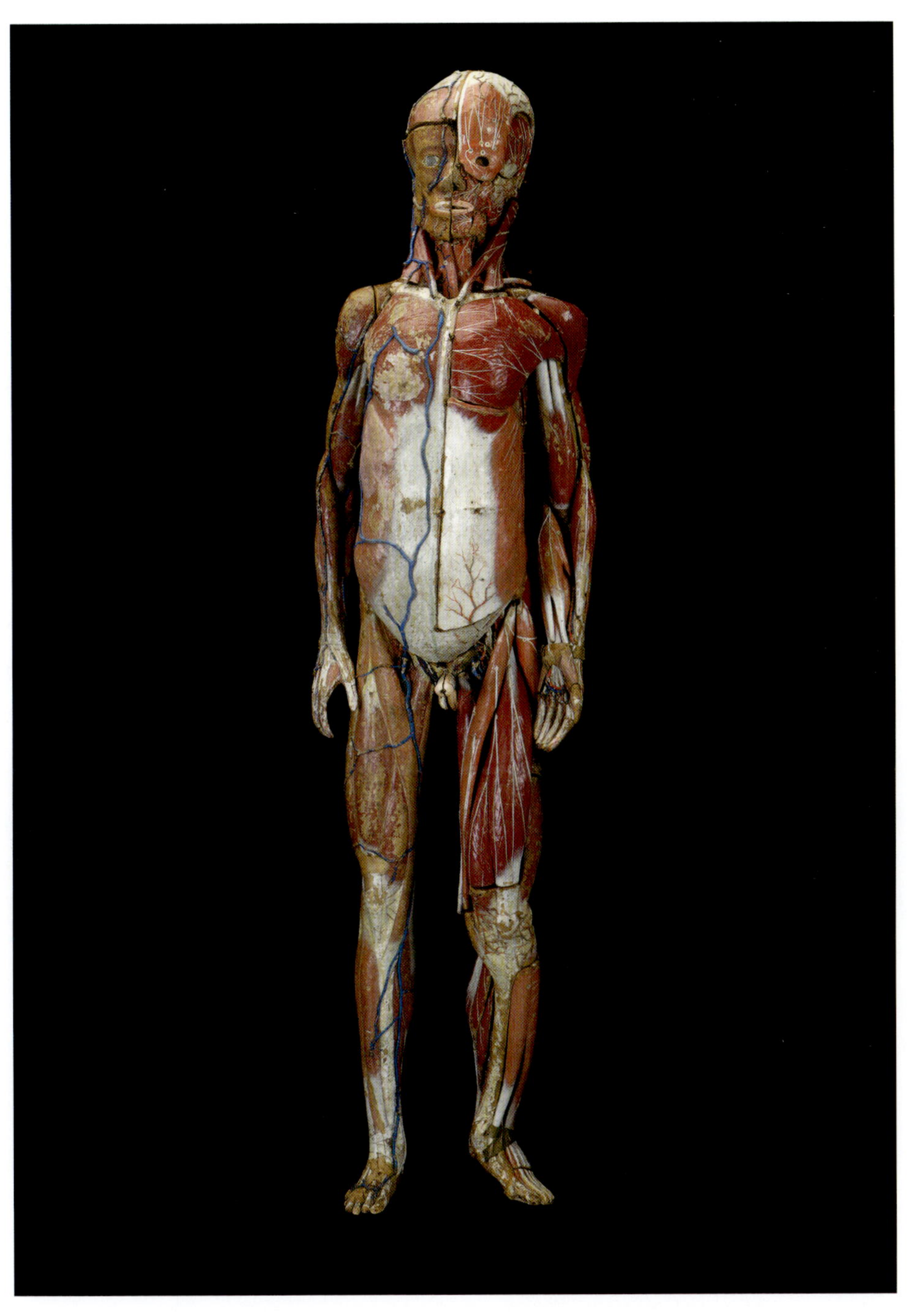

路易斯・奥祖制作的男性人体解剖模型，1825—1860 年

左页图：一张展示了奥祖位于圣奥班代克罗斯维尔的工厂的明信片，1870—1900 年

# 维萨里的《人体构造》

**安德烈·维萨里关于解剖学的著作详细图解了人体的构造，有着里程碑式的意义。**

《人体构造》这本书代表着近代解剖学的诞生，它也是首本精确描绘人体结构的书。安德烈·维萨里（比利时籍）是意大利帕多瓦大学的解剖学教师，他积极倡导将解剖作为医学学习的基础。他认为需要继承古希腊和古罗马解剖的传统，但要想了解人体应解剖人而非动物。他的新观念对盖伦（古罗马医生、动物解剖学家和哲学家，生活于2世纪）基于解剖动物所得出的结论发起了挑战。《人体构造》可以说是维萨里公开新观念的宣言，而大量精确的插图是这本书成功的重要因素之一。

这本书的封面在视觉上有力地展示了维萨里的观点。如右页图所示，在拥挤的解剖讲堂中央，一位解剖学家解剖了一具女性的尸体。他右手指向已被解剖的尸体，左手指向天空，意思是了解神圣的人体结构，方可知晓上帝造物的巅峰。他周围的人记着笔记，并把他的话与已出版的书的内容进行对比。古代先哲盖伦、亚里士多德和希波克拉底穿着托加长袍，用赞许的目光看着他们。在桌子下面，两个赤脚医生抢着帮解剖学家磨刀。维萨里想要改革医学教育的模式，他希望解剖学教师能够现场解剖，而不是对着外科医生解剖后的尸体进行讲解。

《人体构造》中还有多幅木版画，我们不清楚具体由哪些艺术家创作，但书中的建议部分提到了画家提香·韦切利奥的学生简·斯蒂芬·范·卡尔卡，以及风景画艺术家多梅尼科·康帕尼奥拉。我们猜测可能是多名艺术家和维萨里本人共同完成了书内的全部插图。维萨里亲自参与了绘图过程，支付了木版画的费用，并对所有图片的样式和位置做出了严格的要求。他

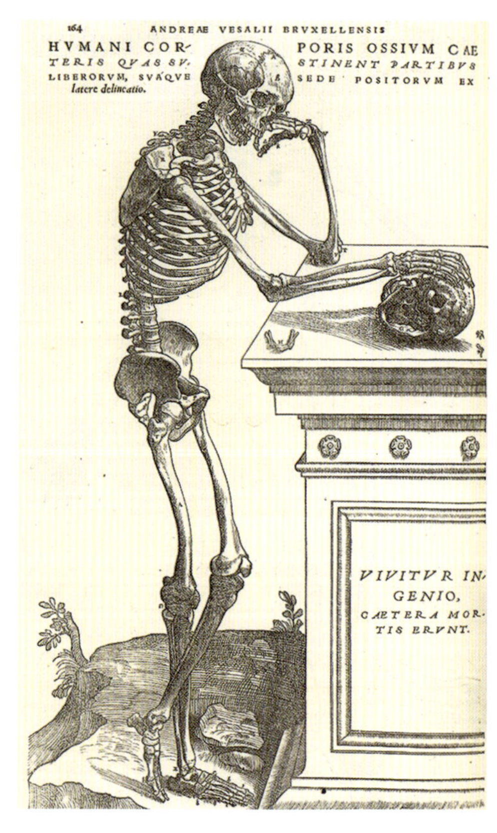

设计了多张经典的人体结构图，记录了对人体的骨骼系统、肌肉系统、血液系统、生殖系统和神经系统，以及若干器官的详细解剖结果。维萨里通过这种方式实现了他利用绘图展示解剖过程的想法。插图中人物的背景往往是风景或纪念物，这种隐含基督教思想的插图暗喻了人类的脆弱和渺小。书中不仅有各种插图，以吸引学者和医生，还有一些细节性的描述，可以支持维萨里的充满争议的医学观点。这些图片持续影响着后世画家长达几个世纪。

《人体构造》的封面。作者安德烈·维萨里，对开本，1543 年

左页图：做沉思状的人体骨架。《人体结构》第 164 页

# 巴斯德的显微镜

**路易斯·巴斯德取得了不可思议的医学突破，他的崇拜者特别珍惜他的科研设备。**

对运动员或名人的英雄崇拜自古就有，但在18世纪，崇拜科学家是一件新鲜事。法国化学家兼微生物学家路易斯·巴斯德有着了不起的职业生涯，他发现了微生物可以发酵产生酒精，发明了能使牛奶灭菌的巴氏灭菌法，还研发了狂犬病疫苗和炭疽疫苗，更帮助蚕业远离了病虫害。巴斯德的科学研究使得他在去世时不仅是世界上最著名的科学家之一，也是最著名的人物之一。

当一个人如此有名时，他使用过的各种物品和与他相关的各种材料会很自然地被保存下来，以记录他的伟大。右页图是一架由法国科研设备公司纳切特父子（Nachet & Son）制造的显微镜，据说巴斯德曾经使用这架显微镜研究微生物，分析蚕病。不过，经过细致调查发现，事实并非如此。

这架显微镜是由亨利·惠康购买的。他出生于美国，于1910年入籍英国，是一名制药企业家，创立了伯勒斯惠康公司（Burroughs, Wellcome & Co）。惠康花费无数经费收购了很多记录医学发展历史的物品，创建了他的惠康博物馆，该馆于1913年开放。惠康很敬佩巴斯德，认为他是近代医学的重要人物之一。惠康派他精明的经纪人约翰斯顿－森特上尉去收集巴斯德的纪念物，加入到他的收藏品中。

巴斯德去世时，他的同事保存了各种与他有关的设备。实验室中每天都会使用的桑蚕标本、玻璃器皿和显微镜都被保存了下来，其中的很多物品被送到了博物馆，以彰显他为子孙后代做出的贡献；还有一些人拿走了一部分遗物在市场上谋利。纳切特父子公司的负责人把据说是巴斯德使用过的几个显微镜卖给了惠康。

在几次会面后，约翰斯顿－森特上尉和该公司达成了交易，不过，纳切特父子公司提供的是真品还是复制品，这点很难确定。到底是该公司故意不道德地卖出这个显微镜，还是说经纪人约翰斯顿－森特上尉对藏品的真伪不够重视，我们无从知晓。我们能确定的是，巴斯德本人没用过被交易的那架显微镜，该显微镜也未曾被用来做实验以证明“自然发生说”的错误。可能的真相是，从事桑蚕养殖的农民们曾依照巴斯德的方法用这架显微镜检测蚕病。

纳切特父子公司制造的复式单目显微镜，1861—1870 年

左页图：路易斯·巴斯德，图下方两只狗代指他在狂犬病方面的研究工作，图上方的碗和蛇代指他在卫生领域的成就（海吉雅是希腊神话中的健康女神，她经常手持装有蛇的碗），19 世纪 90 年代

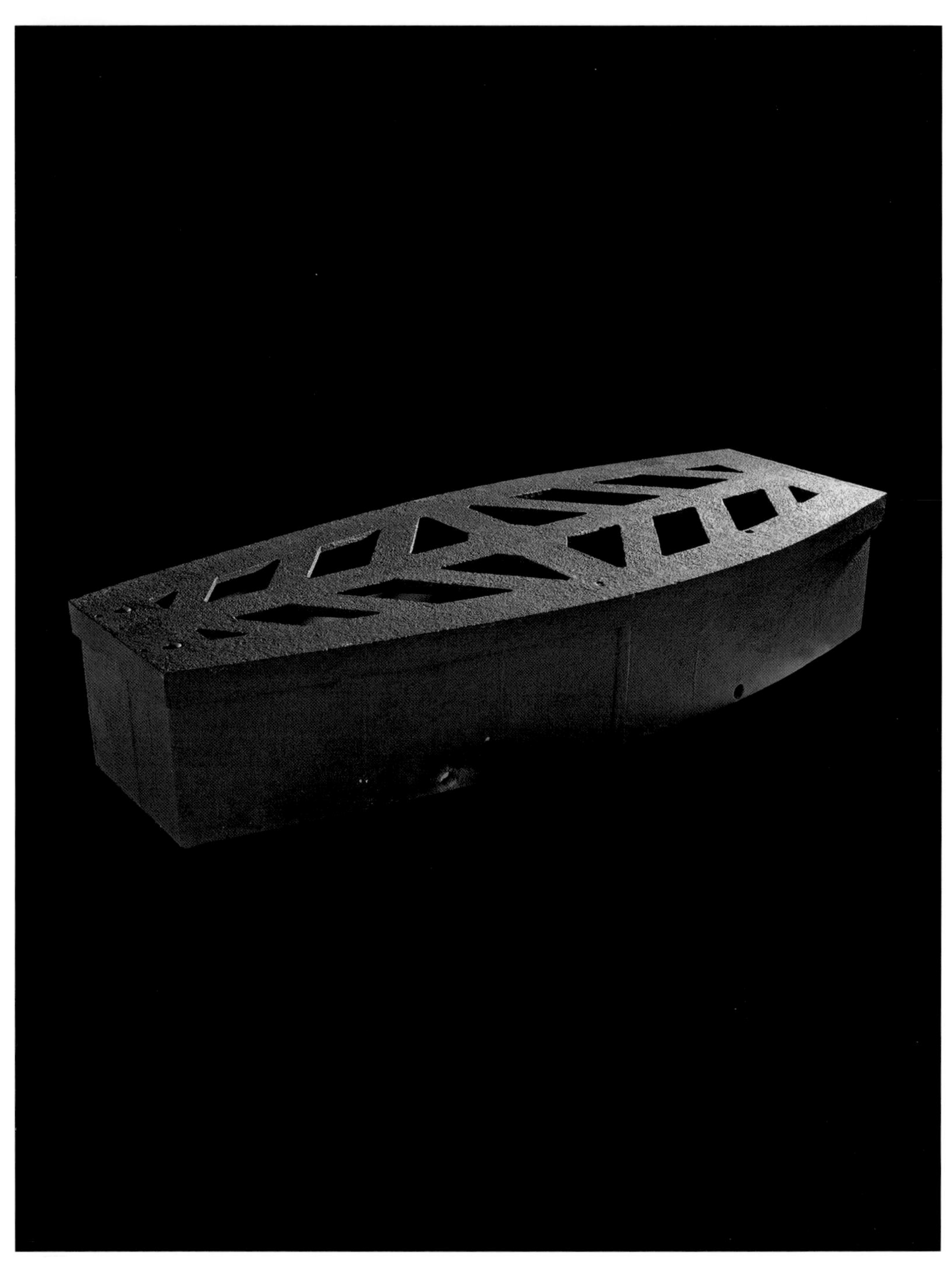

莫特保险箱，1800—1822 年

右页图：内容是一个守夜人一只手提着灯笼，另一只手抓住了一个掘墓者。画名《死亡》，英国漫画家 T. 罗兰森，1775 年

# 莫特保险箱

**为了保护刚去世的死者免受盗墓者的侵扰，很多家庭会将棺材装入很沉的箱柜。**

这种由铁制成的箱柜叫莫特保险箱（见左页图），大到足以容纳一个棺材。在19世纪，有些盗墓者会把偷来的尸体卖给医疗从业者以供解剖之用。因此，悲伤的死者家属会使用这种物品来保护他们亲人的遗体免受盗墓者的侵扰。在尸体入棺下葬后，棺材会在箱子内保存若干天，直到尸体腐烂至已无法供解剖研究之用。莫特保险箱真实反映了19世纪人们对于尸体被盗的担忧。

愈演愈烈的偷尸体现象反映了18世纪医学培训过程中的明显转变。在之前的几百年里，医生们都通过书本和手稿中的信息来学习解剖知识；而在18世纪，这种情况发生了革命性的变化。医学生们被要求通过亲手解剖尸体来获得直接经验，而非通过书本。1828年，仅在英国伦敦地区，就有约800名学生学医。医学生愿意为实操培训支付昂贵的学费，因此在欧洲，很多公开教授解剖的学校如雨后春笋般涌现。而这些解剖学校依赖于新鲜尸体的日常供应，以满足学生训练之用。然而，在19世纪初期，唯一合法允许使用的尸体是最近被处死的犯人，但这种犯人数量太少，无法满足尸体解剖需求，甚至有时人们会因抢夺尸体而在绞刑架周围大打出手，而死者的家人和朋友会尽力阻止那些尸体贩子抢走尸体贩卖到医学院。

那些非法掘开新墓并贩卖尸体的人被称作“尸体复活师”，而解剖学校所提供的丰厚利润，为这群所谓的“尸体复活师”带来了一个新的商机。作为这场犯罪的同伙，某些牵头的医生辩称说，不管尸体是以哪种方式获得的，医生可以使用尸体来做解剖，总好过让活着的人们只能去找毫无解剖经验的医生看病。有些掘墓者更加过分，他们为了达到目的甚至不惜杀害别人。民众的极度愤怒迫使当时的政府采取了行动。1832年，英国《解剖法案》正式允许济贫院或慈善医院中无人认领的遗体可被合法地用于解剖。之后，市场上可以合法使用的尸体数量大幅增加，因此《解剖法案》被认为是遏制掘墓风气的关键一步。

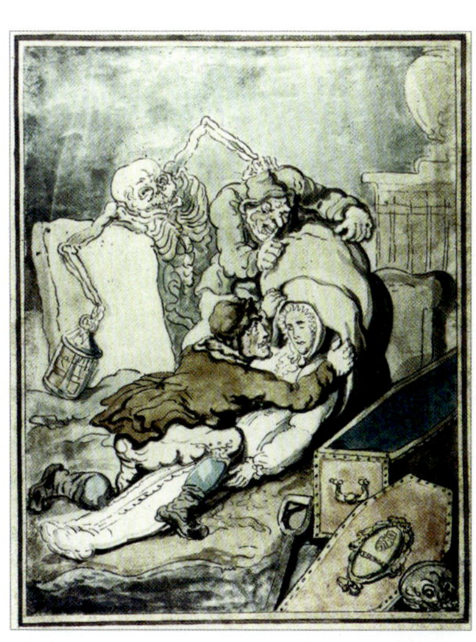

# 英国节上的分子结构壁纸

## 在 20 世纪 50 年代的英国，胰岛素的分子结构竟然成为一种流行设计元素。

胰岛素的分子结构出人意料地成为 20 世纪 50 年代室内设计的标志性元素。从餐厅墙壁到电影院座椅，都能看到它的身影。除此之外，胰岛素的分子结构还为 1951 年英国节上的多种装饰提供了灵感。

英国节被称为“二战”后英国从战争废墟中胜利崛起的赞歌，这是一场大规模的展示英国过去、现在和未来的节日活动，用于展示英国在科技、工业和艺术领域的成就。节日庆典遍布英国各地，而其中心的展示位置在伦敦南岸。在众多的节日组织机构中，由科学家、生产商和工业设计师组成的“节日模式工作组”脱颖而出。他们基于胰岛素的分子结构图，为整个节日设计了代表性标志。这个小组的科学顾问叫海伦·梅高。

梅高是一名来自爱尔兰的 X 射线结晶学专家，这一科学领域主要是用 X 射线轰击晶体，以在照片上显示它们的原子排列情况。梅高和她的结晶学同事们发现，在处理 X 射线衍射照片后，得到的高度对称的分子结构图具有较强的艺术性和设计性。通过“节日模式工作组”，她与结晶学的很多杰出专家进行了沟通，包括英国女化学家多罗西·克劳福特·霍奇金。她们二人曾经于 20 世纪 30 年代在剑桥大学共事。1937 年霍奇金结婚时，梅高送给她的新婚礼物是一件有氢氧化铝晶体结构图案的刺绣亚麻靠垫。

胰岛素是一种帮助人体吸收葡萄糖的激素，而霍奇金把自己大部分的时间都献给了胰岛素研究。1921 年，一个研究团队首次发现了胰岛素。在 1934 年，霍奇金首次拍摄了胰岛素晶体的 X 射线衍射照片，后来她又苦心研究 35 年，才最终确定了胰岛素的三维结构。她还研究并确定了青霉素和维生素 $B_{12}$ 的分子结构，这两种物质在医学上意义重大，她也因此获得了 1964 年的诺贝尔化学奖。不过，考虑到胰岛素的分子结构更复杂，或许霍奇金毕生的最大成就仍然是对胰岛素的研究。在晚年时期，她到世界各地去宣传糖尿病的知识，引起人们对糖尿病的重视。

在 1951 年英国节期间，一种特殊的壁纸（见右页图）装饰了伦敦科学博物馆的墙面。英国帝国化学工业集团使用他们高度易燃的人造皮（Rexine）制作了上述的壁纸，这种物质如今也被证实具有毒性。梅高告诉霍奇金，“节日模式工作组”的生产商们对胰岛素的态度是，“除了感觉它的名字可能会让人觉得无趣之外，其他方面都让人非常喜爱”。

英国帝国化学工业集团在 1951 年为英国节制作的“胰岛素 8.25”款壁纸样本

左页图：多罗西·克劳福特·霍奇金在牛津大学实验室中，1965 年

# 被保存的文身人皮

**军中服役的男性有一种传统，那就是把墨水注射到皮肤内绘出文身图案。**

这是由制药企业家亨利·惠康收集的300个文身标本之一（见右页图）。这些标本是惠康于1929年从巴黎一位名叫维莱特的外科医生那里获得的，维莱特医生在军队医院工作，据说他从死去的士兵身上得到了这部分带文身的皮肤。

如今在英国，2004年颁布的《人体组织法》对此类人体材料的收集、储存、展示和处置进行了严格的监管。这项立法要求医疗机构取得捐献者签署的“同意书”，这是对所有骨骼和软组织标本（包括皮肤）的一项要求。不过，当维莱特医生在军队医院收集那些皮肤标本时，此类立法还尚未存在。

医学标本（如保存在甲醛溶液中的器官或被用来制成骨架标本的骨骼）的作用是作为教学工具，传播关于解剖学、生理学和疾病的知识。这些标本一般被用于展示身体构造，通常来自匿名的人类尸体。相比之下，文身的标本大不相同。文身的风格和内容，能反映出文身之人的某些身份特征。文身有着装饰、象征、纪念、彰显身份的功能，因此，研究者们能通过文身来了解文身者的生活。人们用文身来铭记爱人、纪念人生成就或有重要意义的人生经历，所以在历史中，文身是和信仰、魔法、犯罪偏执以及医学联系在一起的。

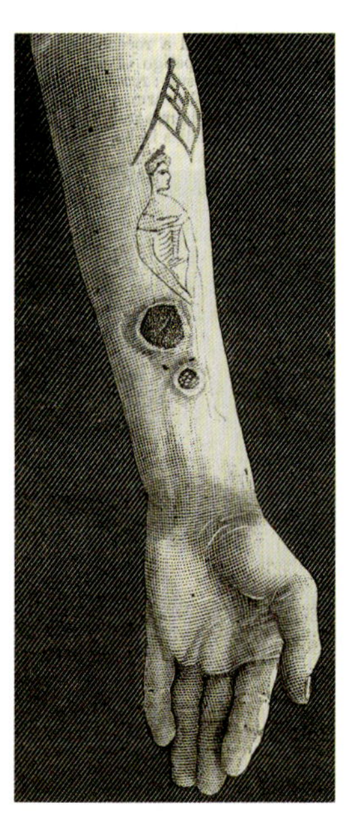

文身在医学史上的作用，与治病和致病都有关联。例如，古代木乃伊被发现时身上有文身，这象征着它们的治疗功能；与此同时，文身这种行为本身就被认为和梅毒等传染性疾病有着某种联系。

尽管把人体遗物保存在博物馆，尤其在医学博物馆，是一件常见的事情，但是有时候这也附带一些困扰。有很多博物馆里保存的东西是殖民者通过一些罪恶方式从别国抢来的，因此，如何面对那些不堪回首的历史需要相关人员更多的关切和其他行动。在2004年的《人体组织法》颁布以后，有一些博物馆已经开始把某些古老的遗物返还给其母国。不过，若要彻底解决历史遗留问题，仍需更多的工作和努力。

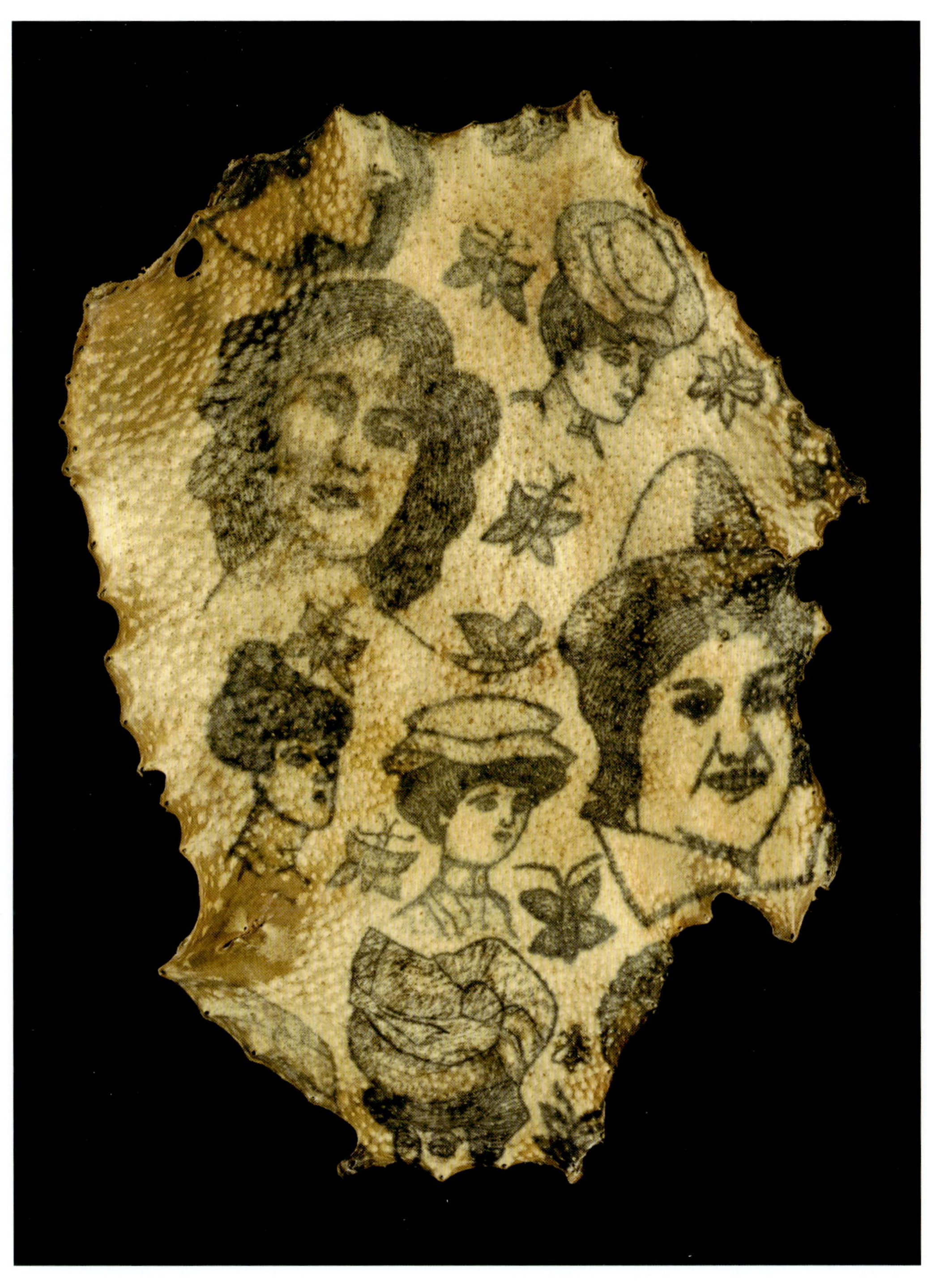

绘有人像和蝴蝶图案的文身人皮，法国，1880—1920 年

左页图：该图像展示了文身部位的梅毒，1889 年

# 肌红蛋白——杆状森林

## 这个复杂的肌红蛋白模型是由钢制杆和麦卡诺组件构成的。

这个肌红蛋白（在人体内承担储存氧的重要功能）的分子结构模型（见右页图）规模非常大，结构复杂得让人惊叹。这个模型之所以被称为“杆状森林”，是因为其内部有大量而密集的“杆”支撑着整个蛋白质结构。

毕业于剑桥大学的英国生物学家约翰·肯德鲁完成了分析这种蛋白质并为其建立复杂模型的艰巨任务。1953 年，他成为第一个解码蛋白质结构的人，并用橡皮泥捏制出了肌红蛋白的粗略轮廓。肯德鲁随后开始研究“杆状森林”，试图在原子水平上揭秘蛋白质的结构细节。肯德鲁依靠一种叫作 X 射线衍射的技术创建了模型。他向肌红蛋白晶体发射 X 射线，记录了 X 射线被蛋白分子中的原子反射时的形态。肯德鲁利用剑桥大学早期的电子计算机 EDSAC 分析了超过 25,000 个这样的形态，并开始推断蛋白质的结构。

了解蛋白质的结构是揭示其在人体中所起作用的基础。分子的三维结构不易用文字或图片表达，因此建立模型是当时科学家理解分子三维结构的唯一方法。肯德鲁受到了儿童建筑玩具麦卡诺（Meccano）的启发，他根据之前得到的 X 射线衍射照片，将不同颜色的麦卡诺零件固定在钢制杆上，并根据原子的可能位置进行摆放。他一层一层地揭示了蛋白质的结构，解释了肌红蛋白储存单个氧分子的机制。这种蛋白质的结构非常复杂，这让肯德鲁感到惊讶。

肯德鲁利用 X 射线衍射技术第一次确定了肌红蛋白的分子结构，而他的同事英国生物学家马克斯·佩鲁茨以此为基础，确定了更复杂的血红蛋白的结构，两人因此一同获得了 1962 年诺贝尔化学奖。对这种生物分子的结构破解，大大增强了人们对健康和疾病的认识，也促进了新形式诊断和治疗手段的发展。

约翰·肯德鲁在调整他的分子结构模型，1957 年

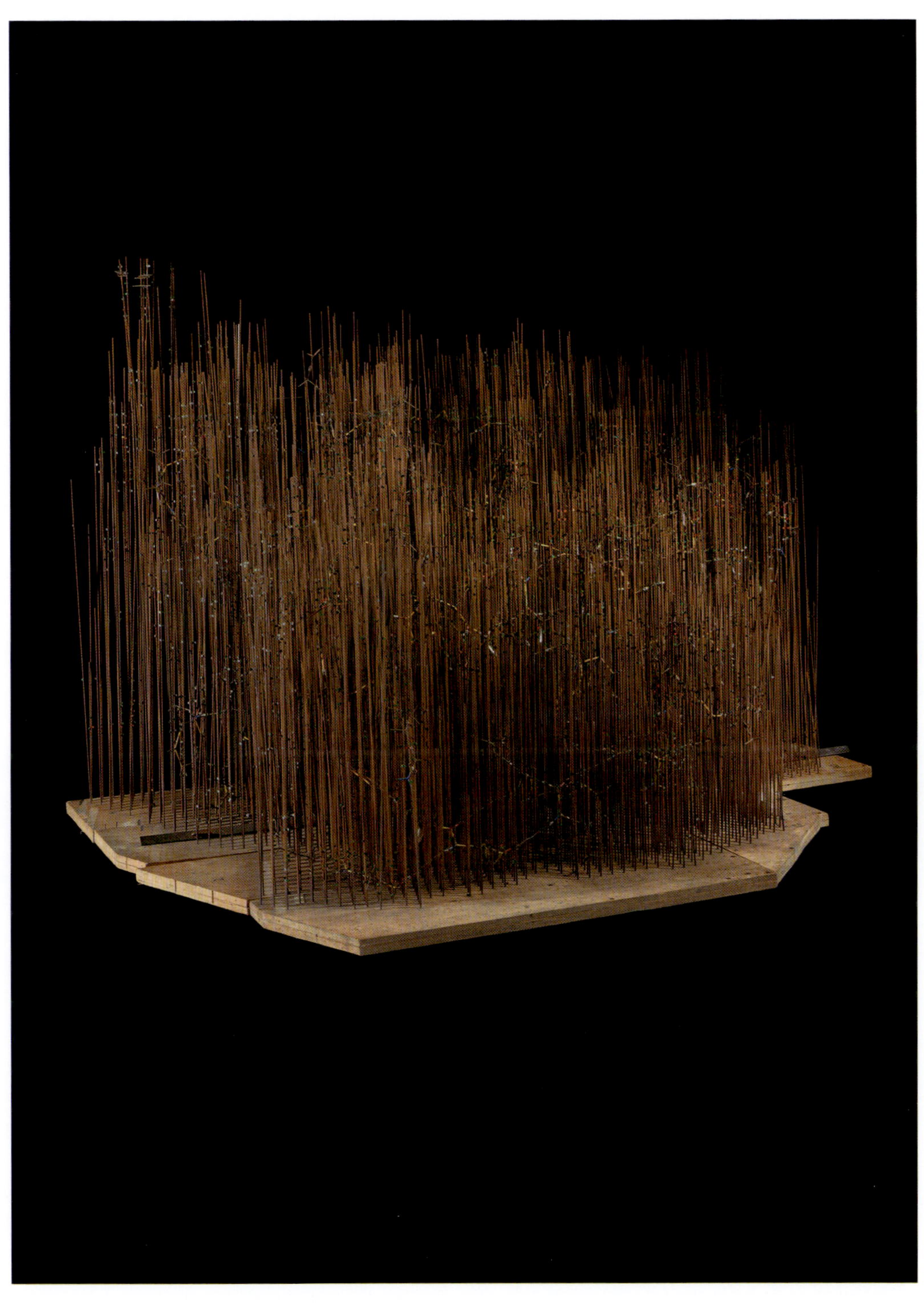

被称为“杆状森林”的肌红蛋白分子结构模型，1957—1960 年

# 一个展示条件反射的猫模型

**科学家可以通过木质的动物模型进行演示，以替代在活体动物上的实验。**

这个奇特的猫模型是被设计用来演示条件反射行为的，它被认为是为英国生理学家查尔斯·斯科特·谢灵顿爵士制作的。谢灵顿是条件反射研究领域的名人，他促进了人们对于条件反射和神经元功能的科学理解，并提出了关于“交互神经支配”的“谢灵顿定律”，解释了当一部分肌肉受到神经刺激时，对应的另一部分肌肉则会受到神经抑制。他还是用“突触”（synapse）这个词来形容两个神经元之间接触部位的第一人，并认为神经元之间通过突触进行信息传递。谢灵顿对人类知识做出的贡献非常重要，因此他和他的同事英国电生理学家埃德加·阿德里安在1932年被授予诺贝尔生理学或医学奖。

谢灵顿的工作为现代人理解神经生理学铺平了道路。动物是他实验中不可缺少的研究对象，类人猿、狗和猫都发挥了各自的作用。并且，动物们经常接受手术，以成为更合适的研究对象。在《神经系统的综合作用》（1906年）一书中，谢灵顿描述了如何在猫和狗活着的时候切断它们的脊髓并切除脑部的关键部分，虽然是在麻醉状态下。

活体解剖，或者为了知识的进步而让活体动物接受外科手术，此类现象在医学研究的历史中一直存在。18世纪，英国作家塞缪尔·约翰逊和英国法理学家杰里米·边沁等名人表达了他们对动物所受苦难的担忧。自19世纪以来，针对活体解剖这一争议性做法的反对声不断高涨。首个反活体解剖组织——英国反活体解剖协会，由社会改革家、妇女选举权活动家弗朗西斯·鲍尔·科布（英裔爱尔兰人）于1875年成立。紧接着，1876年颁布的《防止虐待动物法》规定，进行动物实验必须有许可证，若要对动物进行任何实验，必须提前证明是科学研究所必需的。1898年，英国废除活体解剖联合会成立。谢灵顿就是在这种改革时期进行的动物实验，正值人们对虐待动物的担忧渐甚

D. J. 汤普金斯根据J. 麦克卢尔·汉密尔顿的画作而创作的版画，反映了实验室中一只狗正在求饶，希望免于被活体解剖。该版画展示了19世纪末高涨的反动物解剖的浪潮，1883年

之际。

有些人因为不想让动物受到虐待，而希望终止动物实验。也有些人认为医学知识的进步必须通过动物实验，不过这需要证明人类和其他动物的躯体在反应上和行为上是一样的，但事实上并非总是如此。所以，这只猫模型被制作出来的意义，其实是在面对上述的担忧时，提供一种伦理道德教育吧！

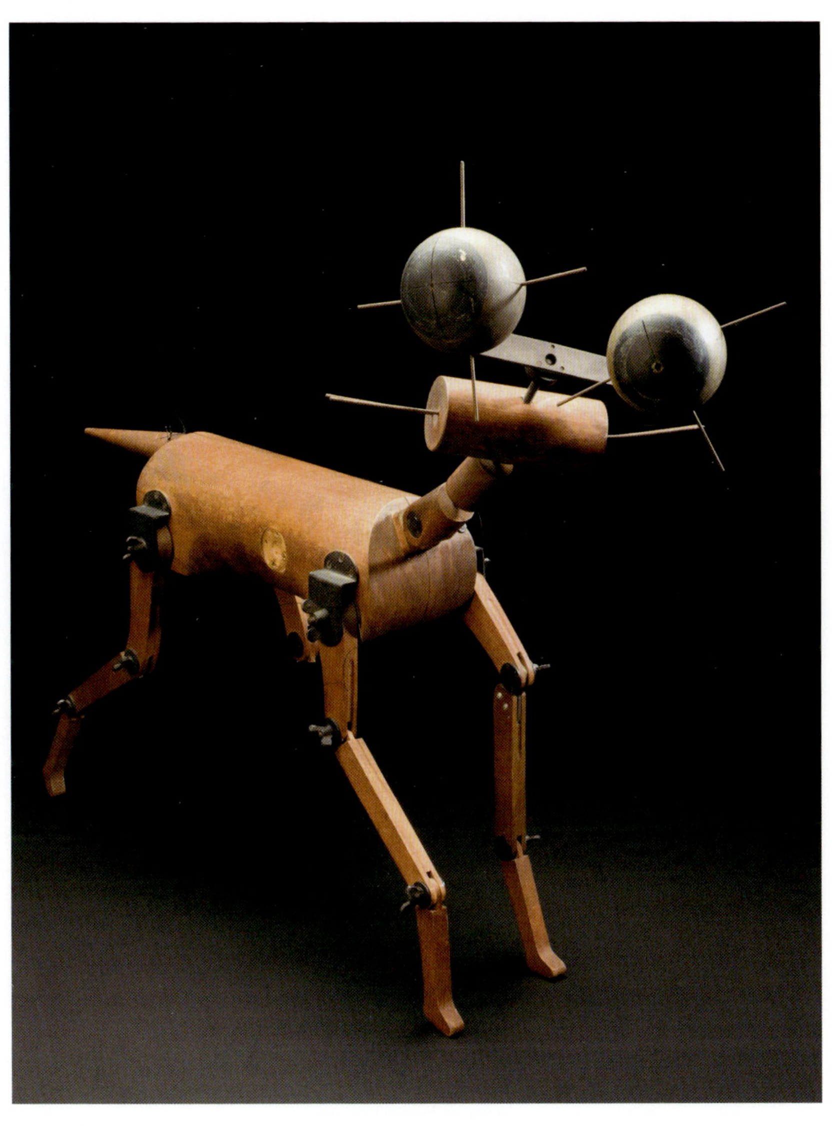

一个用来展示条件反射的猫模型，20 世纪 40 年代

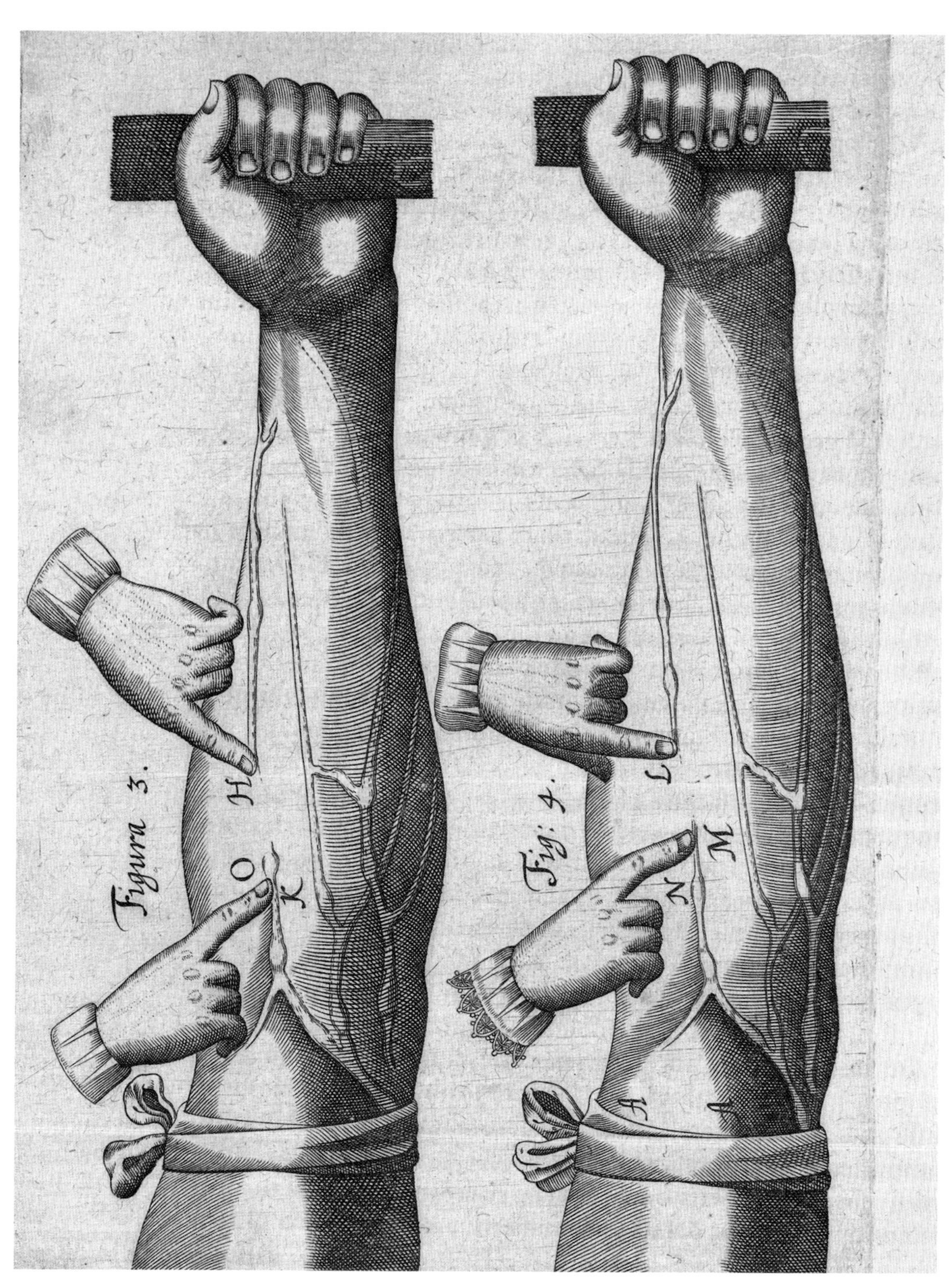


《心血运动论》中的某一页，展示了哈维的某个实验，出版于 1628 年

右页图：画中展示了威廉·哈维正在查理一世面前阐述他关于血液循环的理论。画家厄尼斯特·伯德，画于 20 世纪 20 年代

# 心血运动论

**威廉·哈维是世界上第一个指出心脏负责泵出人体全身血液的人。**

很明显，我们熟悉的脉搏跳动反映了心脏在为全身泵血。然而，在之前的几千年里，人们的理解大不相同。他们认为肝脏负责为静脉供血，心脏负责为动脉供血。

英国医生威廉·哈维是第一个挑战上述旧观点并准确描述心脏为全身提供血液循环动力的人。他在1628年出版的《心血运动论》中阐释了自己的观点。哈维出生于英国福克斯通，在剑桥大学接受教育，之后在意大利帕多瓦大学学习医学，而帕多瓦大学是欧洲领先的医学中心之一。1602年哈维回国，开始正式行医。哈维娶了家境显赫的妻子，得以进入精英社交圈活动。1618年，他被任命为詹姆斯一世的医生，当詹姆斯一世成为国王时，哈维又被任命为他的儿子查理一世的医生。

在帕多瓦大学学习期间，哈维和同伴将重心放在了亲自实验、解剖和观察上，这为他日后的研究打下了良好的基础。除了以解剖讲师的身份解剖人类尸体，哈维还做了无数次动物实验，以理解它们身体内部工作机制。他观察了狗和鸟的心脏跳动，测量了动物体内的血液总量，并将其与每次心跳泵出的血液量进行了比较。他发现，若根据传统理论，肝脏产生的新鲜血液量是不够的，且血液以循环方式在血管中周而复始地流动。还有一些其他实验更加简单，但同样有效。比如哈维在书中记录了另一个实验，通过在手臂上扎紧止血带，他证明了瓣膜的存在只允许血液向一个方向流动。

虽然哈维已经在多次公开演讲中阐述了他的很多观察结果，但是经过10年的精心研究后，在1628年他才最终通过书籍出版来正式发表他的科学观点。人们对他的书褒贬不一。许多人很难接受他的观点，因为这些观点与当时重要的医学理论相矛盾，这些医学理论中也包括放血疗法的基本原理。半个多世纪后，哈维的心脏泵理论才成为一种能被接受的医学知识，而直到哈维死后，这个理论才被大多数人接受。

# 列文虎克的显微镜设计

安东尼·范·列文虎克用他发明的显微镜观察到一个肉眼看不到的世界。

17世纪见证了对一个新世界——不是一片新大陆，而是一个通常肉眼看不见的世界——的探索。这个小小的黄铜装置（见右页图）是荷兰商人、科学家安东尼·范·列文虎克发明的显微镜的复制品，他是第一个在显微镜下探索这个新世界的人，也是第一个观察微生物的人。列文虎克在荷兰的代尔夫特长大，是一名纺织品商人。列文虎克习惯用放大镜检查他所交易的纺织品的质量，因此他渐渐地对玻璃镜片的制造产生了兴趣。他发明了一种新镜片，可以将标本放大200倍。与当时其他显微镜相比，这是一个巨大的飞跃，当时的显微镜只能将物体放大到其自然尺寸的20~30倍。

列文虎克的微型显微镜就使用了上述的新镜片，这个镜片被固定在两个铜板之间，镜片后面有一个小螺丝。样本固定在螺钉的顶端，可以转动螺钉来调整物体与镜头的距离，并使其聚焦。列文虎克会凑近显微镜，在强光下透过镜片观察标本。出于永不满足的好奇心，列文虎克检查了几乎所有可以放在镜头前的东西：血液、精液、池水，甚至他的牙菌斑。列文虎克经常说他看到了“许多非常小的活微生物，很美也很灵活”，这是人类第一次观察到微生物。由于他本人画得不好，他雇了一位插画师来绘制他观察到的东西，并配上他的细致描述。

列文虎克没有写任何书，但从1673年起，他开始与英国皇家学会分享他的研究成果。对方一开始持怀疑态度，不过，列文虎克的工作逐渐引起了皇家学会成员的注意，该学会最终在杂志上发表了列文虎克对霉菌、蜜蜂和虱子的显微镜观察结果。列文虎克去世时留下247个显微镜和172个镜片，而其中只有9个得以保存下来。它们的仿制品帮助了现代研究人员理解和学习列文虎克的技术。

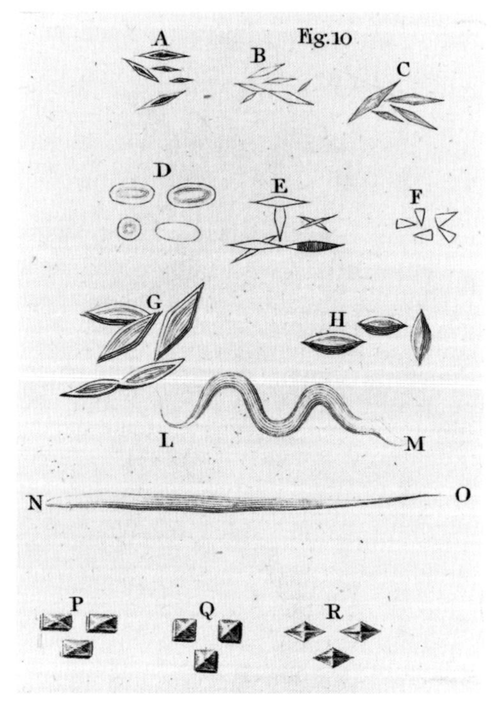

列文虎克显微镜的复制品，1901—1930 年

左页图：列文虎克通过显微镜观察到白葡萄酒醋中的微生物，1799 年

画家埃德温·伯吉斯受新锡德纳姆学会委托，所画的关于带状疱疹的作品，1860—1884 年

右页图：新锡德纳姆学会秘书乔纳森·哈钦森的肖像，由莱斯利·马修所画，1890 年

# 威廉·伍尔加的画像

## 画家埃德温·伯吉斯绘制了有关皮肤病的准确而令人惊讶的图谱。

威廉·伍尔加 3 岁时得了带状疱疹。之前他是一个健康的孩子，但在某个周三他开始抱怨头痛，在周四他的身上出现了严重的疱疹，疱疹从右眼睑一直蔓延到了额头顶部。在度过几个不眠之夜后，他被家人带去看医生，左页这幅肖像就是英国艺术家埃德温·伯吉斯根据当时的情境绘制的。

伯吉斯受新锡德纳姆学会秘书乔纳森·哈钦森（英籍）的委托，制作一本皮肤病图谱。哈钦森是一位天赋异禀的临床诊断专家，以其肉眼观察的准确性而闻名。他认识到，详细和准确的医学插图对于培训医生发现、识别和区分疾病有很重要的作用。

在当时的其他医学插图中，画家们会加上一些创意元素，但哈钦森坚持认为，他的这些新画像应该完全基于观察，不附带任何艺术修饰。正如他所说："这本图谱中的图像不仅是典型疾病的插图，也是病人的真实肖像。"事实上，伯吉斯对小患者上衣的花边领子的描绘和对他的前额疱疹的描绘一样用心，尽管只有后者与临床诊断有关。

哈钦森想进一步强调这些图像不仅是有关疾病的插图，还是个人的肖像，所以他编撰了一本关于图谱的随笔。在随笔中，他把病人的故事和疾病的医学描述放在一起。在这里，我们可以发现威廉的名字、年龄和医生处理疱疹的经验。我们不知道他是如何染上这种病的，但当我们得知他在睡梦中因疼痛而哭泣时，会为他感到难过。那些肖像和附带信息反映的是最真实的病人，这就是新锡德纳姆学会的这本图谱的强大和新颖之处。

尽管这些插图旨在成为诊断和教学的工具，新锡德纳姆学会也为其纯粹的科学客观性而自豪，但是病人被医生检查时的那种脆弱感也被刻画了出来，同样表现出的还有画家对病人的审视。

# 测量身高的一种方法

**詹姆斯·坦纳在哈彭登的儿童身高研究中使用特殊设计的工具测量身高。**

你小时候是高还是矮？右页图中的大型尺子是一种身高测量仪。1948 年至 1971 年间，詹姆斯·坦纳教授和同事雷金纳德·怀特豪斯（均为英籍）进行了一项关于儿童生长发育的开创性研究，他们正是使用这种身高测量仪来测量儿童身高的。

1948 年，坦纳受英国政府邀请，接手了一项始于第二次世界大战期间的儿童成长研究，该研究一直在观察战时营养不良对成长的影响。坦纳和怀特豪斯收集了居住在英格兰南部哈彭登的儿童保育院中的 450 名男孩和 260 名女孩的详细测量数据。研究中的每个孩子都是从三四岁开始定期测量的，该研究对孩子们在 9000 多个场景下进行了 15 次不同的测量，以记录实验对象从幼年到成年的身体变化。在哈彭登进行的研究还促使了坦纳测量表的诞生，这种测量表可以用来记录青春期不同阶段的数据。这些研究属于最早的一批跟踪并测量某一代儿童从幼年到成年成长状况的研究。

身高测量仪测量儿童身高的原理如下：仪器上的一个可滑动木质挡板能停留在被测量儿童的头顶部，这样标尺刻度对应的数值就是被测量者的身高数值。尽管坦纳认为所有孩子的成长路径都符合普通模式，他还是决定坚持常年记录每个孩子具体的成长细节，并汇总成表格。他创建的图表能够记录孩子的成长速度，并与所有孩子的平均成长速度进行比较。全世界的医生和科学家都可以用这张表格中的数据与所得的数据进行对比，以此来判断孩子是否健康成长。坦纳指出，儿童并非只有一种成长速度，而是有几种速度模式：发育较早、中期发育和发育较晚。坦纳关于身高的研究还反映了儿童成长会受到物理环境和社会环境的影响。他写道：一个孩子的身高增长速度往往比其他的单个因子更好地反映出他的健康和营养状况，也经常能反映出本人的心理健康状态。

坦纳也是最早研究生长激素的科学家之

一。1956年，他在伦敦儿童健康研究所成立了一个有关儿童成长的志愿者研究中心，并与一群年轻患者合作，为他们治疗发育迟缓。在当时，这种激素只能从人类尸体中提取，而出现的意外导致了流行性脑部疾病的传播和若干人的死亡，这迫使坦纳不得不中止他的实验。

20世纪90年代，当基因工程制造的生长激素被引入时，这种治疗才重新开始。

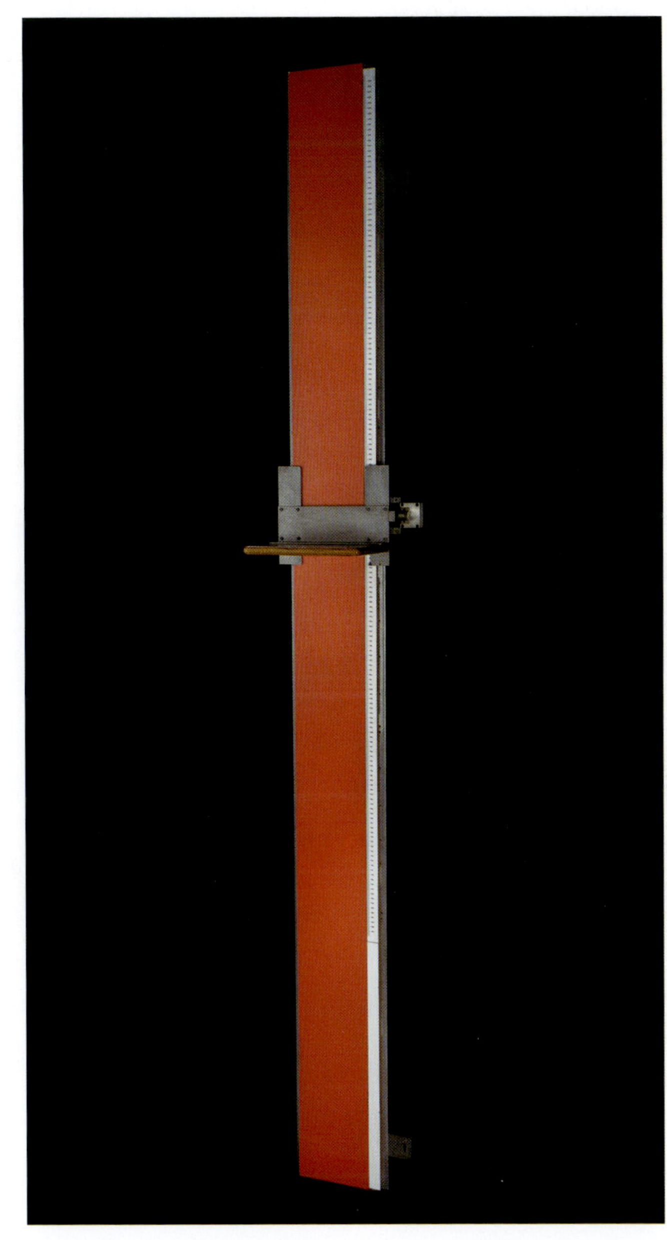

坦纳教授的身高测量仪（詹姆斯·坦纳在哈彭登的儿童身高研究中使用过），1965年

左页图：詹姆斯·坦纳教授的照片，2000年

使用了部分原始部件重建的 DNA 双螺旋结构模型。原创者弗朗西斯・克里克和詹姆斯・杜威・沃森，英国，1953 年

右页图：弗朗西斯・克里克和詹姆斯・杜威・沃森以及他们的 DNA 模型，并带有他们的签名。由安东尼・巴林顿・布朗摄于 1953 年，该照片于 1993 年进行翻新

# 克里克和沃森的 DNA 双螺旋结构

DNA 结构的秘密通过这个模型被展示出来，那就是如今著名的双螺旋结构。

科学家们需要推广他们的研究成果，因此有效的沟通也是他们成功的一个因素。有两个年轻人曾把一个想法转化为一个极大的成功，而左页图中所示的模型见证了那个过程。分子生物学把分子和人们的生活联系在了一起，而这个模型则被证明是与分子生物学的诞生相关的最让人印象深刻的东西。

1953 年，剑桥大学卡文迪许实验室的英国生物学家弗朗西斯·克里克和美国分子生物学家詹姆斯·杜威·沃森提出了 DNA 的分子结构。这种化学物质被认为是生命繁衍过程中的一种关键载体。克里克和沃森提出的双螺旋结构与英国晶体学家罗莎琳德·富兰克林和英国分子生物学家莫里斯·威尔金斯的 X 射线晶体衍射结论相吻合。它还揭示了分子以及某些典型生物是如何储存遗传信息和自我复制的。

1953 年 4 月，《自然》杂志发表了一篇他们的科学文章。但是这两个年轻人仍然需要说服更多的人，灵光乍现后，他们马上就制作了一个大模型。这张照片本来是为《时代》杂志的一篇文章而准备的，但当时并没有得到使用，不过，在之后的岁月里，它成了标志性的照片。这个模型曾在卡文迪许实验室的开放日被展示出来，但之后就被搁置了。20 世纪 60 年代末，这一科学发现的意义愈加突显，沃森写了一本关于发现 DNA 结构的畅销书，并附上了这一模型的照片。这本书使 DNA 双螺旋结构的发现成为分子生物学这一门新学科的开山之论。

不过，这个原版模型却被遗忘了，后来甚至被拆解。在 20 世纪 70 年代，伦敦科学博物馆的工作人员找到了原版模型的部分部件，并委托法鲁克·侯赛因博士重建这个模型，用新的部件来替代丢失的原始部件。因此，伦敦科学博物馆制作了其中的一部分部件，但其他部件采用的是 1953 年初，也就是克里克和沃森宣传他们的先进思想之时所留下的部件。

# 日本针灸模型

木质人体模型提供了关于针灸和经络的示意图。

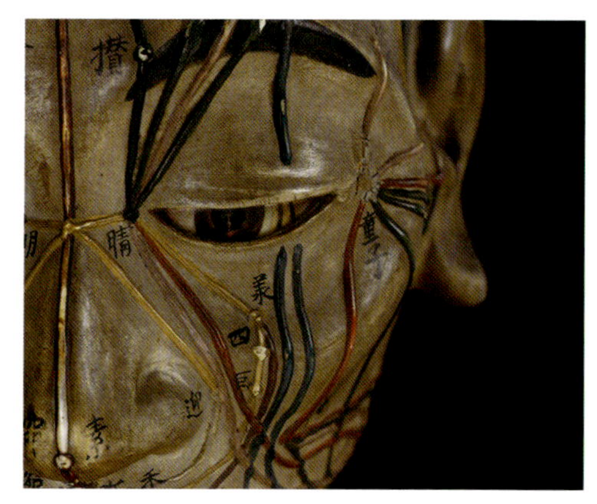


这个木质人体模型上有多条不同颜色的长线，有些地方标注着汉字，这些线条连接着身体的不同部位。没有学习过中医经络的人难以完全理解这些东西，不过，这些线条能帮助学医之人看到“气”所流经的无形通道（经络），和看到针灸时针需要插入的各个穴位。

在中医和日本的汉方医学中，医生会通过针灸来保持全身“气”的流动和平衡。人们认为，“气”是一种非常重要的物质，影响和改变着人体的各个方面。不同属性的“气”之间如果缺乏协调，就会导致疾病，而针灸以及一些其他的纠正疗法，能够帮助人体恢复平衡。通过在特定穴位进行针灸，针灸专家能促进“气”的流动，帮助病人痊愈。

右页图中的日本针灸模型的很多部位刻有汉字（日文中也有汉字），用于指示针灸的具体部位。在某些部位，汉字是颠倒的，这就展示了“气”的不同流动方向。细看这个模型，我们还可以发现，这些经络都被涂上了不同的颜色：白色、绿色、蓝色/黑色、红色、黄色。这些颜色代表了“气”在人体中所经历的五个转变阶段：金、木、水、火、土。在五行理论中，金、木、水、火、土以不同的方式相互作用，对不同的器官和情绪产生重大影响。为了改变相互作用的影响、促进人体平衡，医生要根据病人的具体症状，对症地在某些经络的特定穴位上针灸。

从该模型的一侧肩膀上的日文刻字中，我们得知1681年一个姓石原的人制造或拥有过它。该模型是制造于日本江户时代（1603—1868年）的众多模型之一，此时，针灸大师们迫切希望提高医学生的学习质量，并确保他们能进行精确的针灸训练。那些模型配上关于经络的教科书和指导手册，能实现经络可视化，也能帮助医学生们更好地把中医理论和实践相结合。

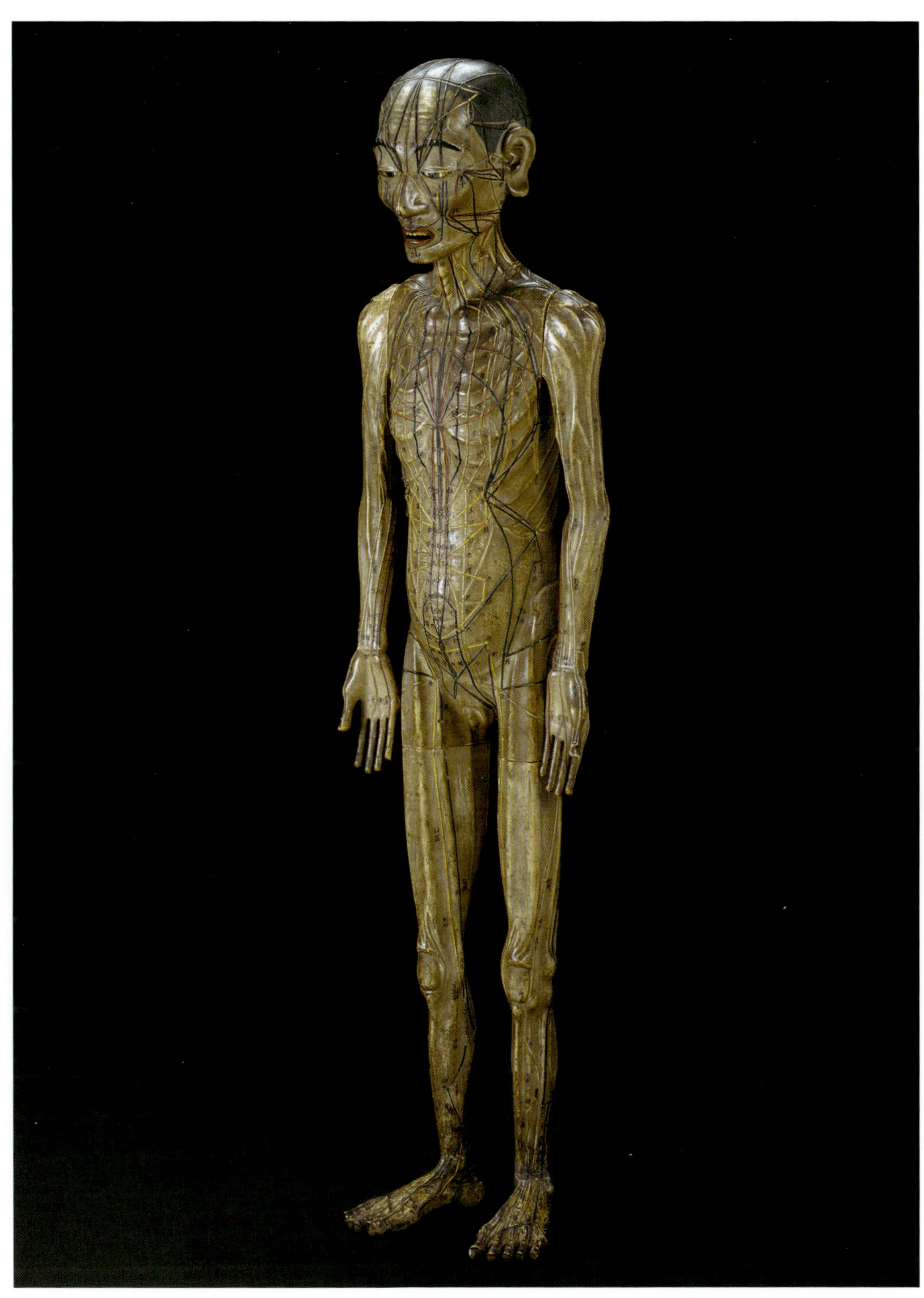

木质的针灸模型，产于日本，1681 年

左页图：头部经络示意图（“气”通过经络流经全身）

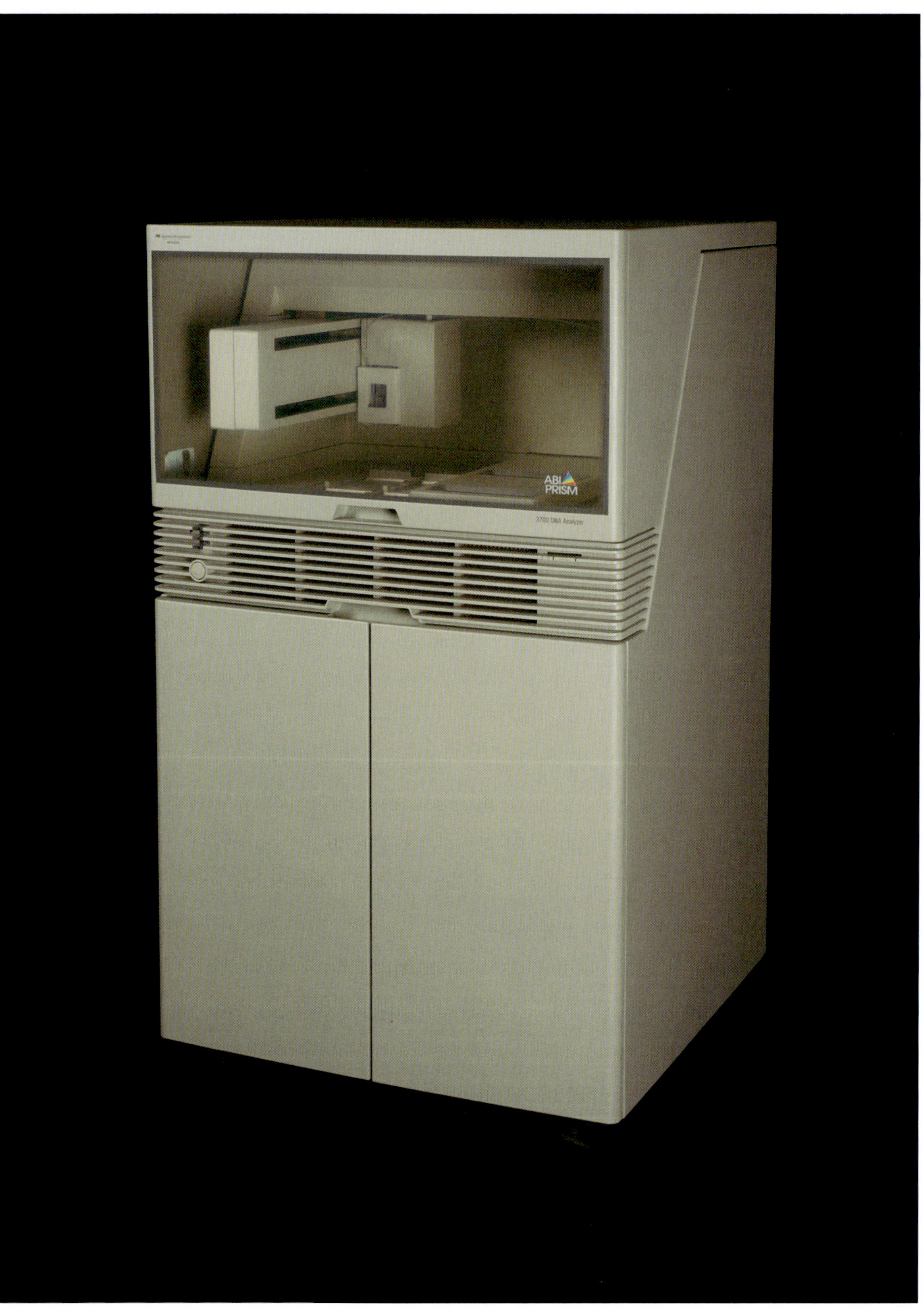
ABI
PRISM
3700 DNA Analyzer

# DNA 分析仪

**人类基因组计划旨在测定全人类的基因序列，而 DNA 分析仪在其中扮演了重要角色。**

脱氧核糖核酸，通常被称为 DNA，携带有构建生命体并使其存活的遗传信息。这些遗传信息的总和被称为基因组。DNA 检测已经成为主流和普遍使用的方法——医生用它来进行医疗诊断；制药公司用它来开发更有针对性和更有效的药物；调查人员用它来寻找嫌疑人和受害者；普通人用它来调查自己的祖先。

上述成就皆归功于人类基因组计划，这是一个国际科学合作项目，其目的是探查全人类的基因序列。多年来，全世界的 DNA 分析人员一直致力于对整个人类基因组进行测序，这涉及测定构成 DNA 的四种碱基的顺序，即腺嘌呤、胞嘧啶、鸟嘌呤和胸腺嘧啶。左页图所示的 ABI PRISM®3700 DNA 分析仪，在破解构成人类的 30 亿个碱基对中起着关键作用。这种 DNA 分析仪在 1998 年由 PE 生物系统公司（PE Biosystems）开发，它能够处理前所未有的数据量，并且以更低的成本计算出优于任何当时已有机器的结果。更高的运算产出和性价比使得它成为 DNA 分析的首选仪器。人类基因组计划于 2003 年成功完成，比原计划提前了两年多。这一令人欣喜的成果在一定程度上要归功于这些新设备。

该项目所发现的新信息帮助科学家了解到人类不同的基因是如何影响健康和导致疾病的。人类基因组的第一次测序耗时 13 年，花费 27 亿美元，相当于 2019 年的 50 亿美元（约合 350 亿人民币）。而如今，由于技术的不断进步，人们已经可以花费几千美元在几周内完成自己的基因测序。这意味着人们能不断地发现和公布更多信息，重新塑造医学和诊断学的未来。通过了解某些基因突变如何导致疾病，医生们能够更快地诊断，科学家也能够进行更有效、更有针对性的治疗研究。

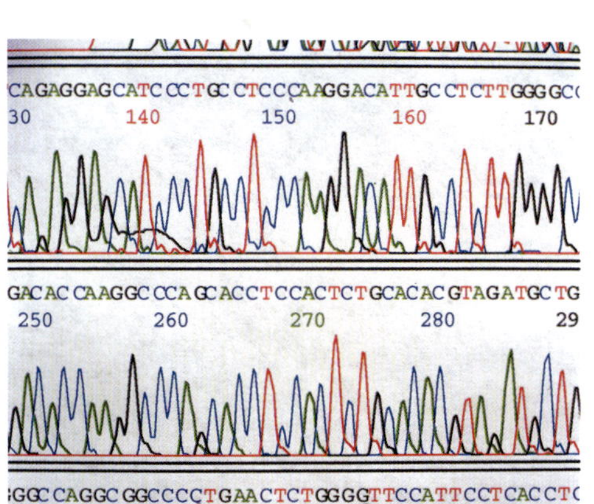


人类基因组计划中的一段色［层］谱图，该项目由剑桥大学医学研究委员会承担

左页图：PE 生物系统公司（PE Biosystems）生产的 ABI PRISM®3700 DNA 分析仪，1999 年

# 人体结构的蜡像模型

## 柔软易碎的人体结构蜡像模型给博物馆保养人员带来了挑战。

伦敦科学博物馆藏有七座蜡像，这些蜡像很可能来自佛罗伦萨斯佩科拉的克莱门特·苏西尼工作室。18世纪，这里制作的蜡像被用于医疗培训、艺术指导和公众教育。馆藏的一系列的解剖学蜡像展现了正常人体的结构。蜡像通常是用石膏模制成的，主要做法是在石膏模中逐层倒入熔化的蜡。蜡像脱模后，可以通过上色、填充等方式来修饰细节。完成后，在蜡像上涂一层光亮的清漆，这样既可以模拟活体组织的湿度，又可以保护蜡像少受灰尘的影响。较大的蜡像通常是在支架上制作的，以保证结构的稳定性。

蜡这种材料在保存方面有其优点和缺点。优点是它非常稳定、不会变色，如果发生颜色变化，通常是由于颜料褪色或表面涂层的老化。缺点是它很软，粘在表面的污垢和灰尘不容易去掉，容易破碎，易发生收缩，因此有时会出现细裂纹。

在保养蜡像时，如今的保养人员一定注意不要使用任何会改变清漆、蜡、油漆或颜料的溶剂。通过对同一批次的另一座蜡像的清漆进行分析，工作人员确认其为松脂，而它应该是在制作蜡像时使用的。在过去，工作人员会将其他类似模型身上的树脂层移除，但考虑到它们的黏性，如今工作人员决定保留这些模型身上的完整树脂层，以尽可能维持其原始外观，因此工作人员平时会用少量去离子水和软刷子清洁蜡像。

还有一座蜡像是用保护胶和钢针重新接起来的。工作人员曾经对该蜡像进行X射线检查（见下图），评估了其内部支架的结构和状况以及蜡层的厚度，并查看了裂纹和以往的修补处。在下方这张X射线图像中我们能看到，工作人员已经在一些出现裂缝的地方进行了修补。这些由蜡这种柔软而易碎的材料制成的复杂模型，竟然较为完整地保存了这么久，并且仍然可以用来启发世人和供人学习，这真的是一件令人难以置信的事情。

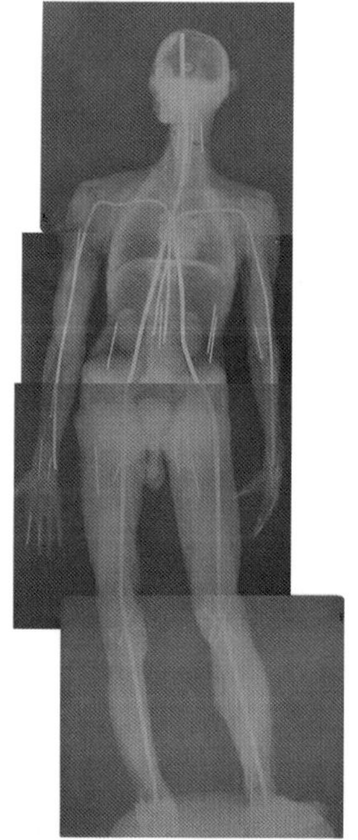

对蜡像进行X射线检查的图像，显示了内部的支架和修补处

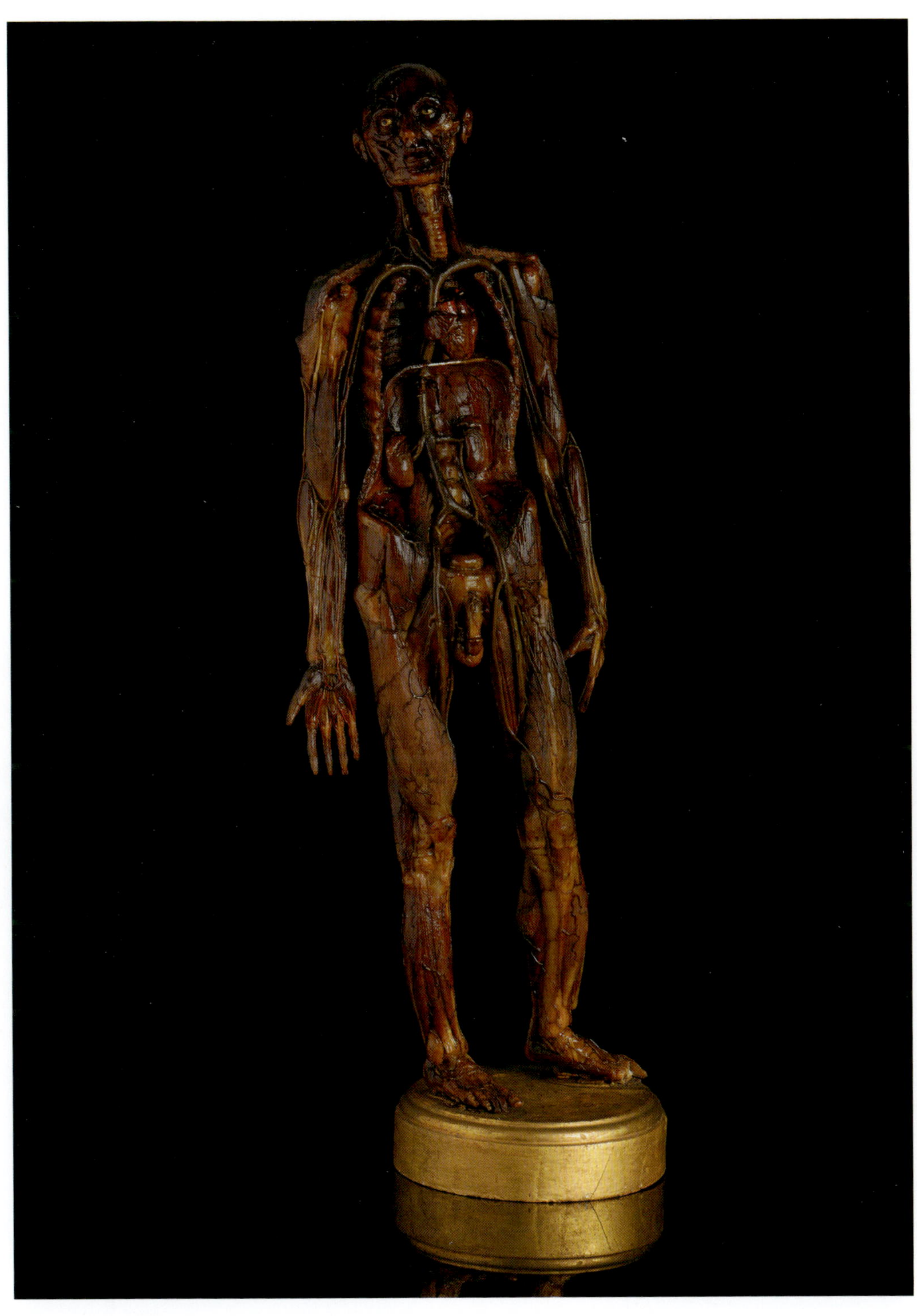

一个展示了人体肌肉、动脉和静脉的蜡像模型，1776—1780 年

# 二

# 出生与死亡

从一个人出生之前到死后很久，他的身体健康状况能通过医学手段进行检测。尸检是指对人死后的躯体进行由外到内的详细检查，是确定死者死因的有效方式。尸体解剖能帮助我们增加对人类身体和内部结构的了解，尽管如此，这种行为仍会引起对人类遗体使用的伦理争议。人活着的时候需要尊严和敬重，即便去世，遗体也同样需要得到尊重。又如，在一个女人怀孕、生产和产后期间，她都需要被照顾，这是一项隐含着意识形态的传统，在孕妇分娩期间的疼痛缓解和医学护理尤其受到人们的重视。一个人从出生到去世，他的躯体有着超越个人范围的更广意义。

# 助产士的袋子

**对四处奔波的助产士来说，最重要的物品是她的袋子，里面装有用来协助产妇分娩的工具。**

虽然在过去的几千年中，孕妇在分娩期间的护理大都是由有分娩经验的妇女来完成的，但直到20世纪，对助产士的法律承认和管理才确立。在英国，1902年的《助产士法》首次引入了对助产士的强制培训和监督。在此之前，助产士通常没有接受过正规培训，她们往往是在与有经验的助产士共事时学习流程。该法案还规定，助产士只能合法地为低风险分娩提供帮助，如果遇到有难度或有医学问题的分娩病例应该及时通知医生。在过去，当她们没有培训新手时，往往都是独自工作，去待产孕妇的家中接生孩子，并提供产后护理。

20世纪40年代，助产士在家中帮孕妇接生时使用了右页图所示的工具。这些工具很重，我们可以看到有一个助产袋，里面装着药物、敷料、仪器和量杯。其中比较有特色的东西是一个金属消毒器，把工具浸泡在装有沸水的消毒器中能够降低感染风险。

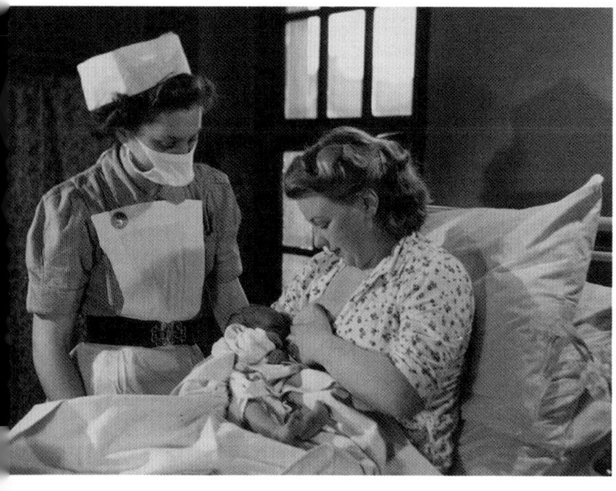

感染只是分娩的众多风险之一，而分娩仍是发展中国家年轻妇女死亡的主要原因之一。最常见的感染出现在分娩期、产褥期，往往是由于手或者助产工具不干净引起的。从17世纪到19世纪，许多分娩发热病例实际上是由医生自己引起的，但他们并不清楚感染原因。20世纪30年代和40年代，消毒设备和抗生素药物的引入才使得英国产妇的死亡率大幅下降。

随着新技术和新药的出现，20世纪的产妇分娩变得越来越医学化，医生们开始发现在医院分娩的好处。1967年英国妇产咨询委员会的一份报告建议所有的产妇都在医院分娩。然而，在20世纪中叶，英国的妇女团体发起了反对生育“过度医疗化”的运动，围绕改善孕产妇保健方法的辩论十分激烈。如今，妇女可以选择在家里、由助产士经营的分娩中心或医院分娩。分娩方面的医疗技术在不断进步，不过，助产士仍然是产前护理的重要组成部分。

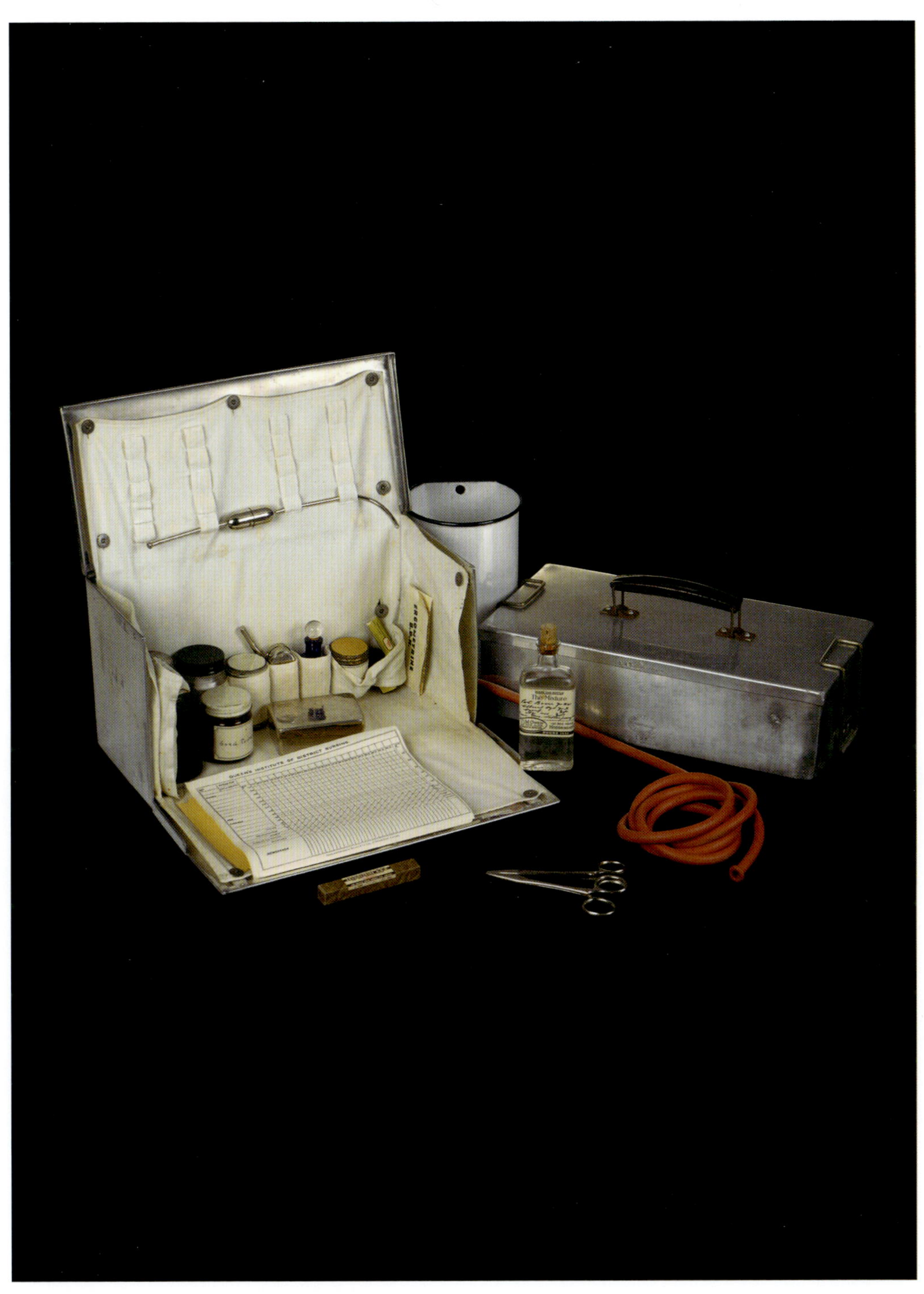

英国伦敦 W.H. 贝利父子公司生产的组合箱式助产袋和金属消毒器，1940—1948 年

左页图：助产士在为产妇提供哺乳指导，1940 年

藏有约翰·科克利·莱特森医生的一绺头发的莫里纪念物，1815 年

右页图：约翰·科克利·莱特森医生和他的家人在位于坎伯韦尔的格罗夫希尔的花园中，约 1786 年

# 莫里纪念物

**为了纪念约翰·科克利·莱特森医生，这枚金色的悼念戒指里有一绺他的头发。**

纪念逝去亲人的方法有很多。在西方，有一种首饰叫莫里纪念物，通常以戒指和小挂坠的形式出现，在 17 世纪到 19 世纪之间特别流行。人们在这种首饰上会用拉丁文写着“人终有一死”。莫里纪念物最初存在的意义就在于提醒佩戴者铭记首饰上刻着的警示语而遵守道德并努力生活。

几百年来，莫里纪念物的用途发生了改变。这是一件哀悼用的首饰，通过左页图我们能看到，这枚戒指的玻璃里面有约翰·科克利·莱特森医生的一绺头发，承载着与他相关的某些记忆。戒指上所刻的文字显示当时是 1815 年。目前关于佩戴者和死者之间关系的信息还未被发现，但莱特森医生是一位深受爱戴和尊敬的人，所以存在着各种可能性。

1744 年莱特森生于英属维尔京群岛，在接受医学教育后很快成为当时最忙、最成功又最乐于做慈善事业的医生。尽管他经常会免费行医，但是他的年收入仍然高达 1.2 万英镑，相当于 2019 年的 200 万英镑（约合 1779 万人民币），而且他还捐出了巨额慈善款。1773 年，他创立了伦敦医学会，那是一个独特的平台，来自医学各个领域的专家在这里平等相见、分享知识、推广更好的医学方法。在莱特森的推动下，该学会积极地支持英国医学家爱德华·詹纳的工作。天花是那个时代肆虐的疾病之一，当时詹纳正在研究天花疫苗，并于 1796 年取得了成功。1815 年莱特森去世后，他的朋友兼同事托马斯·约瑟夫·佩蒂格鲁不辞辛劳地为他撰写了详细的回忆录。回忆录的开头有这样一句话：“若要最隆重地悼念他，那就详细地记录他伟大而充满贡献的一生吧。”

莱特森的家人、朋友、病人，甚至整个医学界都怀念他的一生，悼念他的逝去。虽然如此多的人怀念他，但图中所示的戒指里藏有逝者的一绺头发，这或许能够说明该戒指的佩戴者与莱特森的关系极为亲密。

# 烟草急救箱

**若有人溺水，有一种奇特的方法可以救他，那就是使用烟草的烟气作为灌肠剂。**

如果你生活在 18 世纪或 19 世纪初，并且不幸溺水了，那么救你的人或许会使用右页图中所示的设备向你的直肠内吹入烟草的烟气。

有些人溺水但尚未真正死亡，却被人误以为已死，并被过早地埋葬。因此，人们对溺水事件愈发重视，在欧洲各地纷纷建立起慈善性组织，为那些溺水后假死的人争取生还的机会。在那之后，对溺水者的帮助和抢救变成了整个社会的责任。1774 年伦敦挽救溺水者协会（后改称为“皇家人道主义协会”）成立，协会鼓励人们研究更好的抢救方法，并建造了一些新的“救助屋”，让溺水者能被送到近处进行身体恢复。他们还沿着泰晤士河畔放置了多个便携式烟草急救箱，这样就能在紧急时刻迅速提供救援。

右页图中所示的是 19 世纪的烟草急救箱，里面有一个风箱和一个烟熏器，这和现代的急救箱和除颤器大不相同。救人者用风箱向溺水者的肺部内鼓入空气，这一点容易理解，这可以帮助患者恢复呼吸（口对口人工呼吸也是一种方法，但出于对疾病传播的担忧，人们往往优先使用风箱）。不过，这些工具还有第二个功能，就是风箱可以搭配烟熏器一起使用：烟叶在烟熏器中燃烧，然后利用风箱将烟草烟气作为灌肠剂吹到直肠中。

为什么用烟草呢？当时的医生认为让溺水者苏醒的关键是温暖身体，所以医生会向溺水者身体中传递各种“刺激物”，以促使其心脏恢复跳动。根据四种体液学说，黏液、血液、黄胆汁和黑胆汁这四种体液需要平衡才能保持健康。在这个学说框架内，燃烧的烟草所产生的温暖干燥的烟气将使溺水不久的溺水者苏醒，因为溺水者体内有过多的湿黏液和冷黑胆汁。该理论认为，将上述烟气导入肠道中，将促进人恢复有力而规律的心跳。

尽管在 18 世纪末这项技术的有效性开始被人质疑，但在官方的急救包中仍然包含了这种小型烟熏器。显然，伦敦挽救溺水者协会更希望不留下遗憾，因此会利用所掌握的医学知识来尽可能地拯救溺水者的生命。

烟草急救箱，1801—1850 年

左页图：一个在溺水后被 W. 霍伊斯和约翰·科克利·莱特森医生抢救过来的病人，他正在伦敦挽救溺水者协会的一处救助屋的床上躺着，18 世纪 80 年代

日本鳑鲏鱼被用来显示阴性或阳性的妊娠检测结果，1930—1980 年

右页图：一位女士在得知自己妊娠检测结果呈阳性后兴奋不已，1954 年

# 日本鳑鲏鱼

**小小的日本鳑鲏鱼能对人类女性的尿液做出反应，以显示该女性是否怀孕。**

20 世纪 20 年代，科学家发现孕妇会产生一种被称为人绒毛膜促性腺激素（HCG）的激素，他们还发现某些动物对这种激素的反应可以起到预测的作用。当给雌性老鼠注射人类孕妇的尿液时，老鼠的卵巢明显增大和成熟；后来的试验用兔子代替了老鼠。然而，这种进行妊娠检测的方法远不够理想，它不仅要求医院实验室繁育和培养大量动物，而且为了观察老鼠或兔子的生理结构有何变化，必须对它们进行解剖。在 20 世纪 50 年代，人们常用“兔子死了”来代指妊娠检验的结果呈阳性。

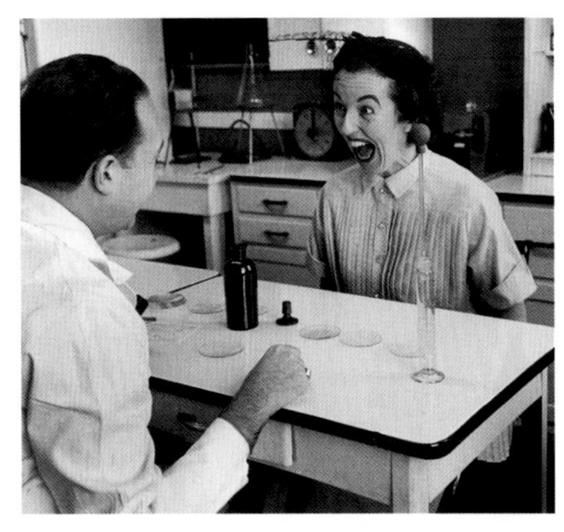

于是，研究人员想找到一种动物，这种动物可以因人类妊娠激素而产生肉眼能够看到的生理结构变化，而且在这个过程中不必解剖该动物。鱼类，尤其是那些半透明的品种，如日本鳑鲏鱼，似乎是一个不错的选择。20 世纪 30 年代，科学家开始研究这种鱼的雌性个体对人类孕妇尿液的反应。这三个被保存下来的日本鳑鲏鱼标本记录了这一研究过程的结果。在注射了人类孕妇的尿液后，第一条鱼和第三条鱼的产卵管明显变大，这说明其对激素产生了反应。工作人员透过这两条鱼的半透明表皮能看到变化，从而得出对应的阳性妊娠检测结果。第二条鱼没有任何变化，对应了阴性的妊娠检测结果。这种检测方法的优点是，大多数鱼在测试过程中不会受到伤害，以后可以继续用来进行检测。

然而，日本鳑鲏鱼检测并非一种检测怀孕的可靠手段。实验室的报告证明，使用热带鱼是不靠谱的，这种鱼很难养活，死亡率很高。另外，这种检测方法的可靠性本身就受到质疑，因为对激素的敏感性似乎在鱼个体之间也存在波动——有些鱼甚至对男性的尿液也显示阳性结果。最终医学人员找到了理想的动物种类——爪蟾，它对人类孕妇的尿液有稳定的反应——产卵，不需要解剖就能得出结果。20 世纪 70 年代，随着现代妊娠检测技术的发展，这一切都发生了变化，化学手段替代动物成为有效的妊娠检测方式。

# 安乐死机器

**菲利普·尼奇克之所以发明这种设备，是为了帮受尽病痛折磨的人解脱。**

右页图中的看起来有些奇怪的设备曾经登上了世界各地的媒体头条，它或是在展示现代医学的局限性，抑或象征了生命的神圣性，无论如何它至今仍然被社会大众所质疑。在这个装有软垫的硬塑料盒子里，有着各种医疗和电子设备，这些物品被连接到一台过时的笔记本电脑上。盒子里有一个用铅笔写着“解脱”字样的软盘和一个皮下注射器，当机器启动时，大剂量的强力镇静剂戊巴比妥钠就会通过注射器进入人体内。在允许自愿安乐死的法律出台后，1996 年 9 月，癌症患者鲍勃·登特成为世界上第一个依据安乐死法离世的人，他使用的就是这台机器。在随后的六个月里，又有三个人做了同样的事情。

澳大利亚的菲利普·尼奇克博士制造了这台机器，并把它称为“解脱机器”。这位前医疗行业从业者、作家和社会活动家是一位极具争议的人物。1995 年，澳大利亚北领地的议会通过了安乐死合法化的法律，在这项法律的框架下，他发明了包含一台笔记本电脑的安乐死机器。《安乐死法案》允许身患绝症的病人在通过一系列严格的审批程序和身心测试后，可以请求医生帮助他们结束自己的生命。这四人死亡后，澳大利亚联邦议会于 1997 年废止了上述法案。

尼奇克设计了这台机器，使病人而非医生来控制他们生命的最后时刻。机器的大部分被隐蔽地放在病人床下，注射器的针头会插入他们的手臂，而内含致命剂量药物的注射器驱动器能被一个简单的电脑程序激活。在笔记本电脑屏幕上会出现一系列的问题，以询问病人的死亡意图，病人可以通过轻敲特定按键来回答“是”或“否”。最后一个问题是：“如果你按下这个按钮，你将接受足以致命的药物注射，并在十五秒内死亡。你要继续吗？”一旦确认，注射程序会被触发，几秒钟后，电脑屏幕会变成空白。

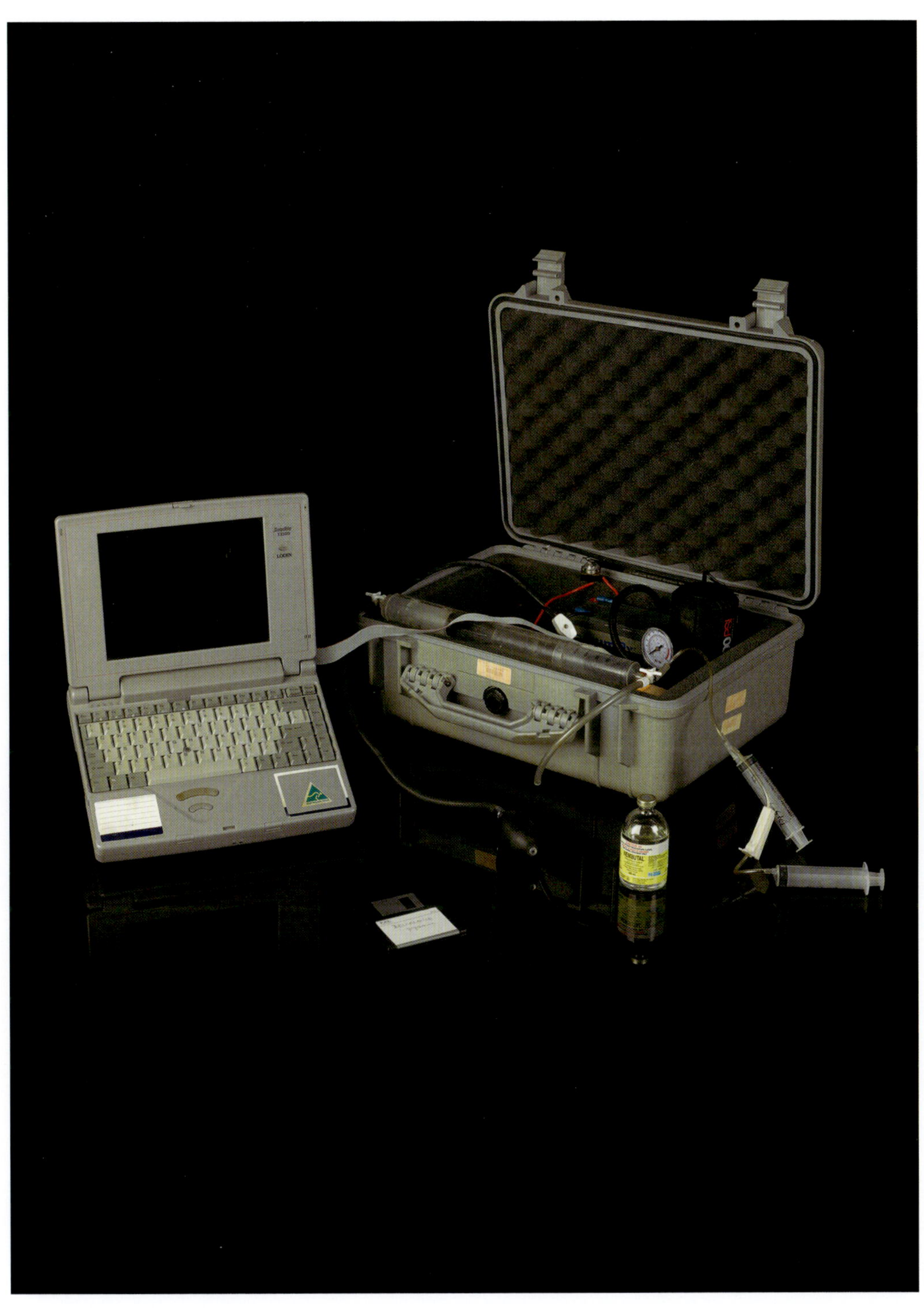

安乐死机器，1995—1996 年

左页图：菲利普 · 尼奇克在自己办公室的照片成了媒体头条，1997 年

越野号救护车，2008—2009 年

右页图：新手司机正在使用越野号救护车训练，2010 年

# 孕产妇的紧急帮手——越野号

**这种由摩托改装的救护车被用于在各种恶劣路况下为孕产妇提供交通服务。**

1997年，英国发明家迈克·诺曼在观看了一个关于非洲医疗交通的慈善节目后受到了启发，他发明了一种更便宜、更舒适的交通工具——越野号（eRanger）。这种救护车是由摩托车和挎斗构成的，能在多种地形上较快地行驶。病人可以躺在或坐在有衬垫的挎斗里，如果病人需要紧急医疗救助，护士或医生可以和司机一起乘车。2017年，99%的产妇死亡发生在发展中国家，其中一半以上的死亡发生在撒哈拉以南非洲，特别是在农村地区，其原因是医疗服务的缺乏。越野号救护车服务的对象是待产孕妇，或那些有孕期并发症和分娩期并发症的妇女。

在津巴布韦试行了两年多之后，越野号服务于2001年在马拉维正式落地。英国下议院公开的数据显示，2005年至2009年间马拉维的孕产妇死亡率下降了60%，这可能在很大程度上归功于越野号的服务。很多国家的政府以及联合国儿童基金会、世界卫生组织等都采用了这类服务。新手司机要在南非东开普省的越野号学院里接受培训，或者在野外接受培训，培训内容包括摩托车维修等。这种免费救护车可以通过卫星电话进行联络。非洲和中东地区都在使用这种救护车，且数量正逐年增长。自2003年以来，越野号救护车一直在南非的威廉国王镇生产，为当地提供了很多就业机会。

在2011年度机械工程师学会会议后曾有一篇文章出炉，这篇文章主要介绍了一些对使用者来说实用和人性化的科技发明。伦敦科学博物馆的负责人在阅读了这篇文章后，联系到了开发人员诺曼。诺曼慷慨地捐赠了一辆越野号的原型车，用于向世界各地的人展示这个创意。虽然如今乘坐这种救护车可能不是最舒适的，但越野号已经成为许多母亲和婴儿的救命稻草了。

# 用来纪念故人的甘道雕像

**在巴基斯坦的西北部，卡拉什人制作木质“甘道”雕像来纪念他们至亲至爱的人。**

卡拉什位于巴基斯坦西北部与阿富汗的接壤处。生活在那里的三个峡谷中的卡拉什人曾经制作了很多甘道（gandau），即故人的雕像。这些雕像只有半米多高，通常是在一块木头上模仿真人形象雕刻，用来纪念逝去的亲人。在右页图中我们能看到两个雕像：一个是戴着角状头饰的坐着的女人；另一个是戴着奇特头饰并骑着马的男人。带角的头饰展示了当地关于角的信仰，比如山羊出生时有四个角是一个好兆头。戴着头饰的男性雕像则通常代表着勇气。

当族群里的某个人去世后，消息会传到三个峡谷的每个角落，卡拉什族群的居民会步行去参加延续了千百年的古老活动。所有到来的人都能参加一场盛大的仪式，人们会连续三天围绕死者敲锣打鼓和跳舞，分享各自的生活故事。死者家属中的妇女们会摘下她们平时戴的多彩头饰。越是隆重的告别仪式，越能反映死者生前较高的社会和经济地位。这种模仿真人的木质雕像刻工复杂，上面可能会雕刻诸多衣饰和个人物品，据说这样能引导死者灵魂安静地待在墓地周围。这些雕像不仅仅是为了纪念逝者，更是为了封印逝者的部分灵魂。

这些特别的雕像是在20世纪30年代的拍卖会上被买走的，在这之前，人们对它们的历史知之甚少。大英博物馆和伦敦霍尼曼博物馆等藏馆保存了类似的雕像。这些机构的负责人发现，卡拉什人为旅游市场制作和出售的小型雕像，在第一次世界大战期间和第一次世界大战之后被英国军官收藏。它们之所以保存于伦敦科学博物馆里，是因为制药企业家亨利·惠康的决定。惠康立志收藏全世界与人类生死有关的物品。他的藏品中约有10%是长期租借给伦敦科学博物馆的，其余的则在他死后被赠予或出售给了其他博物馆。

如今，约3500人口的卡拉什族群仍然生活在巴基斯坦的那三个峡谷中，他们有自己的语言、信仰和习俗。他们仍然会制作雕像，但雕像都非常昂贵，所以很多当地人买不起，那些雕像大多被作为纪念品或艺术品出售。

卡拉什人的木质甘道雕像，发现于巴基斯坦西北部，1801—1900 年

左页图：在巴基斯坦开伯尔 - 普赫图赫瓦省的卡拉什，一个甘道雕像竖立在墓地中，2008 年

刻有头骨和十字交叉骨的银表，它被安放于一个头骨盒子中，1700—1900 年

右页图：装有银表的头骨盒子被关上时的样子

# 头骨盒子里的银表

**有一种银表能告诫它的使用者“时光匆匆”，以此提醒人珍惜光阴。**

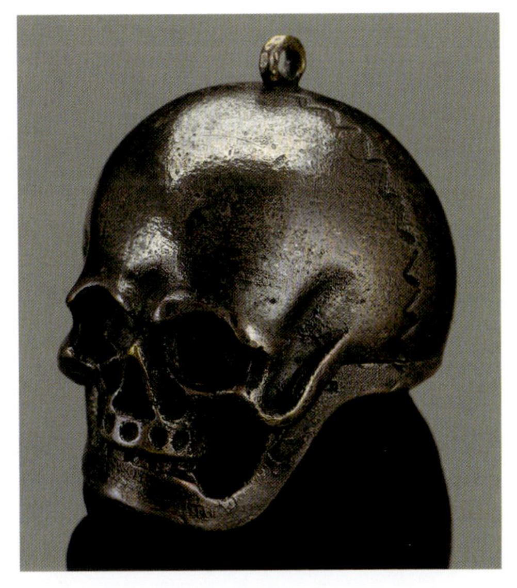

你一天会看几次表呢？想象一下：如果你每次看表，都会被它提醒你终有一死，那会是什么感觉？当你使用左页图中这只银表时，必须先打开头骨盒子，然后你就会在表盘上看到三个微型头骨和十字交叉骨，以及意为“时光匆匆”（Tempus Fugit）的拉丁文。头骨、沙漏和计时器是时尚手杖、胸针和戒指上常见的装饰元素，它们都是为了提醒佩戴者生命短暂，必须明智地度过时光。这些物件被称为莫里纪念物，上面往往会用拉丁文写着“人终有一死”。

在我们看来，这似乎是一种病态的想法，但19世纪欧洲的生活充满了危险——致死率高的传染病盛行、工人在发展迅速的工业城镇里更容易遭遇意外事故、火车等新技术加快了生活节奏。我们能从维多利亚时代的人们身上学到些什么吗？他们又是如何面对各种死亡风险的呢？自19世纪40年代以来，由于生活条件的改善、对传染病的控制和更好的公共卫生保健制度，英国人的平均预期寿命翻了一番，达到80岁左右。死亡是一个触碰人类内心深处的话题，很多人不愿意讨论它，不过，人们的态度正在慢慢改变。

这个提醒“时光匆匆”的银表的寿命比它之前的数任主人都要长。根据调查我们能确定的是，它出现在20世纪30年代的白金汉宫。乔治五世的妻子玛丽王后在20世纪30年代把这只表捐赠给了制药企业家亨利·惠康。至于她从哪里得到的这只表或拥有过多久，我们无从知晓。但这并非玛丽王后捐赠的唯一物品，她还送给惠康许多骷髅模型，并为伦敦科学博物馆提供了一些科学仪器。惠康去世后，他的藏品分散到了世界各地，其中最重要的一部分被保存于伦敦科学博物馆，当然也包括这只银表。这只银表早已停止工作，但我们对这类物品的好奇不会消退。当你的眼睛看向头骨中空荡荡的眼眶时，或许你的思绪会停顿片刻！

# 威廉·斯梅利改进的产钳

钱伯伦家族发明的这种工具帮助了难产的产妇，但他们把这个秘密保守了上百年。

通过使用右页图中这把简单的产钳，医生能在孕妇难产时旋转婴儿并使其脱离产道。这种工具是钱伯伦家族发明的，从16世纪开始，这项设计就一直是一个严格保守的秘密。钱伯伦家族对此讳莫如深，以至于社会上流传着很多关于妇女在被蒙住眼睛的情况下分娩的故事，这样产妇就无法发现此事，也不会泄露钱伯伦家族的这种设计。不过，后来这个秘密终究还是被泄露了，英国产科医生威廉·斯梅利改进了原版的设计。尽管斯梅利后来被称为“助产士之父”，但他最初是一名药剂师，后来他才在英国的格拉斯哥学习了外科学，在法国巴黎学习了助产学。他还是一位很有天赋的老师，通过用模特和人体模型进行示范，他向医学生分享了他的助产方法，包括展示他新改进的产钳。

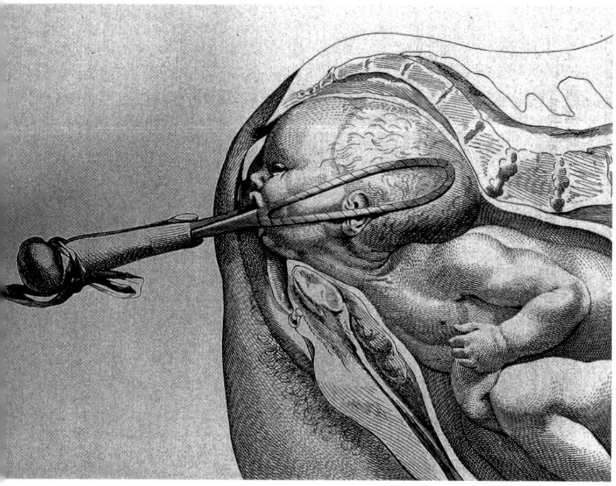

帮助产妇分娩是一个具有重要文化和个人意义的议题。在多数历史时期和地区，产妇都是被本地有着接生经验的年长妇女包围，接受她们在分娩方面的指导。在科技不发达时期，助产士的角色与其他的医疗行业角色有相似之处，执行者往往是经验较多、技能熟练但无正式从业资格的长者。我们知道，如果病人对某种形式的药物或治疗方式更加信任，那么就会有直接和更好的治疗结果，而病人对医生或助产士的信任程度也有着同样的道理。

男性进入助产这个传统的女性行业，这本身是一个在政治和伦理上很敏感的事情。在当时的社会观念中，大多数女性助产士在人体结构学方面不够专业，因此难以正确使用产钳，而男性助产士有着独特优势。不使用产钳可能对母亲的健康有好处。尽管斯梅利要求产钳上缠绕可拆卸更换的皮革，但这些工具通常会涂猪油作为润滑剂，非常容易让产道被细菌感染。这通常会导致产妇死于产褥热，而现在我们知道这是产后感染所引起的。

一张使用产钳帮助婴儿从产道中出来的示意图，该图来自威廉·斯梅利的1754年的文章，《附有助产实践操作注释和简本的生理结构表》

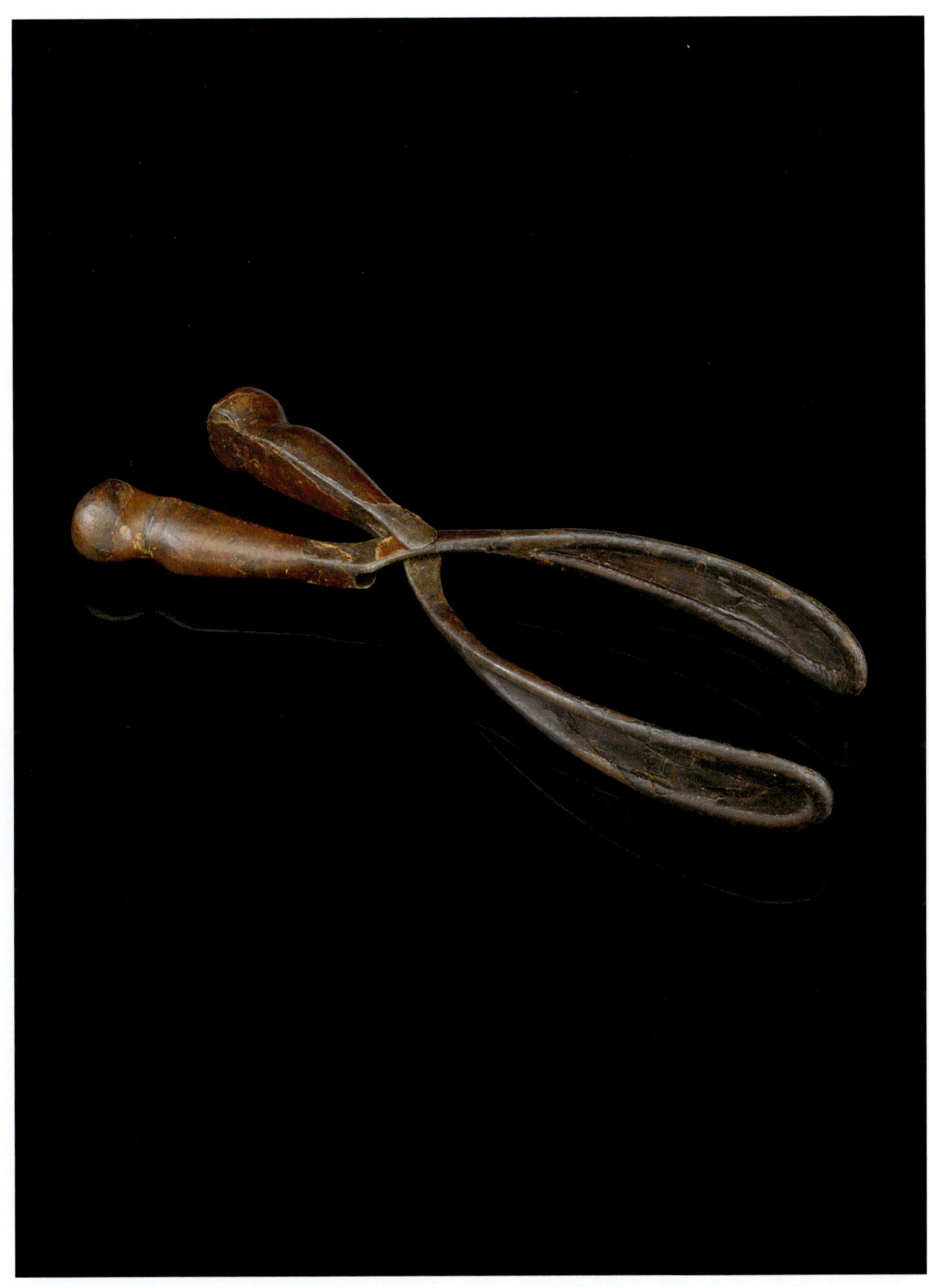

威廉·斯梅利改进的产钳，1701—1800 年

在英国伦敦的罗瑟海特太平间，这张陶瓷验尸台一直被用到了 1944 年

右页图：验尸用的工具，2016 年

# 验尸台

**以制作精美瓷器而闻名的皇家道尔顿公司还制作了停尸房里使用的陶瓷验尸台。**

尸检，又称尸体解剖，指的是对死者尸体的检查。病理学家进行尸检，是为了确定死亡原因或观察疾病的发展对身体的影响。“尸检”一词来源于希腊语单词“autopsia”，意思是“亲眼看”。在众多专业工具中，验尸台是必不可少的，它用来将尸体固定在适当的高度，易于清理且结实好用。

首先，尸体要放在验尸台上清洗。然后病理学家要对尸体的外观进行视觉检查，寻找瘀伤或任何其他相关的痕迹，之后就可以开始进行内部检查了。他们会采用“Y”字形切开法，即从左右耳乳突向下切至肩部，再向前向内切至胸骨切迹，然后沿正中线切到腹部。肋骨剪是用来剪断肋骨的，这样可以让器官暴露出来。每个器官都会被切除、检查和称重。器官的颜色、形态和重量是可以提供死亡原因的重要线索。例如，癌病变组织比正常健康组织重。检查完整个躯体后病理学家就将它缝合起来，准备埋葬或火化。

验尸台由坚固的材料制成，以支撑尸体的重量并经得起频繁使用。左页图中的验尸台是由陶瓷制成的，有凹槽和凸起的边缘。当尸体被切开时，这些凹槽会引导尸体中的体液流向一个废液排放口。这张验尸台在伦敦的罗瑟海特太平间被使用至 1944 年。

它是由皇家道尔顿公司制造的，该公司成立于 1815 年，专门生产陶瓷制品和玻璃制品。皇家道尔顿公司引领了卫生领域的改革，提倡使用陶瓷排水管和水过滤器以改善生活条件。陶瓷验尸台肯定比以前使用的木制验尸台更卫生。所有的液体都可以很容易地从陶瓷表面冲走，为病理学家提供了清洁和安全的操作环境。如今，陶瓷已经被不锈钢取代。不锈钢是一种广泛应用于医学的材料，因为它具有耐久性、耐腐蚀性和易于消毒的优点。从木头到陶瓷再到不锈钢，每一个设计变化，都使病理学家能更容易、更安全地进行尸检和确定死因。

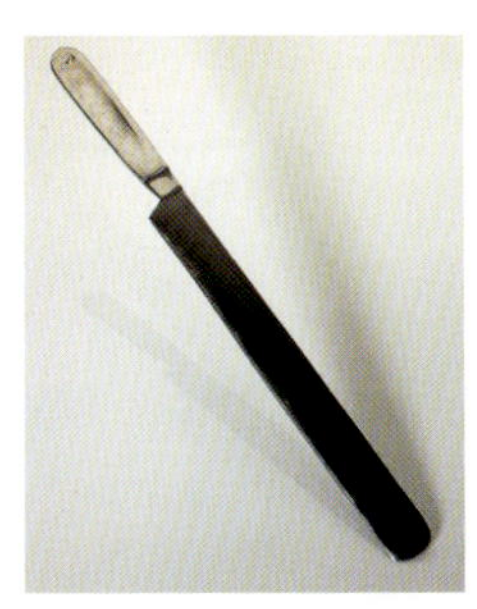

# “雾中杀手”的死亡面具

**根据被处以绞刑之人的头颅制作的石膏面具真实地刻画了死者的面部特征。**

打开博物馆陈列室的门，你可能会发现一排排的石膏面具。石膏面具一般是在某人死后别人为他制作的，有时某人活着的时候也会制作，这种面具旨在通过外观来展示某人的性格，以此纪念所爱之人。维多利亚时代的颅相学爱好者们热衷于收集天才、罪犯和身患疑难杂症之人的石膏面具，并且经常将其与真实的人类头骨一起保存和展示。颅相学专家认为大脑的形状变化可以决定头骨的形状变化，而对这两种形状变化的研究有助于理解人的行为和能力。

制作石膏面具的方法很简单：先在头发和眉毛上涂上一层油，以利于脱模；再在整个脸上涂上一层薄薄的石膏，然后从前额到下巴埋一条线，沿着这条线在上面敷上更多的石膏；在石膏完全凝固之前将线拉起，把模具分成两部分，使其更容易移除；将两部分拍打在一起，并注入石膏将其打磨成面具。如果要制作面具的人是活着的，那要把吸管插到他的两个鼻孔里，以保证正常呼吸。虽然有些面具上有中风或尸僵的痕迹，但要分辨出面具是从活人的脸上摘下来的还是在尸体脸上制作的，并非易事。活人在制作面具的过程中可能会因为不舒服而发生面部移动，在有些情况下，后世的研究者能够通过面具上的痕迹发现这种变化。

右页图中这张死亡面具来自维多利亚时代的杀人犯詹姆斯·布卢姆菲尔德·拉什，一个被称为“雾中杀手”的人。拉什在诺福克的斯坦菲尔德庄园杀害了他主人一家，公众迫切想知道他犯罪过程中的疑点，以至于出现了专列，载着好奇的人专程去谋杀现场详查。尽管拉什戴上假发和假胡须进行了伪装，他最终还是在诺里奇城堡中被发现、定罪并执行绞刑。在伦敦杜莎夫人蜡像馆中可怕的“恐怖屋”里，拉什的面具就曾出现过。1936 年，杜莎夫人蜡像馆把这个面具捐赠给了亨利·惠康。

《小牛的头部和脑部：一个颅相学讲座》插图，印刷版，伦敦，1826 年

约翰·图索制作的詹姆斯·布卢姆菲尔德·拉什的死亡面具，伦敦，1849—1900 年

# 露西·鲍德温机器

**露西·鲍德温致力于减轻妇女的分娩疼痛，并以自己的名字命名了这款早期的“混合气体”机器。**

这台机器能产生一氧化二氮和氧气，专门用于减轻女性在分娩时的疼痛。两个气罐用螺栓固定在机器侧面，并设置了特定浓度。这个机器的名字来源于一位致力于减轻产妇分娩疼痛的英国社会活动家露西·鲍德温。

露西·鲍德温利用她作为一位资深政治家妻子的身份，在推广活动中宣传了自己难产的痛苦经历。在她的公开演讲中，她将分娩过程和第一次世界大战中士兵的经历相比较，她说：“对一个女人来说，分娩就像参战——她永远不知道，医生也永远不知道，她能否活着回来。”

在1948年英国国家医疗服务体系建立之前，只有富人才能在分娩期间得到止痛服务。鲍德温积极参与成立于1928年的国家生育日基金会的各项活动，该基金会致力于帮助贫困妇女获得生育服务、改善儿童营养状况和减轻妇女分娩疼痛。一年后，她开始负责管理其附属的麻醉剂使用基金会，为医院提供麻醉剂使用和麻醉师岗位的补助金。鲍德温为减轻妇女分娩疼痛而进行的游说引发了争议，甚至在她自己的基金会内部也出现了意见分歧。自19世纪60年代麻醉剂被扩大使用范围以来，尽管连维多利亚女王都在分娩时使用了氯仿麻醉剂，并以此倡导对麻醉剂的应用，但在分娩时使用麻醉剂仍旧是一个有争议性的话题。分娩疼痛一直与各种复杂的社会、道德和宗教观念联系在一起，其中的一种医学观念认为疼痛能有效反映病人的实时身体状况。

不过，鲍德温有幸亲眼见证了社会舆论的快速变化，她的宣传活动也顺利推动了1936年英国《助产士法》的通过，该法允许助产士在医生不在场的情况下实施麻醉。

露西·鲍德温机器是在1958年由英国氧气公司开发制造的，它由一台牙科麻醉机改装而成。研究人员和助产士能观察女性在使用这台机器时的直接反应，所以由他们来决定使用混合气体的比例。随着科技的发展，这台机器逐渐被更先进的麻醉设备取代，因此伦敦大学附属医院产科把它捐赠给了伦敦科学博物馆。毫无疑问，这台机器为成千上万的妇女带来了慰藉和福音，也承载了鲍德温孜孜不倦的努力。

露西・鲍德温机器，1950—1980 年

左页图：露西・鲍德温，1935 年

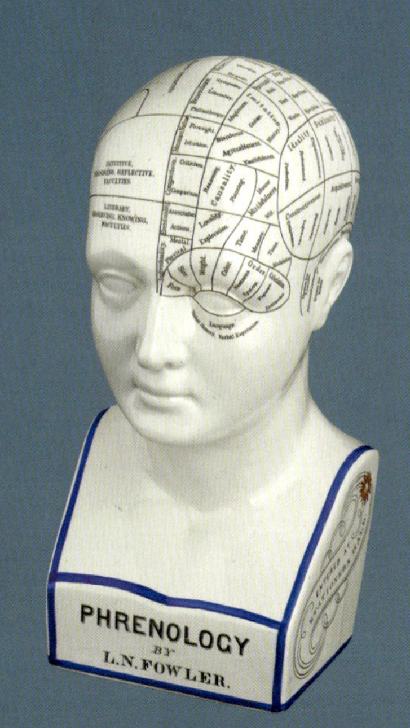
PHRENOLOGY
BY
L.N. FOWLER.

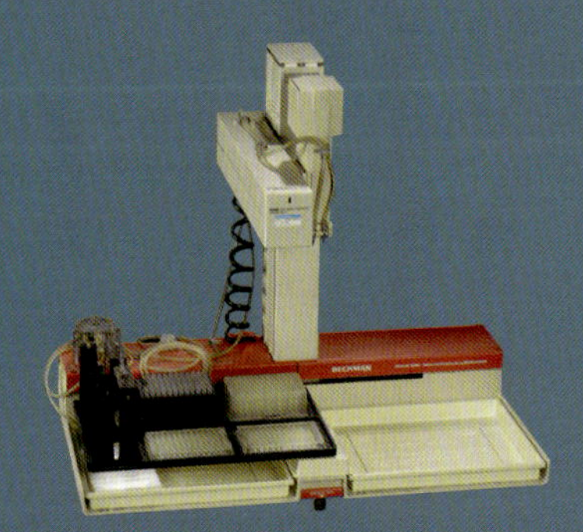

# 三

# 诊断

要治疗一种疾病，第一个阶段就是找出问题所在，即诊断。诊断是由医生或其他人进行的排查性工作，包括收集所有症状，利用经验或技术分析病情。通过目视检查或物理检查可以找出疼痛或身体不适的原因，而医生为了获取更多信息会借助很多仪器的帮助。在检测血液或其他体液、测量体温或通过七窍和肛门等部位进行各种检测的过程中，医生可以使用专门设计的诊断工具开展无痛和卫生的诊断流程。有时，医生通过某一个症状就能发现健康问题。经验也是一个重要的“工具”——患者可以从家族健康史中意识到某种疾病，医生也可以凭借自己之前遇见过的各类情况进行判断。

# 雷奈克的听诊器

**勒内·雷奈克发明了听诊器，它能帮助医生更容易地倾听病人的心跳声。**

倾听身体内部的声音是医生最重要的技能之一。1816 年，法国医生勒内·雷奈克发明了一种新的工具，医生可以借助它更清楚地听到身体内部的声音。雷奈克把这个装置命名为“听诊器”（stethoscope），意思是“检查胸腔的内部”。在听诊器发明以来的两个世纪里，尽管听诊器的设计发生了很大的变化，但它仍然是现代医学最具标志性的工具之一。

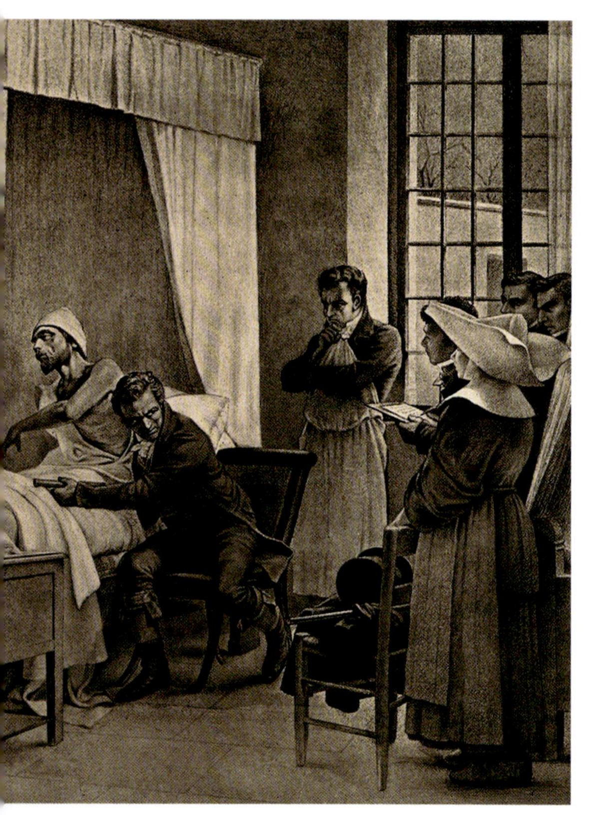

数百年来，医生通过将耳朵贴在病人身上的方式来寻找疾病的线索。但这样的做法存在着许多弊端，特别是当患者太肥胖、身患感染性疾病或卫生条件差时，诊断难度会很大。而对多数女性患者来说，羞怯和隐私也是问题。有一次，雷奈克在检查一个体态丰满的患有心脏病的女性患者时，为了避免把耳朵贴在她胸前的尴尬和不礼貌，雷奈克决定卷起一卷纸来尝试倾听她的心跳。他说：“我惊讶而高兴地听到了她的心跳声，比我直接把耳朵贴上去听得要清楚得多。”随后，雷奈克花了三年的时间来试验和完善他的设计。

作为法国巴黎内克尔医院的一名医生，雷奈克用听诊器倾听了病房里成千上万病人体内的声音，并把病人活着时他听到的声音和在病人死后解剖所发现的疾病相联系。通过解剖，他能够验证自己的诊断理论是否正确。雷奈克使用了大量富有想象力的描述来对他在患者体内听到的声音进行分类。他曾经听到一种类似斑尾林鸽咕咕叫的呼吸声，他说：“听过这种声音的人会很容易认为在病人的床上藏着一只鸟。”

雷奈克死于空洞性肺结核，享年 45 岁。耐人寻味的是，雷奈克发明的听诊器正有助于发现、诊断和了解空洞性肺结核这种疾病。在那个时代，人们肯定了雷奈克的发明，认为它大大促进了医学界对疾病的了解。在他死后，保存他曾使用的诊断设备成为一件重要的事情。下图中听诊器的标签上写着：“这是雷奈克最早制造的听诊器之一，雷奈克把它送给了法国陆军外科医生贝吉，而贝吉的遗孀在 1863 年把它给了我。”

雷奈克制造的听诊器，1820 年左右

左页图：雷奈克在法国巴黎内克尔医院使用听诊器进行诊断，1816 年

Biomek 机器人，1991 年

# Biomek 机器人

Biomek 机器人能以难以置信的精度检查各种生物学样本。

血液、尿液和其他体液可以用于测试新药、测定基因序列或诊断疾病。在现代医学中通过对上述的体液进行研究，我们能快速准确地获得医学结果。Biomek 是一种能够自动处理液体的机器人，这种机器人已经成为全世界医学实验室必不可少的设备。Biomek 于 1985 年推出，是最早的实验室机器人之一，它由一个机械臂和一个叫作“多道移液枪”的工具组成，能够快速准确地测量和分配多个液体样本到通用规格的 96 孔板中。在计算机的控制下，机械臂听从编程指令，从塑料托盘中采集液体样本或将液体滴入孔板中，并在此过程中精确地沿着程序所绘制的垂直和水平运动路线移动。

在 Biomek 这种机器人被制造出来以前，液体样本的移动只能靠人工完成。1795 年，法国化学家和药剂师弗朗索瓦·德克劳西发明了第一种能相对精确地收集和移动液体的工具，即滴定管和移液管。到了 20 世纪 70 至 80 年代，微型马达技术和微处理器技术迅速发展，像 Biomek 这样自动处理液体的机器人终于被发明出来。

像 Biomek 这样的机器人改变了医学研究的规模和速度。我们之所以能绘制人类基因组 30 亿个碱基对，离不开 Biomek 和其他类似系统的帮助。每天处理 8000 多个样本的能力加快了人类基因组计划中对 DNA 的处理速度，同样重要的是，也避免了在人工测试数千个样本时可能会出现的人为错误。在各个医院的实验室内，自动化系统使每年进行数百万次医疗检测成为可能，并缩短了病人获得检测结果的时间。Biomek 机器人一直是使用最广泛的实验室机器人之一，如今它的最新版本仍在销往世界各地的实验室。

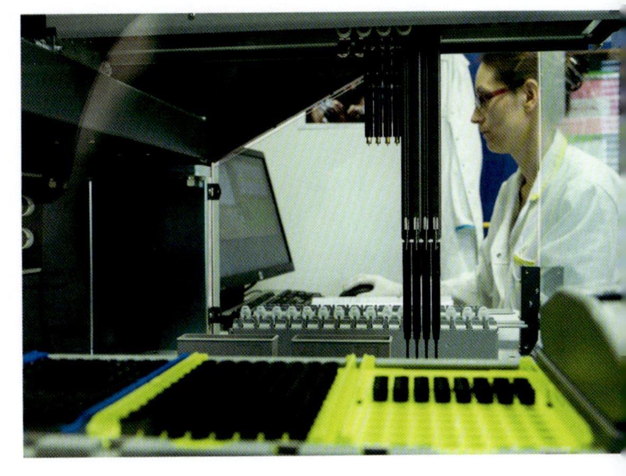

利用机器人进行 DNA 测序，2014 年

# 福勒兄弟的颅相学头像

颅相学头像可以清楚显示人头部的各个区域所对应的性格特点。

设想一下，如果我们能仅仅通过观察他人的外貌就看出他的性格和智力，那会有多厉害！尽管从几百年前开始，就有一种说法认为，我们能通过观察别人的样貌判断出他的性格特征。不过，作为一种伪科学，维多利亚时代的颅相学完全把观察点放在人颅骨的高低起伏上。颅相学的建立者、德国医生弗兰茨·约瑟夫·加尔研究了人类的大脑，他认为"内在感觉"塑造了大脑和颅骨，并划定了特定的头部区域，这些区域可以表明一个人的性格或智力优势。这种观点是他与奥地利生理学家约翰·施普尔茨海姆共同提出的，被命名为颅相学，意思是"灵魂的科学"。许多人蜂拥而至，请他俩看颅相，希望以此知道自己是不是性感、神秘或是充满了进取心。尽管颅相学的信众把这种学说视为自然科学，但在当时它受到了广泛的批评。它更像是一种信仰体系，当时的一些著作甚至把它称为一个文学流派。颅相学的吸引力在于两个方面：一是它激发了维多利亚时代人们对自我完善的热情；二是它让人易于参与其中。只要参与者有一点想象力，并愿意扯开别人的头发去看颅相，任何人都可以做颅相学的信众。

颅相学头像和上面的标注能够清楚地显示出颅骨的不同区域，是用来学习颅相学的工具。而那种上面有详细标注的真正的人类颅骨，其实并没有那么受公众欢迎。加尔是一个很狂野的人，他常常在开展讲座时从纸袋里掏出一个真正的死人颅骨，然后一边解剖这个颅骨，一边进行讲解。后来，颅相学图表和陶瓷模型成为专业颅相学家和业余爱好者的新指导工具。这样一来，颅相学的学习材料就从真正的人的颅骨变成了更容易获得的东西。渐渐地，颅相学不再那么受欢迎了。1848 年，随着福勒兄弟的畅销书《遗传与祖先》的出版，以及之后他们门票常常售罄的巡回演讲，福勒兄弟又复兴了颅相学。下图中所示的头部塑像正是他们著名的颇具风格的颅相学头像，至今这种头像仍然是颅相学的一个标志。

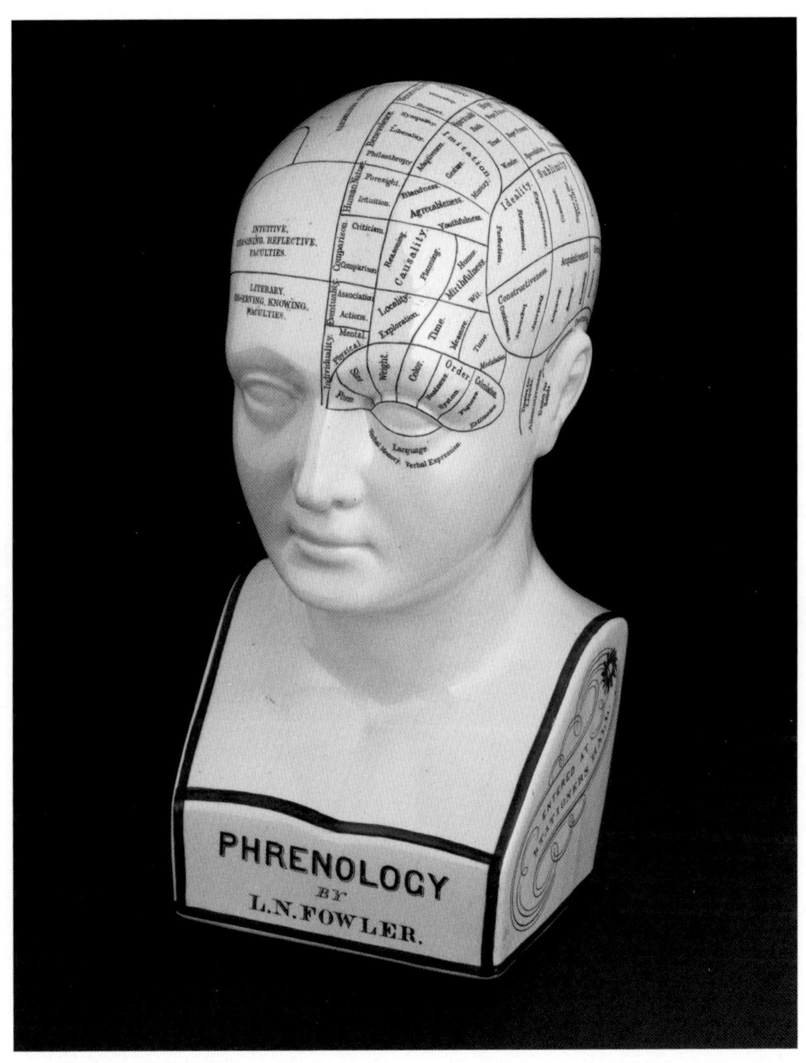


福勒兄弟制造的颅相学头像。福勒兄弟曾在伦敦的路德门学习颅相学，这个头像的下方把该地址标注了出来，1860—1896 年

左页图：一个颅相学家正在通过比对桌上的颅相学头像，来帮她的客户分析颅相，图画《请我的颅相保佑我吧》，1824—1851 年

可以帮顾客判断鞋子是否合脚的 X 射线测脚仪，1930—1955 年

右页图：一位顾客正在使用 X 射线测脚仪，20 世纪 50 年代左右

# 鞋店里的 X 射线测脚仪

## 人们在鞋店里使用 X 射线测脚仪帮助顾客判断鞋子是否合脚。

X 射线在 1895 年被发现之后，展现了其解密身体内部结构的神奇能力，而这开始改变着维多利亚时代晚期的社会。在快速地证明了自己在医学检查、外科手术和癌症治疗中无可替代的作用之后，X 射线也开始渗透到生活的许多其他领域。像左页图中这种被称为 X 射线测脚仪的 X 射线机，在 20 世纪 20 年代到 60 年代是鞋店必不可少的固定设备，而这也是 X 射线在非医疗领域最广泛的用途之一。

位于英国圣奥尔本斯市的皮多斯科普公司是当时英国最好的 X 射线检查仪制造商，鞋店里的那种 X 射线测脚仪就是由该公司制造的，这种 X 射线测脚仪能显示脚在试穿的鞋中的 X 射线图像。按下一个按钮，你就能看到自己双脚的骨骼。对于那时的人们来说，能在绿色荧光屏上实时看到自己的骨骼，是一种新奇的乐趣，这很自然地增加了对顾客的吸引力。在 20 世纪 50 年代早期，即这种设备最流行的时候，英国有三千台这种机器，美国则有一万台。

X 射线测脚仪的主体是一个木制的大盒子，有一根 X 射线管安装在铅屏蔽的底座内。底座上面有一个平台，顾客把脚放在平台上，X 射线会穿过脚，照射到荧光屏上，从而显现出鞋子中的脚的骨骼轮廓。通过设备顶部的三个窗口都可以看到荧光屏：一个面向销售人员、一个面向客户、一个面向其他观察者（通常是母亲），因为这台机器吸引的对象多数是母女。这种机器有三个按钮，对应了为成年男性、成年女性和儿童准备的不同的 X 射线照射量和暴露时长。

从 20 世纪 50 年代末开始，X 射线测脚仪渐渐地不再流行，因为人们对辐射的危害越来越了解，公众也开始意识到，这些设备并不能准确地告诉我们鞋子是否真正合脚。X 射线测脚仪无法显示出脚部的肉体部分，店员仍然要帮顾客检查。另外，反复的辐射暴露给人们带来了健康风险，尤其是对于鞋店工作人员而言，这让人们愈加担忧。上述原因使得 X 射线测脚仪渐渐淡出了人们的视野。

# 宫颈癌筛查工具包

乔治·帕帕尼古劳用自己的名字命名了早期检测宫颈癌癌前细胞的方法，即帕氏（巴氏）涂片检查。

我们对细胞工作机制的了解改变了我们对癌症等疾病的认识，要达成这种认识，关键是能够识别正常细胞和异常细胞之间的区别。通过观察细胞形状或行为的变化过程，人类在预防、诊断和治疗宫颈癌等各种疾病方面迈进了新纪元。

1927 年，希腊病理学家乔治·帕帕尼古劳在纽约女子医院完成了一项研究。他发明了一种简单的检测方法，即通过用显微镜观察子宫颈（从阴道进入子宫的门户）的细胞来诊断宫颈癌。他发现宫颈细胞在癌变前就开始发生变化，提早发现异常宫颈细胞可预防妇女宫颈癌的发生。在帕帕尼古劳的这项研究之前，宫颈癌是英国女性的一个重要死亡原因，因为只有当宫颈癌发展到足以引发明显症状时，才能被检测出来，而此时女性的生存机会要低很多。

1964 年，英国宫颈细胞筛查服务中心开始允许 35 岁以上的英国女性主动申请筛查，也就是宫颈刮片检查。1988 年，英国为 20 岁至 64 岁的妇女制定了一个改进的筛查方案，系统性地邀请她们每 3 年到 5 年进行一次检测。在这项检测中，医生会用扩张器扩大女性的阴道，用刮刀轻轻地刮一点宫颈细胞，再将细胞样本“涂抹”在玻片上，然后在实验室的显微镜下进行细胞观察。

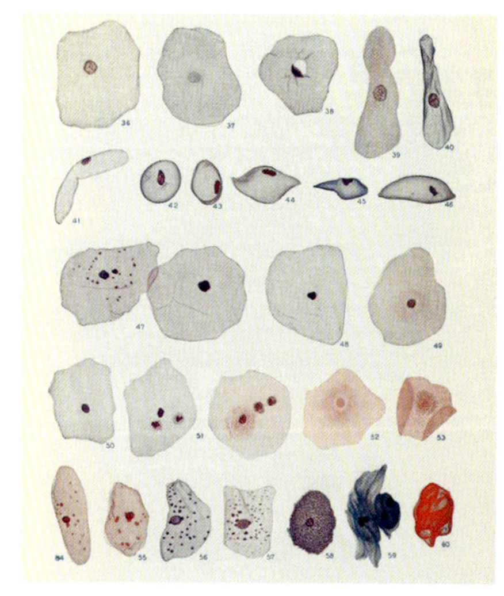

医疗技术人员会手动检查每个玻片上的每个细胞（每个涂片检查约 80,000 个细胞），寻找可能是宫颈癌迹象的异常细胞。这种易于使用的工具包（见右页图）内有完成刮片检查所需的一切物品，当时全英国的相关医疗人员都在使用它。该工具包是由伦敦地区细胞学培训中心捐赠给伦敦科学博物馆的。该中心由伊丽莎白·哈德森博士于 1979 年创立，用于为那些参与宫颈癌筛查工作的人员提供标准化的教育和培训，培训内容涵盖从采集样本到识别细胞等。在医疗人员使用了成千上万的工具包后，在 1999 年，80% 的妇女已经能接受定期检查，英国死于宫颈癌的人数下降了 70%。

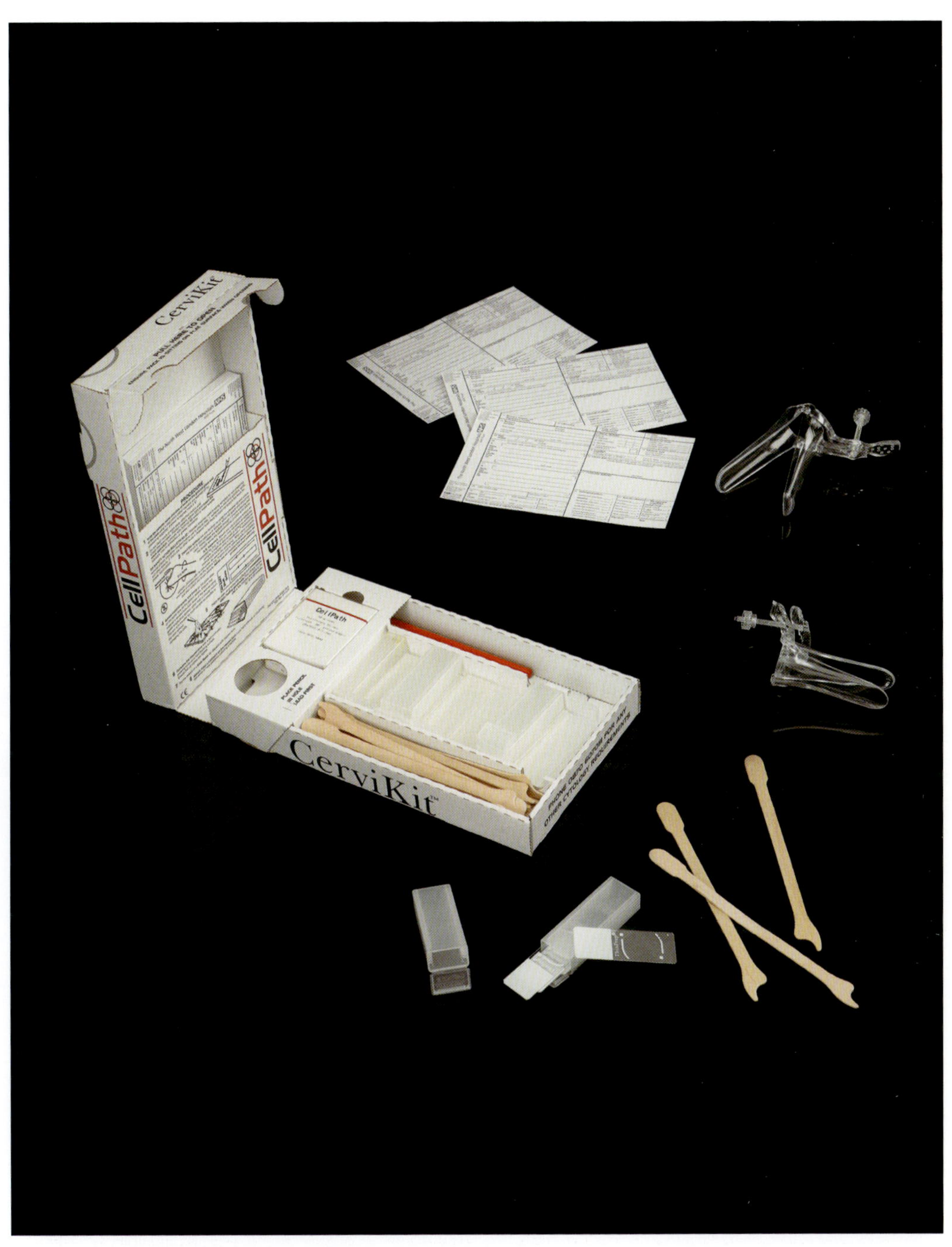


在 2003 年之前进行宫颈刮片检查所必需的工具，包括阴道扩张器、刮刀、玻片、铅笔和报告纸

左页图：在显微镜下观察到的阴道细胞中各种正常细胞的绘图，摘自乔治·帕帕尼古劳 1933 年发表的文章《阴道细胞玻片能揭示人类女性的性周期》

英国工业心理学会用来进行饼干包装测试的工具，1930 年左右

右页图：工厂内工人正在进行饼干包装。此照片来自《饼干的生产过程》，该书作者为阿奇博尔德 · 威廉姆斯，由托马斯 · 纳尔逊父子有限公司于 1909 年出版

# 饼干包装测试

## 这些工具用于测试工人在工厂包装饼干时的非语言类工作技能。

若要用一种产物来代表现代主义，可能有些人会说起英国诗人 T. S. 艾略特的诗、法国建筑大师勒·柯布西耶的建筑作品、美籍奥地利作曲家阿诺尔德·勋伯格的“十二音体系”音乐或是法国艺术家马塞尔·杜尚的艺术创作。不过，有一种有趣的东西同样也代表了现代主义，那就是 20 世纪 20 年代英国工业心理学会进行的一项饼干包装测试。美国作家马歇尔·伯曼对现代主义进行了定义，即从 20 世纪初开始到第二次世界大战期间，对现代化，尤其是对新科技和新政治性运动所带来的机遇的欣然接纳。

现代主义的产物都有一个共同的理念，即认为这个世界能变得焕然一新。现代主义思想认为，人生可以变得更加合理，而当时的英国工业心理学会也有相似的宗旨。英国工业心理学会由英国心理学家查尔斯·迈尔斯于 1919 年创立，致力于推动更加合理地组织人们的工作，而心理学在当时是新兴领域。他们的一个重要观点是，生产率低下源于很多工人正在从事他们本身不擅长的工作。因此，他们为不同行业的应聘者准备了大量的职业测试。他们认为，如果你应聘到一个比较擅长的岗位，你不仅会在这份工作中更有效率，而且也会更快乐。

当时的饼干包装并非完全由专业机器来完成，它需要一个人来操作部分过程。在那种情况下，有一项工作是用瓦楞纸将饼干分隔开来，因为在包上外包装纸之前，小叠的饼干需要在盒子里处于相互分隔的状态。这项工作可能以有序、优雅而快速的方式执行，也可能以无序、凌乱而缓慢的方式执行。英国工业心理学会通过测试进行了分析，如果从事某项工作的人能有序、优雅而快速地工作，那么对个人、公司和社会来说，都是有利的。工业心理学和社交情绪学有相似之处，根据这些学说，上述测试在妇女从业者较多的轻工行业中呈现了很有规律的结果，而在以男性员工为主、工会组织更完善的重工业行业中，呈现的相关性则缺乏规律。

# 皮埃尔－保罗·布罗卡的测角仪

**这种设计独特的仪器用于测量人的面部角度，以反映人类进化的规律。**

维多利亚时代的人们喜欢对各种东西进行分类和测量，并且崇尚个人进步。人体测量学指的是对人类生理特征的测量，而那个时代的人们正是对这种学问充满了热情，并认为那使得遗传规律的总结成为可能。查尔斯·达尔文通过意义深远的著作《物种起源》（1859 年）阐释了进化论。他认为，生物在数亿年间不断进化，而这极大地激发了人们探索人类身体和寻找新线索的灵感。

在受到达尔文启发的人中，有一位是法国解剖学家、人类学家皮埃尔－保罗·布罗卡。布罗卡在巴黎大学医学院工作，于 1859 年在那里创立了巴黎人类学会。布罗卡不同意其他进化论者的观点，因为他相信所有不同的人种并非来自一个共同的祖先。他曾用一系列特别设计的工具测量不同人种的头部和面部。布罗卡用这些工具测量了活人的面部尺寸和角度，还测量了死者的脑部体积和颅骨容纳量。这些复杂的测量旨在研究不同人种是如何以不同的方式进化的，所用的方法是测量人的下颌骨长度，并将其与猿的下颌骨长度进行比较。这种由黄铜和黄杨木制成的测角仪（见右页图）只是进行这种测量的众多仪器之一。布罗卡和他的同事们对人体测量学的研究为所谓的“科学种族主义”提供了很多依据。随后他们对 19 世纪的各类发现进行了分析，并根据分析结果提出了一个假设，即欧洲白人男性位于人类进化链的顶端，而这个假设又严重影响了他们所有的探索。他们满足于只选择能证实他们信仰的证据，所谓的研究成果往往是那些符合他们信仰标准的。美国历史学家和进化生物学家斯蒂芬·杰·古尔德把布罗卡的工作描述为：“从头到脚，我都比你更高等。”不过，命运总是让人捉摸不透，布罗卡对大脑的容量痴迷了一生，然而他 56 岁时因为脑出血抢救无效而去世。

皮埃尔 - 保罗 · 布罗卡发明的测角仪，用来在人体测量学研究中测量面部角度和面部三角区，1862—1900 年
左页图：皮埃尔 - 保罗 · 布罗卡（1824—1880 年）的肖像

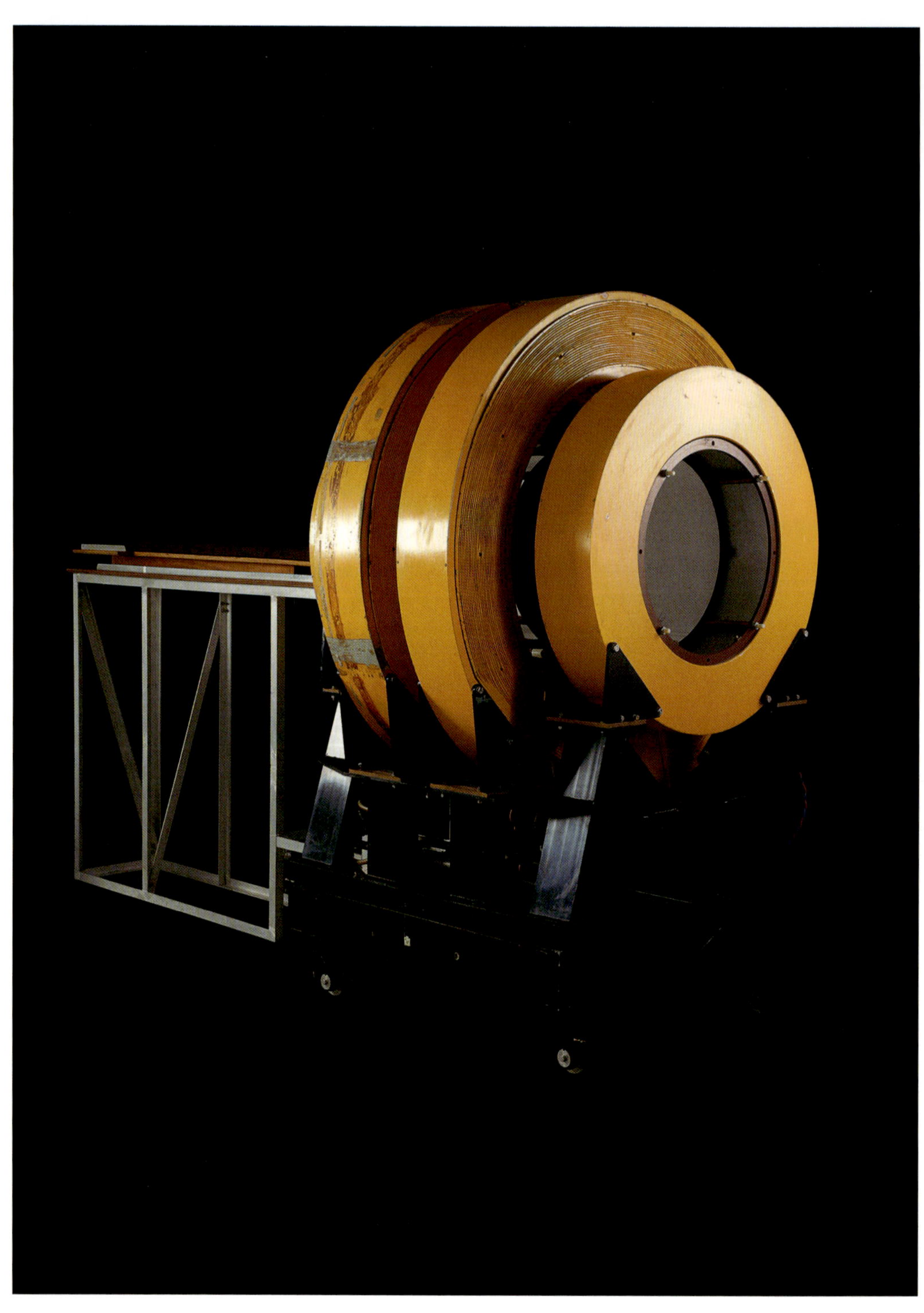

彼得·曼斯菲尔德团队的核磁共振成像仪的原型机，1978 年

右页图：原型机最早生成的图片之一，20 世纪 70 年代

# 核磁共振成像仪的原型机

**这台核磁共振成像仪的原型机开启了核磁共振成像技术发展的先河。**

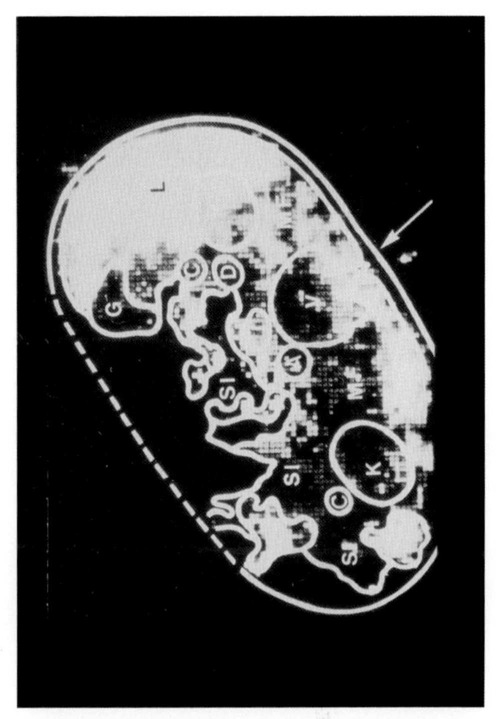

核磁共振成像是一种常见的医学成像技术，用于观察人体的软组织和器官。这项尖端技术在现代医院中普遍使用，它起源于伦敦科学博物馆收藏的一件老旧设备。

20 世纪 70 年代末，英国物理学家彼得·曼斯菲尔德和他的团队在诺丁汉大学研制一种全身核磁共振成像仪。他们已经在 1976 年取得了人类手指的核磁共振图像，并希望将他们的实验推向下一个阶段。

制造一台大到可以扫描全身的机器是一个巨大的挑战。在 1977 年的圣诞前夜，曼斯菲尔德的团队焦急地等待四个大磁铁线圈到货，以完成他们一直在组装的设备。磁铁太重，以至于把它们送到实验室的货车的悬挂装置都被压坏了。后来，团队不断调整磁铁，并测试该设备能否生成尸体的核磁共振图像。之后，团队就开始测试用该机器获得活体的核磁共振图像了。

这个实验起初被认为是危险的，因为其健康风险无法被完全评估。曼斯菲尔德收到一封来自一位美国著名科学家的信，在信中这位科学家担心该机器会对人的生命健康造成威胁，因此希望他停止实验。

经过充分考虑和亲自计算后，曼斯菲尔德评估实验是安全的，并决定在他的妻子和团队其他人的注视下对自己进行测试。机器启动后，曼斯菲尔德听到了一个奇特的声音，但没有感到疼痛。实验继续进行。曼斯菲尔德一动不动地站在热得发烫的磁铁之间，在他的汗水滴了 50 分钟后，才得到他想要的图像，这张图像标志着核磁共振成像技术的开端。

核磁共振成像仪为医生提供了详细的病人体内结构图像，使医生对病人的检查、诊断和监测更迅速、更容易，从而使医学发生了革命性的变化。

# 四

# 外科医学

外科医生的手术刀切开了最复杂的生物体——人体。无论是古代的柳叶刀还是如今的先进工具，手术工具背后都有着一个又一个关于医生或病人充满勇气的故事。手术工具也在病人的身体上留下了无数记录了医学认识和医学技能发展的痕迹。在麻醉等有效的疼痛缓解途径出现之前，只有对病痛实在忍无可忍的人才会同意接受外科医生的手术。当时的人们普遍缺乏对感染防控的认识，因此即使病人在手术后存活下来，若干天后他们仍然有很大的概率死于感染。如今，机器人可以细致、稳定地帮助医生治疗，而心肺机能进行体外氧合和泵血，使得在活着的病人身上进行复杂的心脏手术成为可能。

# 国王乔治六世用过的手术台

**在 1951 年的白金汉宫内，英国国王乔治六世躺在这个手术台上做了左肺切除手术。这个可调节式手术台是当时最复杂的手术台之一。**

1951 年，英国国王乔治六世的左肺处发现了恶性肿瘤，9 月 23 日，英国外科医生克莱门特·普莱斯·托马斯爵士在白金汉宫的一张手术台（如右页图所示）上，通过手术切除了国王的左肺。人们聚集在白金汉宫大门外，因为整个国家都在紧张地等待着手术结果和有关国王健康状况的消息。

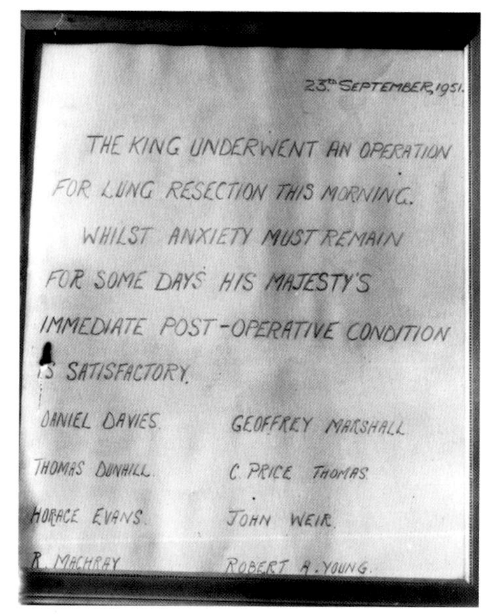

23rd SEPTEMBER, 1951.

THE KING UNDERWENT AN OPERATION FOR LUNG RESECTION THIS MORNING. WHILST ANXIETY MUST REMAIN FOR SOME DAYS HIS MAJESTY'S IMMEDIATE POST-OPERATIVE CONDITION IS SATISFACTORY.

DANIEL DAVIES. GEOFFREY MARSHALL

THOMAS DUNHILL. C. PRICE THOMAS.

HORACE EVANS. JOHN WEIR.

R. MACHRAY ROBERT A. YOUNG.

手术台是最关键的手术设备之一，它的重要性在于将患者固定在正确的高度和位置，以便手术团队安全、舒适地进行手术。右页图中的手术台是当时最复杂的手术台之一，由珍邮有限公司（Genito-Urinary）制造。它有很大的调整空间，由不锈钢制成，这种材料易于保持无菌状态。当时这张手术台是由威斯敏斯特医院提供的。出于隐私和安全考虑，英国王室成员总是在白金汉宫内接受各种医疗护理服务，包括各类大型手术。当时，护士长莎拉·明特带领着医院工作人员在白金汉宫里建了一个和医院内相差无几的手术室，并从医院运来了包括这张手术台在内的所有必要医疗设备。

托马斯被认为是那个时代英国最杰出的胸外科医生之一。他同意给国王做手术，条件是他能像对待其他病人一样对待国王。手术成功了，托马斯在描述手术后的国王时说："国王是我接触过的最好的病人。他不仅勇敢，而且很幽默，我做手术时能像对待普通病人一样轻松。"该医疗团队的很多成员都有幸登上了 1952 年新年授勋名单。然而，尽管手术后乔治六世的身体有过一定程度的好转，但他一直未能完全恢复健康。1952 年 2 月，乔治六世去世，享年 56 岁。在这之后，这个手术台被运回威斯敏斯特医院，供院内患者正常使用，不过，手术台上增加了一块纪念这段独特历史的牌子。尽管在乔治六世国王去世后很长一段时间内，它仍继续被使用，但病人们可能并不知道他们所用的手术台曾经供国王使用过。

国王乔治六世在手术时使用的可调节式手术台，1951 年 9 月

左页图：白金汉宫外贴出的第二张官方布告，布告宣布了乔治六世的手术结果，即国王的身体状况“让人满意”，1951 年 9 月 23 日

锡铅合金放血盆，19 世纪

右页图：一位医生正在为一位年轻女性进行放血，另一位女士在旁边安慰她，1784 年

# 放血盆

**过去，医生会给病人放血来恢复体内的“平衡”，放出的血会流到放血盆里。**

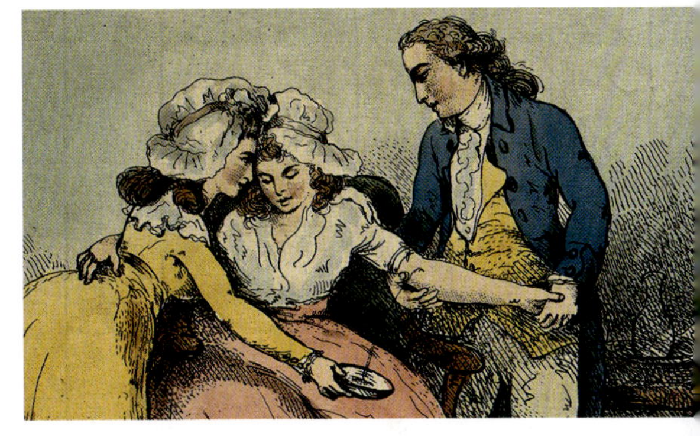

感觉虚弱吗？头痛吗？如果你活在19世纪，你有这样的症状可能被诊断为血量过多。对你进行治疗时需要两样东西：一把锋利的小柳叶刀和一个碗。你的医生会在你前臂或颈部处切开一条显眼的静脉血管，让血液流入盆中，直到盆中的血液达到一定的刻度。放血盆的内壁上标有一些刻度，用来测量盆中的血液量。

如今，我们的直觉都会告诉我们，出血只会对我们的健康有害，我们在割伤手指或擦伤膝盖时，会用不同的医学方法来阻止流血。那么，放血疗法是如何成为医学史上最悠久的治疗方法之一的呢？这种做法被认为起源于古埃及，然后被传播到希腊，那时的医生认为所有的疾病都源于过多的血液。公元2世纪，著名的古罗马医生盖伦发展并推广了一种理论，即健康建立在黏液、血液、黄胆汁和黑胆汁四种体液的完美平衡之上。放血成了解决身体血液失衡的方法。盖伦发现静脉和动脉中含有血液而不是空气，这符合人们之前的猜想，他的这一发现也促成了一个复杂理论系统的建立，该系统能判断患者何时放血是最合适的。放血的量取决于几个因素，包括天气和病人的年龄。当病人开始昏厥时，治疗过程通常会终止，而昏厥被视为治疗的自然结果。

盖伦的著作和宣讲使放血疗法成为整个罗马帝国的一种常见治疗方法。不久，它也在印度和阿拉伯国家迅速风靡。在中世纪的欧洲，放血疗法成为从瘟疫、天花、癫痫到痛风的许多疾病的标准治疗方法。18世纪时，它在欧洲非常流行，甚至玛丽·安托瓦内特（法国国王路易十六的王后）在1778年生第一个孩子时也使用过放血疗法。

放血的做法在19世纪仍然非常流行，但人们开始对此持怀疑态度。1855年，苏格兰医生约翰·贝内特写道，他觉得从病人手臂上放血除了会损耗他们的体力和阻碍他们的康复之外，可能起不到任何作用。在19世纪末，新的医学理论和疗法开始出现，这使得越来越少的人选择放血这种平衡体液的疗法。接受放血的病人最后总是呜咽着晕过去，而放血疗法本身也是以同样落寞的方式淡出了历史。

# 人类的颅骨钻孔术

**古代医生为活着的病人进行颅骨钻孔手术，可能是为了释放体内的恶灵和治疗头痛。**

今天，外科手术容易让人联想到消过毒的手术室场景，以及戴着手套、穿着白大褂的外科医生，还有让我们失去知觉的麻醉师。不过，在病人的颅骨上钻孔，即颅骨钻孔手术，其实是有着几千年历史的古老手术之一。

大约在公元前 2200 年，右页图中所示颅骨的主人可能经历了不止一次的颅骨钻孔手术，虽然手术原因我们无从知晓，但我们知道手术后颅骨的主人存活了一段时间，因为有些开颅孔有了愈合的迹象。这几乎让人难以置信，因为当时的人们只能使用少数的几种植物（如古柯）来抑制感染和缓解痛苦，而手术中使用的工具也是纯天然的，包括燧石、鲨鱼牙齿、贝壳和黑曜石。从公元前 5000 年至今，世界各地的人类颅骨遗骸都证明了早就有人做过这种手术。19 世纪 60 年代，当人们首次发现这种颅骨时，没人相信古人能在这种手术后存活，因为当时这种手术的存活率只有 10%，死亡多是因为感染、失血过多和休克。在古代，是从哪里传来的医学知识促成了这种手术的推广？难道是古人自己探索出了这种医学技术？这些谜团无人能解答。不过，那时的开颅手术很可能是为了帮助病人治疗头痛和头部受伤，也可能是达成宗教方面的目的，或者是为了释放被认为是导致疾病的恶灵。

新石器时代的古人用于颅骨钻孔的燧石，公元前 2000 年

在 1959 年 1 月，英国考古学家凯萨琳·玛丽·凯尼恩把这个颅骨赠送给了亨利·惠康，惠康的藏品库越来越丰富了。1952 年至 1958 年间，凯萨琳在耶利哥城的考古挖掘给她带来了职业生涯中成就最大的发现。这个颅骨于 1958 年 1 月在约旦河谷耶利哥城的贝斯山墓地的一座坟墓中被发现，它被埋在两个罐子和一个铜针的旁边。

人们对颅骨钻孔手术一直很有兴趣。20 世纪初，医生们会购买人类颅骨，用来尝试复制钻孔并切割出痕迹。在医生们的实验中，他们估计在颅骨上钻出一个洞最快需要 13 分钟，我们也不清楚他们是否考虑了钻孔过程中病人的疼痛对时间计算的影响。尽管古代颅骨开孔的谜团可能永远无法被解开，但对于如今的神经外科学来说，颅骨钻孔手术已经成为一种常见的、可控的和安全的手术方法。

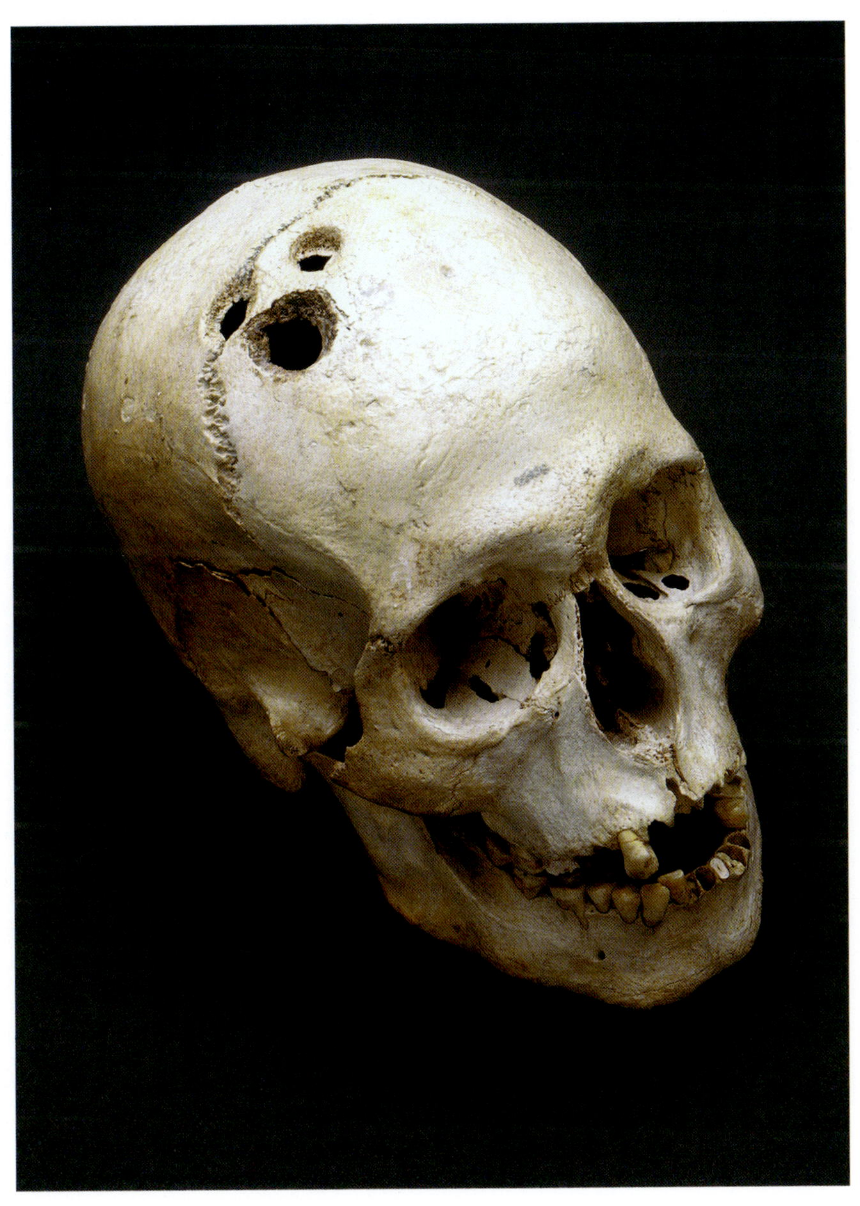

在耶利哥城发现的有四个钻孔的颅骨，公元前 2200 年至公元前 2000 年

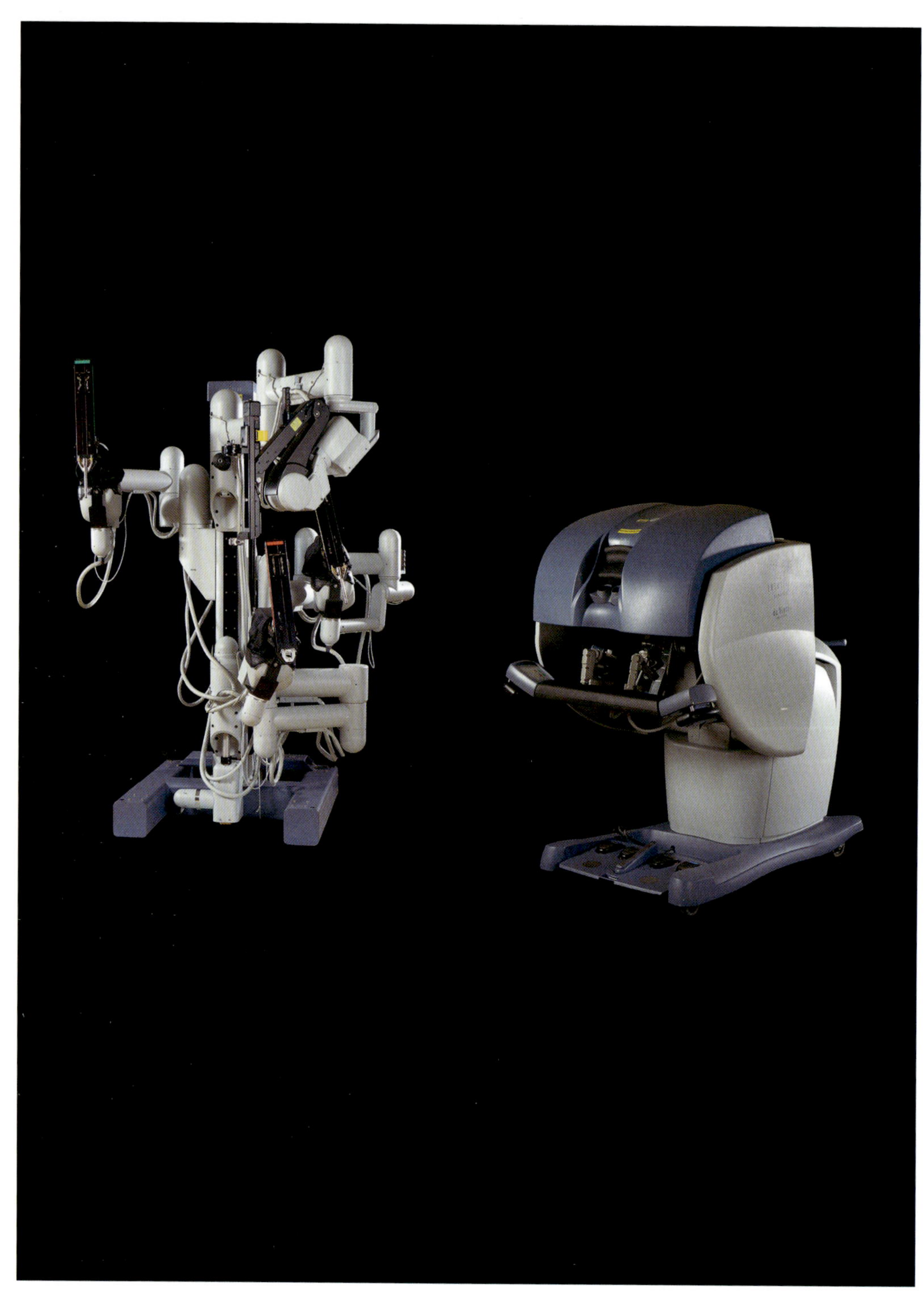

达·芬奇手术机器人，1999 年

右页图：医生操纵台的手动控制设备照片，1999 年

# 达·芬奇手术机器人

**2001 年，英国的阿·达兹勋爵使用达·芬奇手术机器人进行了英国第一次机器人辅助手术。**

请想象一下，如果你的外科医生在向你解释手术情况时告诉你，这将是他们第一次使用全新的达·芬奇手术机器人做手术，那你会是什么感受？医生告诉你，虽然无法保证机器人是完全可控的，不过在医生使用高达两米的机械臂进行操作时，它完全只是医生双手的延伸。其实，这是 2001 年在伦敦圣玛丽医院一名病人所面对的场景，参与手术的机器人如右图所示。这是达·芬奇手术机器人首次在英国被用于临床手术。

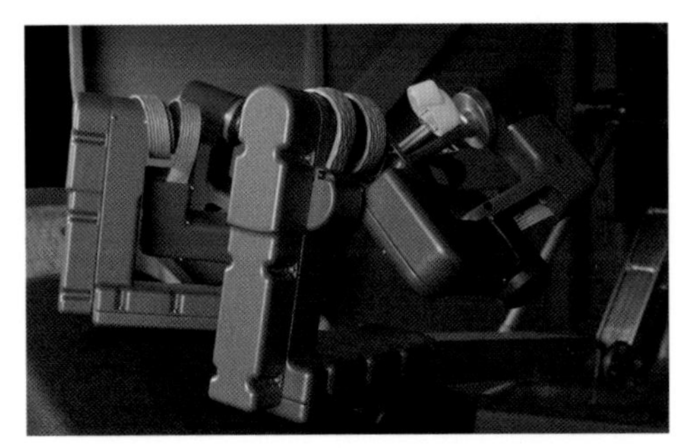

手术时，外科医生坐在手术室内或更远位置的操纵台旁。机器人通过一只机械臂贴近病人身体，并通过内窥镜观察病人身体内部，而外科医生则通过操纵台上的视孔看到病人身体内部的三维图像。外科医生在操纵台的手部动作会被转换成机器人机械臂的更精细微小的动作。

人们之所以想发明机器人辅助手术技术，是因为想让奋战在战场的士兵和宇宙中的宇航员有可能接受远程手术。自 1999 年音图公司（Intuitive Surgical）推出该机器人以来，它不断被改进，现在世界各地已经有数千台该机器人被引进使用。这个机器人的名字来源于艺术家列奥纳多·达·芬奇，因为达·芬奇在人体解剖学、自动化和机器人方面均有研究。制造商认为达·芬奇手术机器人提高了操作准确性，提供了病人体内的三维视图，提供给医生更舒适的手术位置，并减少了外科医生的手部生理震颤对手术的影响。然而，也有人认为，这种机器人昂贵、体积庞大并且需要医生花时间练习，与如今的微创手术相比几乎没有已被证实的好处。此外，作为预防感染的措施，机器人的机械臂上必须套上塑料膜，这增加了手术的准备时间。

第 25 个被生产的达·芬奇手术机器人有着不一般的经历，它曾经参与过上千次的手术，并出现在 2002 年的以詹姆斯·邦德为主角的电影《007 之择日而亡》中。在这个机器人结束了临床使命后，它成了伦敦圣玛丽医院外科创新中心的一个研究工具。后来，阿·达兹勋爵把它捐赠给了伦敦科学博物馆。

# 儿童型牙科手术椅

**牙医们用这种椅子把病人调整到适合检查的高度，并固定好他们的头部。**

牙医恐惧症可能是最常见的一种医学相关焦虑症了，顾名思义，它的意思是人对牙医和牙科治疗的恐惧，这种焦虑通常起源于儿童时期。当一个孩子前往陌生的牙科治疗室，闻到里面奇怪的味道，看到复杂奇怪的设备仪器、戴着口罩和护目镜的医生以及没见过的医药柜，即便再勇敢的孩子也可能感到些许害怕。在牙科治疗室中，我们都会看到牙科手术椅。右页图中所示的简单的木质牙科手术椅诞生于20世纪早期，它缺少我们熟悉的软垫。这把椅子有一个简单的液压系统，病人坐在上面后会被调整到合适的高度，以便手术。不过右页图中的这把椅子是标准尺寸椅子的约四分之三大小，是儿童专用的。

现在英国18岁以下的人可以免费接受牙科治疗，许多青少年也戴着牙套参加重要的人生仪式，可以说如今的人们非常重视儿童牙齿状况。不过，英国曾经走过很长的路。1909年，一项针对小学生的调查显示，近90%的受检者需要接受牙科治疗。这一数据加重了人们对于招募兵员的牙齿健康问题的担忧。

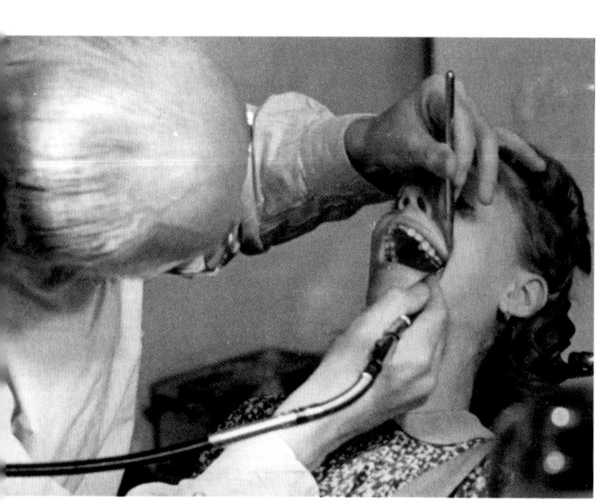

这种担忧的不断增加促成了英国校园牙科服务的改革。在1909年英国校园调查时，一些地方已经开始采取举措，并最终扩展到全国。然而，许多儿童依然未能得到牙科治疗。这背后的原因包括：当局需要招聘和管理牙科医生和护士以对小学生进行牙齿检查和治疗，但在这方面出现了很多问题；虽然在1918年政府规定这些事务是地方的职责，但直到1944年这才成为强制性责任。四年后当英国国家医疗服务体系启动后，这种情况才在全国范围内逐步改变。对于那些有幸接受早期牙科治疗的人来说，这些儿童期的干预措施被证明对未来的寿命和生活质量至关重要。更好的牙齿带来了更好的总体健康状况、体重情况和抗病能力，也可能意味着学生能顺利在学校就读，这对社会就业情况有潜在的影响力。总之，做好牙齿保健对所有人都有好处。

英国牙科制造公司制造的儿童型牙科手术椅，1910—1930 年

左页图：一位校园牙科医生正在给患者做治疗，20 世纪 40 年代

# 李斯特的苯酚喷雾器

**约瑟夫·李斯特发明的设备能向外科病人和仪器喷洒苯酚，使无数人免于感染导致的死亡。**

这种外观奇特的设备（见右页图）代表了人类在感染防控方面取得的重大进步。19世纪60年代，英国医生约瑟夫·李斯特在格拉斯哥发明了这种设备，这种设备能向病人喷洒一种有刺激性气味的黄色苯酚喷雾。医生最大的敌人之一是微生物的繁殖导致的病人感染，为了抑制微生物的繁殖，李斯特医生发明了一种包括上述设备在内的消毒系统。

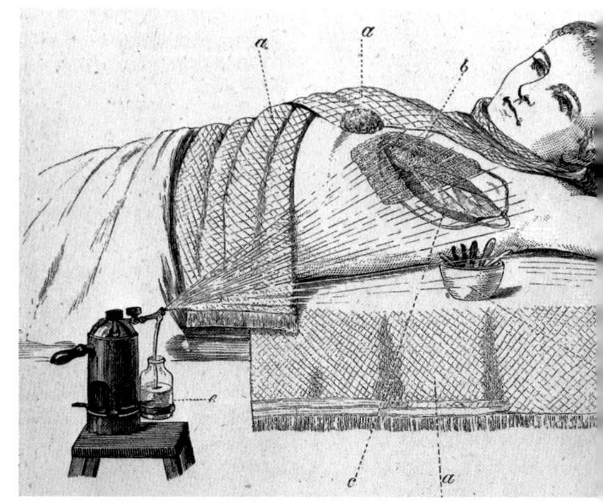

一张使用苯酚喷雾器的示意图，来自《灭菌手术：原理、实践、历史和结果》（1880年），作者是沃森·谢恩

在当时，手术的死亡率能高达50%，医院成为人们敬而远之的地方。李斯特医生认为，导致病人感染的元凶存在于空气中。法国化学家兼微生物学家路易斯·巴斯德发现，细菌的快速繁殖会让酒和牛奶等液体变质，这启发了李斯特。李斯特把巴斯德的细菌理论应用于手术中，他用被化学消毒剂浸泡过的敷料给病人的伤口消毒。在1867年他首个公开的病例报告中，他说通过这种方式，病人的感染率迅速下降。后来，李斯特又进行了多次测试，他尝试了消毒洗手液、灭菌设备，并在手术时在手术室喷洒苯酚，用这些方式来抑制感染。

大卫·马尔是当时英国的一个手术设备制造家，他的工作室位于伦敦小皇后街。马尔与李斯特合作开发了该设备，该设备用酒精灯来加热液态苯酚，产生喷雾。他们还制造出可使用长达8小时的改进型设备。许多外科医生都模仿了他的做法或采用了他的部分技术。有一些人不赞同细菌理论，也有一些人则认为大范围的消毒可以提高病人存活率。还有一部分人认为，李斯特的方法增加了手术时间，加大了患者的健康风险。在此之前，人们已经发现了一些防腐知识，而李斯特则是开发出一套完整的伤口处理和手术体系的第一人。

李斯特不断地调整他的理论和实践。在1887年，他最终放弃了喷雾的方法，因为他发现手上、衣物上和病人的皮肤上所附着的病菌更危险。喷雾也有风险，因为无论对病人还是手术团队来说，吸入苯酚都会对肺部产生危害。尽管现在我们在谈到预防感染时会联想到手套，但第一批橡胶手套被用于医学，是为了对抗苯酚的刺激作用。除了李斯特在生前和去世后获得的众多荣誉外，如今在我们的浴室橱柜中仍能找到一种纪念他的物品——李施德林漱口水。

李斯特发明的苯酚喷雾器，1867 年

# 3D 打印的肾脏

## 3D 打印的器官可以帮助医生在手术前做更充分的准备。

右页图中所示的 3D 打印模型是鲍彻家族中两个成员的某些身体部位（2 岁的露西的腹部和她父亲克里斯的肾脏）的完美复制品。2015 年 11 月，克里斯将自己的肾脏捐给了露西。露西在 4 周大的时候就经历了心力衰竭，由此产生的缺氧又导致了肾衰竭。露西每周做 3 次肾透析，直到她长大到可以接受肾脏移植手术。

肾脏移植是一种挑战性较高的手术，尤其是在将完整的成年肾脏移植到幼儿的腹腔中时，难度会更高。为了避免失误带来的不必要的手术延期，事先做好计划非常重要。虽然通过 3D 打印技术，外科医生能更好地观察捐赠者和受赠者的腹腔内状况，但有时直到外科医生亲眼看到腹腔内部，才能了解全部情况。潘卡杰·钱达克是一位器官移植领域的医生，他在看到 3D 打印技术在儿科心脏手术中的应用后，提出了使用该技术为露西治疗的想法。2015 年 8 月，他获得了支持他该项计划的资金，并与器官移植团队、成像团队和医学物理学专家们一起开发了这些模型。露西是第一个使用该模型的临床病例，这也是第一个使用 3D 打印来完成复杂的成人供肾给儿童的病例。

根据核磁共振成像进行的 3D 打印可以让外科医生以更平和的心境和众多同事一起准备手术，充分考虑切口、血管入路和肾脏移植的诸多细节。这些模型也为露西腹腔内直径不到 2 毫米的血管的缠结提供了新的解决思路。工作人员选取了一些材料来模拟坚硬的骨盆和某些柔软结构（如肝脏和腹壁），这些材料为模型增添了细节、优化了触觉体验。鲍彻一家在手术前看过这些模型，以更多地了解手术过程。克里斯说："在露西接受移植手术前看到这些模型，能帮助我了解会发生什么，也减少了我对手术的担忧。了解到外科医生们可以在手术前详细地计划手术，让人感到放心。"3D 打印在医学上是一

个迅速发展的新领域，前景广阔。如今，人类已经能够制造个人定制的3D打印植入物、医疗器械、骨骼和其他人体组织，希望3D打印器官在不久的将来可以用于移植。

在克里斯·鲍彻捐肾给女儿露西之前，工作人员模拟鲍彻的肾脏和露西的腹腔进行了3D打印

左页图：鲍彻家族和潘卡杰·钱达克医生将模型捐赠给伦敦科学博物馆，2017年

# 用来治疗白内障的刀和针

以前的医生会用有力而稳定的双手使用针状工具移除病人眼球中的白内障混浊斑块。

良好的视力对于我们参与周边世界的一切活动至关重要。尽管国际社会在帮助和安置视障人士方面采取了很多进步性措施，但视力障碍仍会对个人产生巨大影响。虽然眼部是脆弱而敏感的，但它长期以来一直是人体手术概率较高的部位，考虑到视力的重要性，这一点不难理解。视力障碍大部分源于白内障这种常见眼部疾病。晶状体就像一个透明的圆盘，白内障患者的晶状体中会出现斑块，随着时间的推移，白内障会让人视力模糊，并最终导致失明。白内障与衰老有关，也可能是由于眼部外伤或暴露于辐射等危险环境之下。白内障有时在人出生时就出现了，有时则可能是不健康的生活方式造成的。总之，白内障仍然是全世界人民出现视力障碍的主要原因之一。

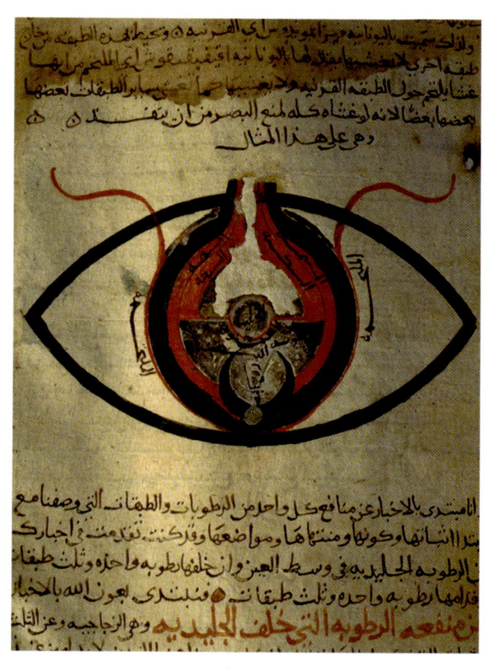

右页图中这套刀和针是治疗白内障的工具。它们是在 1805 年左右由眼科学先驱、奥地利人乔治·约瑟夫·比尔设计的。他的设计非常成功，以至于几十年后人们仍在制造类似设计规格的工具。首先，医生要用刀在眼球上开一个口，然后用针移除混浊的斑块，必要时，要切除部分或全部晶状体。在人们发明出有效的麻醉手段之前，这对病人来说是一个极其痛苦的过程。

比尔在工作过程中采用了传统的方法——针拨内障法，并在这一古老方法的基础上进行了发展。在从印度和中国到非洲、欧洲和中东国家和地区的早期文献中都提到过这种痛苦的白内障治疗方法，有些古代医生甚至讨论过更复杂的技术。在世界上的某些地方，尤其是在现代外科手术条件落后的地方，仍在使用针拨内障法。在使用这种方法时，医生在眼球上切口后，不会直接把混浊的斑块从晶状体中剥离，而是用类似针的东西把晶状体向下拨弄，将白内障剥离瞳孔。这种危险技术的效果是有限的，由于缺少了自然的晶状体，病人随后的视力必然很差，只有在矫正眼镜的有效帮助下，这种情况才会有所改善。在某些地方，眼科手术的发展方向是完全切除被遮挡的晶状体，并用人工晶状体替代。

比尔用来治疗白内障的刀和针，由巴黎的查理制作，19 世纪晚期

左页图：阿拉伯人阿尔·穆塔迪比的手稿《眼睛的解剖结构》，被后世的很多白内障研究者在文章中引用，1200 年

# 心肺机

**心肺机之所以让心脏外科手术成为可能，是因为可以在手术期间让病人的血液在体外流动和氧合。**

1957 年 4 月 17 日，英国帝国理工学院附属医院之一哈默史密斯医院在治疗一名心脏穿孔的 30 岁妇女时首次使用了这种心肺机（见右页图）。一个泵代替了心脏，为身体供血。这样一来，心跳就可以停止，从而更便于医生进行手术。该设备主要用于心脏手术的体外循环，即从静脉系统引出静脉血，在体外进行氧合，再经血泵将氧合血输回动脉系统实现心肺转流。美国外科医生约翰·吉本和外科研究员玛丽·霍普金森共同开发了第一台心肺机。1953 年，吉本医生在 18 岁的塞西莉亚·巴沃勒克身上用他的装置进行了世界上第一次成功的心脏搭桥手术。在 45 分钟的手术中，巴沃勒克的心脏停止跳动了 26 分钟。然而，在他的四个病人中有三个去世之后，吉本把他的研究计划交给了其他人去继续完善，自此他没有再做过心脏手术。

英国临床生理学家丹尼斯·梅尔罗斯就是肩负起这项使命的人之一。梅尔罗斯与一家名为新电子产品的医疗器械公司创始人弗朗西斯·凯勒曼合作，开发了欧洲第一台心肺机。凯勒曼在心肺机开发上承担了巨大的风险，用他的个人贷款垫付了成本费用。这场“赌博”获得了回报，正如大家知道的那样，梅尔罗斯心肺机开始在欧洲各地应用。到 1968 年，哈默史密斯医院的 1200 名患者已经使用梅尔罗斯心肺机进行了手术。梅尔罗斯使用了一种柠檬酸钾溶液，实现了安全地让人的心跳暂停。这项技术至今仍在使用，也有了一些改进。一个新的岗位应运而生，也就是体外循环治疗师，他的工作是操作和监控心肺机。

心肺机使心脏外科手术和心脏移植成为可能。心脏手术在今天看来是一种常见的手术，但在很多年前，一些人认为心脏是外科医生无法进行手术的地方，并指责那些想做心脏手术的人试图僭越扮演上帝的角色。有些人还认为心脏能够影响人的情绪甚至是性格。总之，心脏外科手术改变了很多病人的人生，也让我们对医学的发展更加期待。

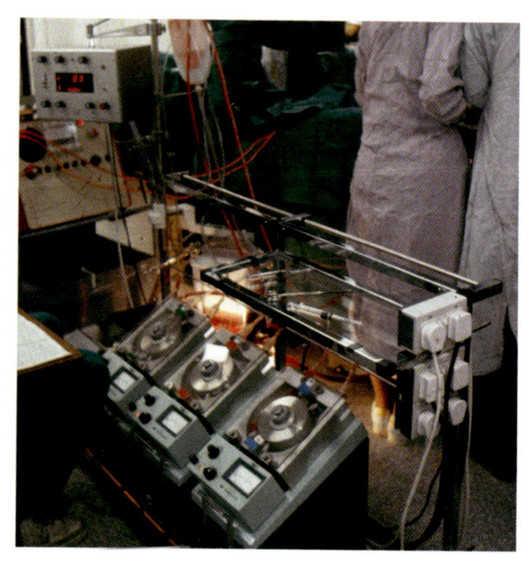

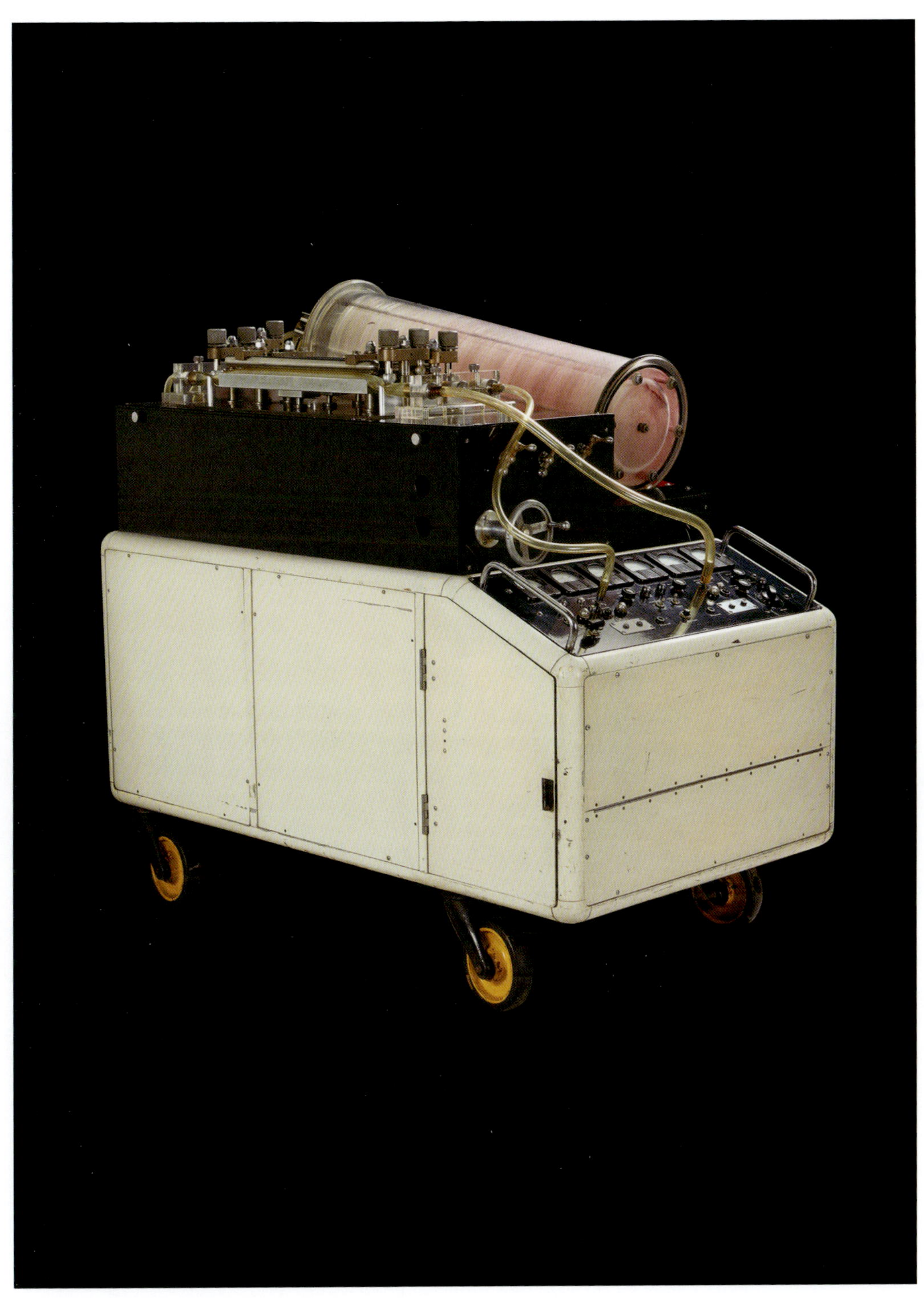

丹尼斯·梅尔罗斯与新电子产品公司合作设计的心肺机，1958 年左右

左页图：心肺机，1979 年

木制双色柱，可能源自英国，1720—1900 年

# 理发店的双色柱

**理发店医师会用红白双色柱吸引顾客前来理发或做手术。**

在有些地方的大街上，红白双色柱仍然是人们熟悉的标志，这种标志用来表示此处是理发店。不过，第一个使用这种双色柱的理发店与现代大街上的理发店大不相同，里面的工作者更像外科医生而不是理发师。数百年来，理发店医师是人们最常访问的医师之一，他们提供了多种服务，从切开脓肿、处理骨折到拔牙，当然还有剪头发。剃刀是他们不可缺少的工作伙伴。

双色柱的存在象征着理发店医师的一项重要工作——放血。切开静脉以放出部分体内的血液是一种人们实施已久的治疗方法，被认为可以为病人恢复身体的平衡。由于大多数医生认为“切割之术”是一种低等工作，因此几乎没有接受过正式医疗培训的理发店医师便会在病人的要求之下有偿地帮他们放血。

虽然人们难以查到这个特殊的标志从何而来，但红白相间的设计在视觉上代表了放血的做法和工具。红色代表了病人的血液，白色代表了纱布。柱子代表了病人握紧的杆子，而病人握住杆子是为了让他们的静脉处鼓起，便于医师切开血管。双色柱的顶部修饰象征着用来收集血液的盆。在那个文化知识并不普及的年代，这种标志让上门的顾客更不容易弄错。

有一个名为理发师外科医师联合会的协会曾于1540年成立，而双色柱对于该协会来说则是重要和显眼的标志。随着时间的推移和外科手术难度的提高，外科医师和理发店理发师之间的差距越来越大。英国乔治二世国王于1745年将这两个职业分开。所以在那之后，如果你请求理发师帮你做手术的话，他只能给你一个奇怪的眼神了！

在18世纪的大街上，有一个白蓝双色柱

# 芭芭拉·赫普沃斯用素描本记录手术

**英国艺术家芭芭拉·赫普沃斯请求她的外科医生朋友允许她进入手术室写生。**

芭芭拉·赫普沃斯是一位非常有名的英国现代艺术家。虽然她因抽象雕塑而闻名于世，但在她的作品中，一本素描本成了罕见的珍宝，因为这是赫普沃斯在英国的埃克塞特和伦敦观察外科手术的两年期间仅存的创作草图。

在她的女儿莎拉患上骨髓炎之后，赫普沃斯在为女儿求医期间认识了外科医生诺曼·卡佩纳。诺曼医生在为莎拉做手术后，又邀请赫普沃斯到埃克塞特的伊丽莎白公主骨科医院观察手术。赫普沃斯后又到了伦敦的医院观察手术。这本素描本在 1948 年被使用，当时赫普沃斯在伦敦的医院观察了外科医生加内特·帕斯的内耳开窗术，这是帕斯医生开创的一种治疗耳硬化症的方法（现在已经过时）。耳硬化症是中年人听力减弱的一个重要原因，而内耳开窗术可以通过切除一小块骨头来打开一扇通往内耳的新“窗户”。手术室内的和谐气氛让赫普沃斯备感舒适，帕斯医生对锤子和凿子的使用也让她联想到自己的雕塑工作。后来，她在埃克塞特的一次面对外科医生的演讲中谈道：“对我来说，能有幸近距离观察手术，它不仅是一段非常重要的学习经历，也为我的艺术创作提供了整体上的灵感和建设性的方法。”

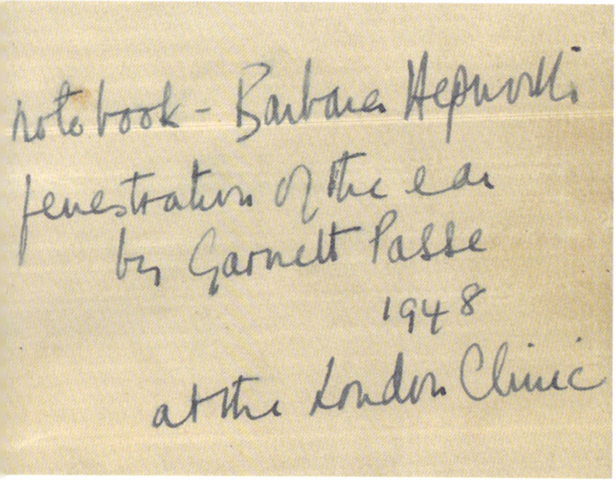

赫普沃斯关于临床的写生匆匆忙忙、十分潦草，她想通过记录不同仪器之间的视觉关系和某些仪器的使用细节，来帮助她以后进行更细致的创作。她在素描本中标注了人物姓名和仪器的名称、颜色、规格，以及手术的操作阶段。赫普沃斯根据这些草图创作了一系列作品，其中包括六幅绘画，画中都用很大的标题注明了作品所展示的关键性设备。作品《锤子》，现藏于泰特圣艾夫斯美术馆中，便是直接根据素描本第 18 页（见右页图）进行的创作。

这本素描本上有着赫普沃斯的签名（见左图），并附有一封写给帕斯妻子芭芭拉的信。帕斯夫妻与赫普沃斯一直保持着朋友关系，帕斯的最后一次度假就是在位于英国圣艾夫斯的赫普沃斯工作室中度过的。素描本中也记录了医院的一位护士，她叫玛格丽特·莫尔，莫尔后来成了赫普沃斯的秘书。赫普沃斯的素描本记录了在英国国家医疗服务体系建立之前的人们的求医经历，当时的病人要去私人医院花很多钱治病。赫普沃斯和其他许多艺术家也因此成了社会健康福利事业的积极倡导者。

《锤子》素描，摘自芭芭拉·赫普沃斯的《内耳开窗术》素描本的第 18 页，素描方式为铅笔素描

左页图：芭芭拉·赫普沃斯的《内耳开窗术》素描本的第 1 页，此处用墨水所写，1948 年

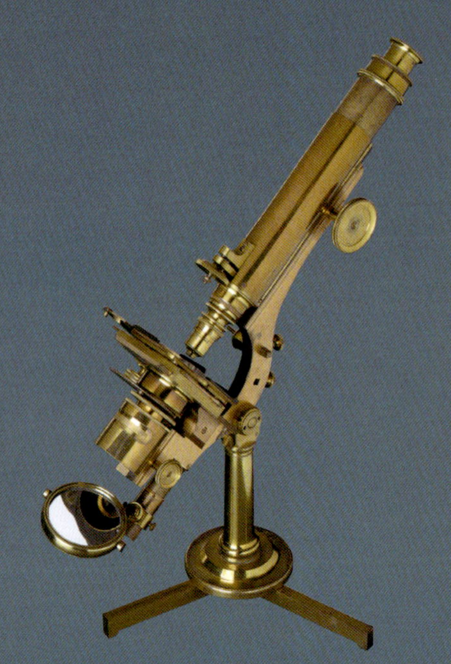

Cancer

CHEST X-RAY SERVICE
DPL 840

# 五

# 公共健康

如何更好地管理公共卫生取决于地理位置，一个与世隔绝的岛屿聚居区会面临与城市中心的人口聚居区截然不同的问题。但是无论人们生活在什么样的环境中，干净的水源、卫生的环境和良好的饮食对保持身体健康都是必不可少的。提升人民的整体健康水平需要采取多方面的措施，比如预防感染、阻止疾病传播以及通过公共宣传活动传播健康的生活方式等。人们一直通过隔离的方式对抗瘟疫或麻风病等疾病，尽管隔离可能会带来其他的免疫问题。通过接种疫苗保护人们身体健康的方式已经有几百年的历史，有些人质疑过其有效性和安全性，但医药科学已经否定了这些质疑。对预防措施的宣传在保护公众健康方面作用最大，即鼓励人们勤洗手、戒烟，而这就能挽救无数人的生命。

# 爱德华·詹纳的手术刀

疫苗接种先驱爱德华·詹纳让他的病人感染牛痘，从而实现对天花的免疫。

在医学史上，最容易引起人们注意并登上新闻头条的常常是诊断和治疗方面的创新。青霉素的引入、新成像技术的兴起、第一次器官移植都被公认为是具有里程碑意义的医学成就。另外，在预防疾病、减少疾病传播和避免过早死亡方面，医学界也取得了一些重大进步。这种公共卫生领域的进步常常对我们的社会产生巨大而深远的影响。疫苗接种就是这样的进步，自从两百多年前开始被推行以来，疫苗已经挽救了无数人的生命。在疫苗接种史上，最关键的人物莫过于英国医生爱德华·詹纳。

右页图中的手术刀是用来帮助疫苗接种的，它的龟甲柄可以保护其尖锐的刀尖，此刀曾为詹纳医生所有。天花是一种致死率极高的传染病，也很可能是18世纪英国最致命的疾病。这把手术刀对詹纳医生最初的实验来说非常重要，是早期在接种他所发明的天花疫苗时必不可少的工具。在研制疫苗的过程中，詹纳从民间活动中找到了科学灵感。他发现这样一种现象，即那些染上了牛痘这一轻症疾病的人，随后就对危险性强得多的天花免疫了。他并不是唯一意识到这一点的人，也有其他医生讨论过这种想法，甚至实验过天花疫苗接种，但唯有詹纳对疫苗的研究和推广起到了决定性作用。

詹纳的成功源于一个高风险的实验：1796年，他用自己的手术刀人工感染了一个8岁的男孩詹姆斯·菲普斯。詹纳从患有牛痘的挤奶女工莎拉·内尔姆斯身上的脓包中提取了脓汁，然后用手术刀在男孩手臂上刮出一个小伤口，将莎拉的脓汁滴到男孩的伤口处。之后，詹纳让这个男孩接触天花患者，看他是否对天花免疫。幸运的是，他的“赌博”得到了回报，男孩没有感染天花。有人质疑这项技术，甚至有时会有非常激烈的反对者，这种反对声在今天仍然存在，但疫苗接种还是很快成了一种标准性的医学措施。如今，许多疾病都有疫苗，

但在詹纳的实验之后的一个世纪里，只有针对天花的这一种疫苗。1980 年，经过一场全球性的疫苗接种活动，人类宣布在世界范围内成功消灭天花疾病。至今，天花仍然是在人类干预后根除的唯一人类疾病。

詹纳用过的手术刀，18 世纪末期

左页图：在詹纳去世后出版的纪念他的版画，1823 年

据记载，埃德温·兰切斯特于 1852 年 5 月 7 日收到了该显微镜

右页图:《乐趣》杂志刊登的乔治·平韦尔的这幅插图，反映了公众用水的糟糕状况，1866 年 8 月

# 埃德温·兰切斯特的显微镜

**埃德温·兰切斯特检查了位于伦敦苏豪区布罗德街的水泵里的水，这里曾经是维多利亚时代伦敦霍乱暴发的中心位置。**

这台显微镜由伦敦著名的光学仪器制造商史密斯和贝克公司（Smith & Beck）生产，人们曾经透过它的目镜观察到非常重要的物质。它在1852年由英国人埃德温·兰切斯特买下，而对于19世纪的科学界来说，兰切斯特是一个名气不大但很有意思的人物。在百花齐放的维多利亚时代，兰切斯特是一名外科医生、博物学家和显微镜推广者，同时也是一名验尸官，是伦敦第一批健康卫生机构的官员，还曾一度担任南肯辛顿博物馆的食品收购主管，而该博物馆于1899年更名为维多利亚和阿尔伯特博物馆。

1852年，兰切斯特对英国首都的饮用水问题产生了兴趣。在当时的若干年里，伦敦人对于饮用水的担忧与日俱增。当时很多供水公司直接从泰晤士河取水，政府曾经委托其中的一家公司编写供水报告，而兰切斯特则在报告中补充写道："100个村镇的下水道和排水沟都被抽干了。"

霍乱的暴发最直观地证明了当地卫生措施之差。1853年，伦敦成为20年来霍乱在英国第三次暴发的中心。在接下来的夏天里，在伦敦苏豪区拥挤的伦敦西区暴发了霍乱，死亡人数上百。兰切斯特组织了一个调查疫情的委员会。在负责向委员会报告的人中，有一位医生叫约翰·斯诺。在公共卫生史上，斯诺是一个标志性的人物，但在那时，他是一个言行怪异的人。斯诺认为霍乱是通过水传播的，而苏豪区事件是由当地布罗德街的一个受污染的水泵引起，但大部分人都嘲笑他的这种观点。

作为调查的一部分，兰切斯特检查了那条街道的水质，他很可能就用了这个显微镜（见左页图）。最终，他在水泵问题上说服了委员会，在这件事之后，那个斯诺指出的水泵就被停用了。兰切斯特记录说，他在水样中看到了一些"有机物"（organic matter），并认为那种水可能对人体健康有害。他没有看到霍乱细菌，但他的水样记录反映了维多利亚时代伦敦市民糟糕的用水情况。

# 吸烟的苏

**“吸烟的苏”是一种健康教育娃娃，形象地展示了孕妇吸烟带来的危害。**

有时候，人们需要通过形象的展示来充分了解某些信息。右页图中所示的“吸烟的苏”就形象地展示了吸烟的危害，它是一个用来进行健康教育的娃娃，意在劝诫更多的人戒烟。吸烟被证明是一种极难戒除的习惯，戒烟的抗争有时会持续几十年。若你回到 1956 年，你应该会看到伦敦街道墙上的反对吸烟的宣传语。在这一年，英国专家理查德·多尔和奥斯汀·布拉德福德·希尔在《英国医学杂志》上发表了他们的最新研究成果。他们的珍贵研究成果证实吸烟产生的物质会明显增加人得肺癌的风险，之前人们所怀疑的事情至此有了明确的证据。

不过，在 20 世纪 50 年代，烟草业是一项庞大的产业，因为随着机械化作业的发展，人们开始能够大量生产廉价香烟。烟草业在几十年里快速发展。在 20 世纪 40 年代末，英国三分之二的男性和近一半的女性吸烟，甚至许多未成年人也吸烟。香烟非常受欢迎，因此，即使有如此坚实的科学理论支持，许多年后，医学界、政界和公众才真正认识到吸烟对健康的危害。有一件广为人知的事是，1957 年英国卫生部召开记者招待会分享这一令人担忧的消息时，宣布这一消息的官员本人正在抽烟。

后来，政府从不作为，变为对吸烟者进行温和的劝说，再发展到制定越来越高的烟草税和通过立法将吸烟者边缘化。普及教育在这一公共卫生问题上发挥了关键作用，而右页图中的健康教育娃娃“吸烟的苏”针对的是特定的人群，即高年级小学生和育龄妇女。

把点燃的香烟放进苏的嘴里，手捏它的橡胶脸，烟就会被“抽”进装有水的“子宫”里，“子宫”里面还有个橡胶胎儿。苏吸入的烟越多，水的颜色就会变得越深，水面上积聚的焦油就越多。它传递的一个关键信息是人不仅要关注吸烟者的健康，还要关注吸烟是如何危害其他人的健康，尤其是未出生的孩子的健康。把一个长着雀斑的娃娃和一个符合实际比例大小的胎儿组合在一起，虽然怪异，但是有效，而且宣传效果非常明显。如今，在世界各地仍有许多这种健康教育娃娃在警示着人们。

“吸烟的苏”，1995 年

左页图：戒烟宣传画，主要针对吸烟的父母，表达了二手烟会给孩子们带来危害，20 世纪 60 年代

这种香盒里面会放入草药、香料和香水等，当时的人们认为通过这种方法可以祛除瘴气或污浊空气，避免感染瘟疫或其他疾病，1601—1700 年

右页图：医生正在治疗一名感染瘟疫的病人。医生用一只手感受着病人的脉搏，另一只手举着一个香盒，该插图来自《医学画册》(*Fasciculus Medicinae*)，1945 年

# 芳香四溢的香盒

**人们曾经把草药和香料放入银制香盒中，以抵御致命瘟疫的侵袭。**

这个银制香盒（见左页图）的形状像一本书，打开它后会出现六个方格。盒子上面有一条链子，这样就可以挂在主人的身上。当里面的香水、香料或香草被稍加晃动时，香气就会弥漫在佩戴者周围的空气中。人们利用香盒中不同种类的香味物质来防止疾病通过“瘴气”或污浊空气传播。

从古代到 19 世纪，欧洲盛行一种医学理论，该理论认为瘴气是肮脏、有毒的蒸气或带有腐烂气味的风，会感染人或传播很多疾病，比如瘟疫。1595 年，请愿者试图说服伊丽莎白一世女王和当时的政府关闭伦敦的一个垃圾处理场，用一个花园取而代之，因为人们认为恶臭导致附近许多人死于瘟疫。尽管我们现在知道导致鼠疫的鼠疫杆菌是由老鼠身上的跳蚤传播的，但在 1665 年伦敦大瘟疫期间，人们还不知道这一点。当时的人们觉得老鼠和瘟疫之间有某种联系，认为大量的老鼠就像瘟疫一样，是瘴气在城市中蔓延的结果。这也许可以解释为什么香盒的上面雕刻着一只老鼠。

富有的购买者，比如这个香盒的主人，可能会从药剂师或香料商那里购买原料，然后放入香盒中。有些书也写有配方，比如 1695 年西蒙·巴伯所著的《法国香水师》等。因此，贵族女性和家境一般的女性都可

在家自制香丸和香水。当时有一款名为“为你而生”的香包配方要求人们准备香粉、一些丁香和一些木块，在臼中研磨，然后装入边长约为 10 厘米的丝质布料缝制的袋子里。这种香盒和香囊是为了医疗目的而出现的，用来抵御瘴气和防止疾病传播，不过，它们同时也是当时人们的时尚配饰。

# 移动式 X 射线检测车

**装有移动式 X 射线检测装置的卡车可以驶往市中心或其他公共场所，为公众提供肺结核检测服务。**

出生于 1900 年至 1950 年间的英国人会熟悉这种公共卫生服务。第二次世界大战期间军队内部开始推广 X 射线成像技术，后来民间也开始应用这种技术。在英国国家医疗服务体系建立之前，这种大规模的国家卫生干预就已经开始，它主要是针对一种疾病：结核病。在这之前，医院就会用 X 射线为个人诊断疾病，但这项公共卫生服务可以对群体进行放射成像以筛查某种特定疾病。在放射成像时，X 射线图像会在玻璃屏上生成，而玻璃屏上涂有在 X 射线照射下发出荧光的物质。生成的图像是临时性的，不过，工作人员会用一种特制的传统相机，以传统胶片的方式把图像保存下来。最终，为了符合标准化原则，设备改用与普通相机相同的 35 毫米胶片。通过这项技术，数百张 X 射线片可以保存在一卷胶片上。把 X 射线检测装置放在卡车上，比如右页图中所示的这辆 1948 年的“海狸”卡车，就可以让 X 射线检测服务深入城镇。当移动式 X 射线检测车停在市中心后，工作人员会说服广大人民群众接受检查。如果你是一个敢于尝鲜的人，可以上前尝试并在一张卡片上填写你的详细资料，这些信息也会在你的 X 射线片上显示。将这些胶片冲洗出来之后，医生们就会把它们投射到屏幕上，通过观察肺部的“阴影”来判断肺结核杆菌是否存在。如果存在的话，你会被邀请到当地医院做一次全面的 X 射线检测。

从很多方面来说，在当时结核病给人们带来的感受与如今的癌症类似。尽管德国细菌学家罗伯特·科赫于 1882 年发现结核病由一种细菌引起，但对于这种疾病来说，促使病症加重的“土壤”和细菌“种子”本身同样重要：结核病是一种穷人更容易得的疾病，在人们营养不良、生活艰苦且居住条件恶劣时，结核病往往更容易肆虐。

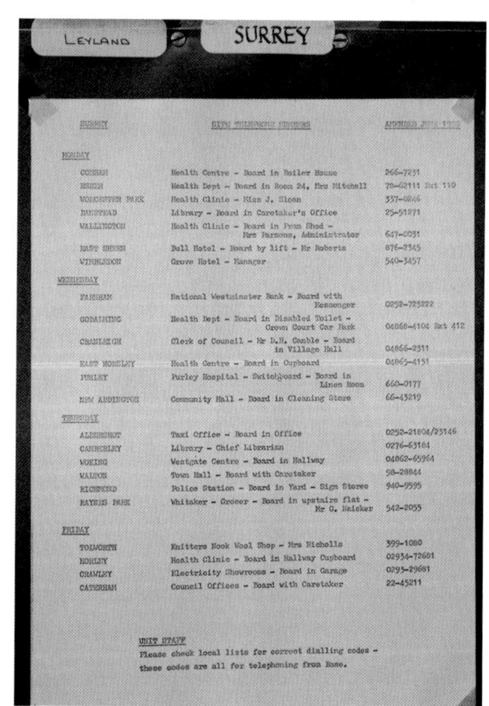

LEYLAND　SURREY

| SURREY | SITE TELEPHONE NUMBERS | AMENDED [illegible] |
|---|---|---|
| **MONDAY** | | |
| COBHAM | Health Centre - Board in Boiler House | 266-7231 |
| ESHER | Health Dept - Board in Room 24, Mrs Mitchell | 78-62111 Ext 110 |
| WORCESTER PARK | Health Clinic - Miss J. Sloan | 337-0246 |
| BANSTEAD | Library - Board in Caretaker's Office | 25-51271 |
| WALLINGTON | Health Clinic - Board in Pram Shed - Mrs Parsons, Administrator | 647-0031 |
| EAST SHEEN | Bull Hotel - Board by lift - Mr Roberts | 876-2345 |
| WIMBLEDON | Grove Hotel - Manager | 540-3457 |
| **WEDNESDAY** | | |
| FARNHAM | National Westminster Bank - Board with Messenger | 0252-723222 |
| GODALMING | Health Dept - Board in Disabled Toilet - Crown Court Car Park | 04868-4104 Ext 412 |
| CRANLEIGH | Clerk of Council - Mr D.H. Comble - Board in Village Hall | 04866-2311 |
| EAST HORSLEY | Health Centre - Board in Cupboard | 04865-4151 |
| PURLEY | Purley Hospital - Switchboard - Board in Linen Room | 660-0177 |
| NEW ADDINGTON | Community Hall - Board in Cleaning Store | 66-43219 |
| **THURSDAY** | | |
| ALDERSHOT | Taxi Office - Board in Office | 0252-21804/23146 |
| CAMBERLEY | Library - Chief Librarian | 0276-63184 |
| WOKING | Westgate Centre - Board in Hallway | 04862-65964 |
| WALTON | Town Hall - Board with Caretaker | 98-28844 |
| RICHMOND | Police Station - Board in Yard - Sign Stores | 940-9595 |
| RAYNES PARK | Whitaker - Grocer - Board in upstairs flat - Mr G. Naicker | 542-2055 |
| **FRIDAY** | | |
| TOLWORTH | Knitters Nook Wool Shop - Mrs Nicholls | 399-1080 |
| HORLEY | Health Clinic - Board in Hallway Cupboard | 02934-72681 |
| CRAWLEY | Electricity Showrooms - Board in Garage | 0293-29681 |
| CATERHAM | Council Offices - Board with Caretaker | 22-45211 |

UNIT STAFF
Please check local lists for correct dialling codes - these codes are all for telephoning from Base.

在对肺结核进行检测的过程中，人们发现了一个奇特的事实，结核病的发病率长期以来一直在下降，其原因主要是人们生活水平在提高，这符合 20 世纪 60 年代托马斯·麦肯提出的争议性观点。在 1952 年之前，结核病的主要治疗方法是疗养院治疗，让患者充分休息和恢复体力。在此之后，结核病可以通过抗结核三联药治疗，其中包括新的抗生素——链霉素。因此，对于那些在这种移动式 X 射线检测车上被诊断出肺结核的人来说，他们的人生仍然充满希望。

内置 X 射线检测装置的利兰“海狸”卡车，车辆登记号为 OPL840，1948 年

左页图：英国萨里郡的 X 射线检测服务的每周工作时间表

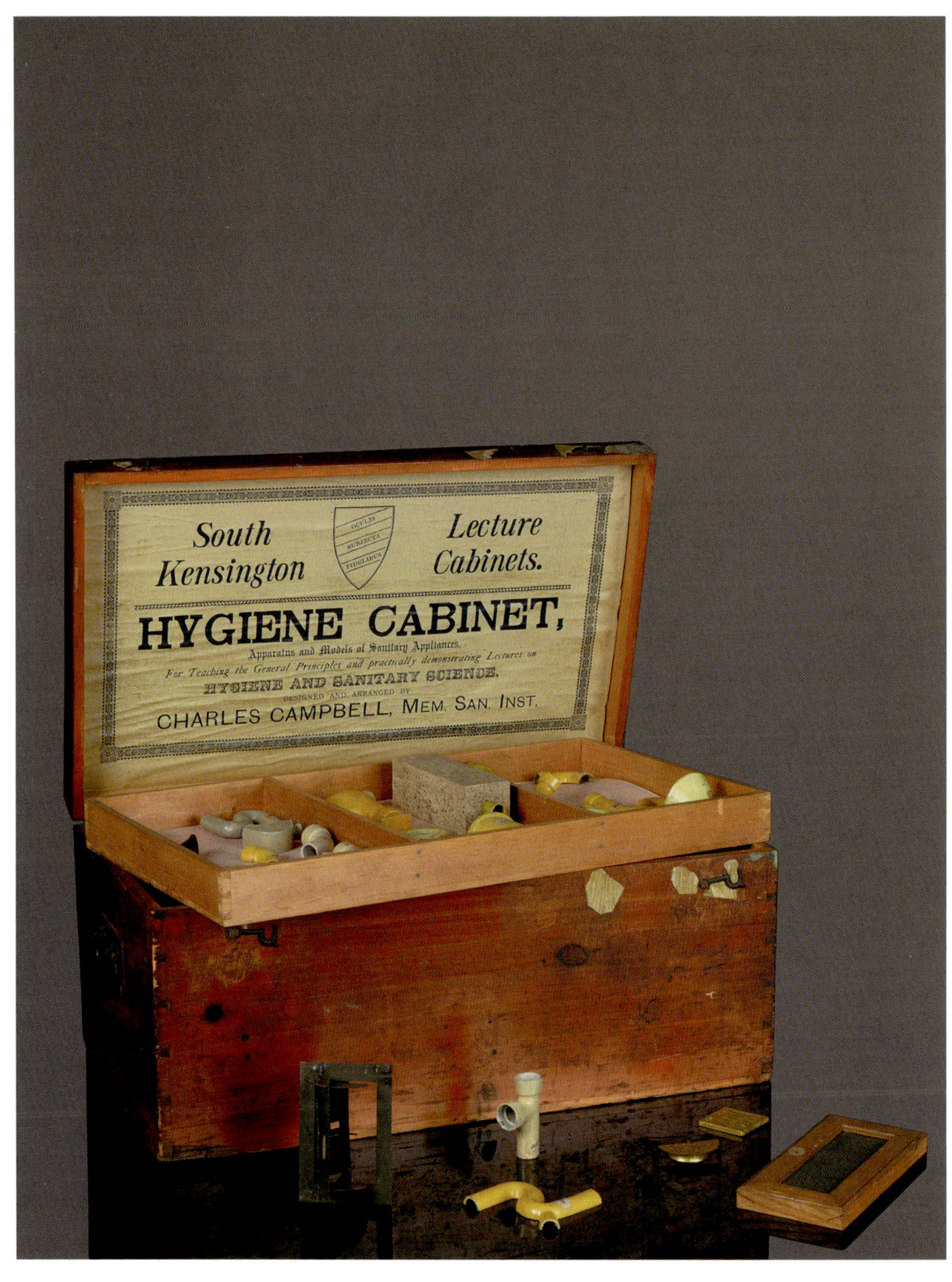


卫生教学箱以及内部的物品，1890—1895 年

右页图：某个尺寸稍大的教学模型，显示了一个连接着洗手池的马桶，这是一种不被推荐的设计方案，1890—1895 年

# 南肯辛顿卫生教学箱

**微型水槽、马桶和排水管曾经用于培训卫生检查员，让她们了解真正卫生的做法。**

乍一看，这个箱子可能会被人当作是孩童的玩具。也许这是一个相当精致的建筑玩具套装？但它其实有一个很严肃的用途。箱子里面有一堆带编号的模型，有些模型很常见，有些则显得奇特和陌生。这个维多利亚时代的箱子展示了人们对公共卫生的新认识，也反映了家庭和工作环境以及居住者的行为直接影响了人的健康。这些模型不是玩具，而是用来训练“卫生检查员”这一特殊工种的工具。

左页图中这个箱子被称为南肯辛顿卫生教学箱，制造于19世纪90年代早期，很可能是多个系列中的一种。它是由卫生研究所的查尔斯·坎贝尔设计的，该研究所现名为英国皇家公共卫生学会，该学会是在1875年《公共卫生法案》颁布后成立的。在人们对于医疗进步和改革的呼声所带来的压力之下，英国议会在早期法案的基础上推出了新法案。该法案规定地方议会要承担更多责任，例如提供清洁用水、确保有效排水和及时清理垃圾。该法案还要求每个地区都应任命一名医疗卫生官。医疗卫生官对卫生检查员小组行使监督权；而卫生检查员通常是妇女，她们会探访当地的家庭住所和工作场所，提出公共卫生领域的建议，并上报违反公共卫生要求的情况，尤其是当环境问题给公众的生命健康带来威胁时，她们更应上报。

试想一下这一幕，一位讲师在一个饶有兴趣的听众面前坐下，他打开箱子，然后当他开始讲解那些模型所阐释的观念时，也许会同时让实习检查员替他检查箱子内的各种模型。箱子的外包装有三层，箱子里的模型包括仿真的微型水槽、马桶和排水管，以及与楼宇通风有关的一系列设备。通过这些模型，实习检查员们可以分清设备的好与坏，这样她们就能初步了解周边生活中真正需要注意和检查的地方。卫生设施和建筑物通风只是多项培训之中的两个方面，培训的其他内容还有《公共卫生法案》的各类细则、动物疾病和人类疾病、建筑质量控制以及住房和工厂领域的规定，等等。

# 艾滋病宣传手册

**1987 年，英国政府发起了包括分发宣传手册在内的大规模艾滋病宣传运动。**

1987 年，作为英国有史以来规模最大的公共卫生运动的一部分，英国政府开始通过家庭信箱向 2300 万个家庭发放宣传手册。手册用谨慎委婉的语言说明了一些事实，并澄清了一个日益严重的健康危机所带来的各种不实流言。艾滋病（获得性免疫缺陷综合征，英文名 AIDS）是由艾滋病毒（人类免疫缺陷病毒，英文名 HIV）引起的一种危及生命的疾病。当它在 20 世纪 80 年代初首次登上新闻头条时，没有疫苗、没有治愈方法，也几乎没有任何治疗方法来延缓病情的发展，由此导致了公众的极度不安和困惑。当时，社会上出现了各种各样关于艾滋病的消息，大众媒体在报道时也经常会污名化艾滋病及其患者。因为最初被发现的艾滋病例往往与某些边缘人群有关，特别是男同性恋者和静脉吸毒者，而这个特点让关于艾滋病的不实流言变得更多。

1987 年，在卫生大臣诺曼·福勒的监督下，英国政府发起了一场以艾滋病毒和艾滋病为主题的全国卫生运动。它从一开始就带有争议，并面临来自内部的重重反对，反对的人甚至包括当时的首相撒切尔夫人。在全国范围内分发宣传手册只是宣传运动的一部分，而其他的宣传途径包括报纸和杂志广告、广告牌和一部著名的宣传影片，英国著名演员约翰·赫特在该宣传影片中用生动的声音给人们进行了讲解。

作为分发宣传手册以及整个运动的主要目的之一，政府宣传说，不管人们的性取向如何，性行为频繁的人都有可能染上艾滋病，因此政府希望人们消除在这方面的偏见。它还旨在消除人们对握手、共用餐具等日常互动行为的无凭据的恐惧。然而，这场运动的一些批评者认为，这样做实际上增加了人们的恐惧，而非增进了理解。还有人认为，当局在初期应对艾滋病传播方面行动迟缓，初期的公共卫生防控行动很大一部分都是由慈善和应急团体做的。

30 多年过去了，如今在英国，艾滋病病毒携带者和艾滋病患者所能接受的医疗服务已经大大改善。既有效又负担得起的治疗方法出现了，病人的预期寿命显著延长了，而未感染者能通过服用艾滋病病毒暴露前预防药物（PrEP）来有效降低感染艾滋病毒的风险。不幸的是，对于那些受到影响或被感染风险较大的人来说，他们在世界的很多角落仍然会遇到与艾滋病和艾滋病毒有关的歧视和偏见。

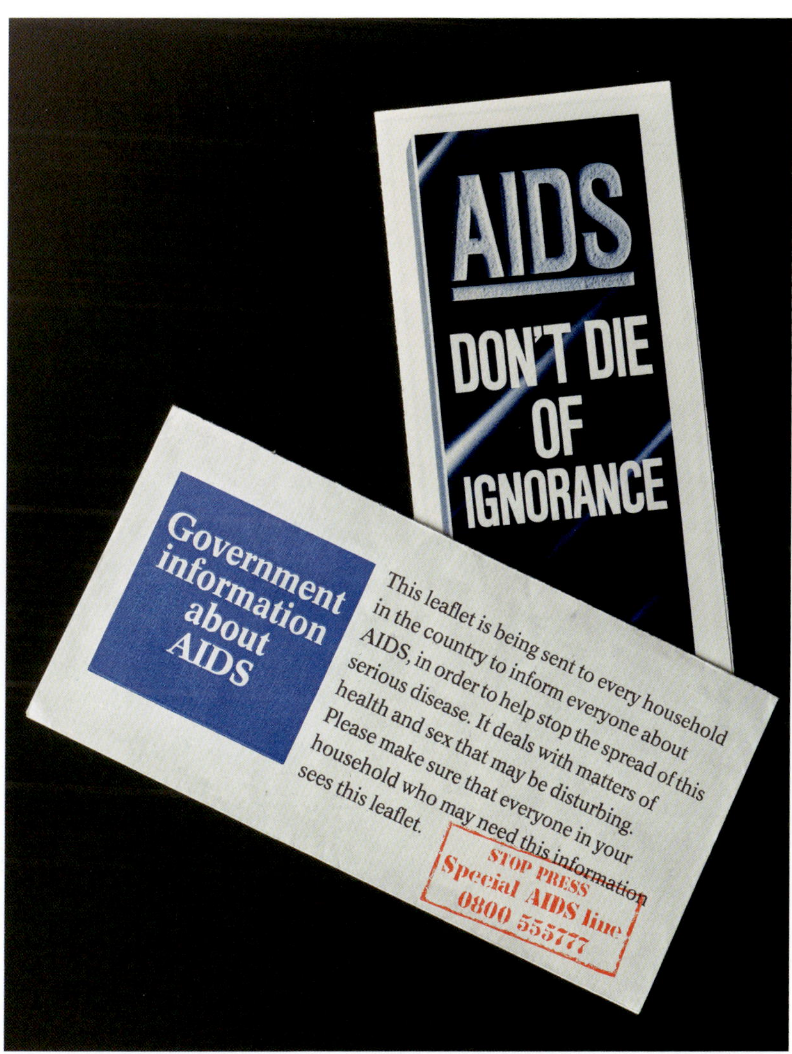


每一份宣传手册都是通过信件分发的，而信封封面会如图中所示写着“政府关于艾滋病的宣传信息”，1987 年

左页图：发放宣传手册是这场浩大的艾滋病宣传运动的一部分，而图中所示的是在英国哈利法克斯出现的宣传广告牌

这辆垃圾消毒车曾经服务于伦敦南部的兰贝斯，服务时间可能是在两次世界大战之间

右页图：在伦敦南部的伯蒙西，这辆曾经的垃圾消毒车被改装后用作移动电影院，在伦敦贫穷的街道上放映公共卫生宣传片，20 世纪 30 年代

# 垃圾消毒车

**在贫民区大清理期间，人们曾利用垃圾消毒车来对抗虫害和传染性疾病。**

左页图中所示的这辆垃圾消毒车的车身曾经长期固定在一个带车轮的底盘上，多年来，这辆垃圾消毒车在户外经受着风吹雨打，其车身已经经历了多次保养。像这样的车也被称为“臭虫车”，人们曾经经常在英国城镇的贫民区看到它。它要收集的东西来自有臭虫或其他害虫的家庭，或来自疾病暴发的区域。在19世纪末期，有一种用马拉动的运输车与此作用类似。这些垃圾消毒车由地方议会委托运营、配备人员和维护保养。

车身的内部镀锌，完成从感染了天花等危险疾病的家庭运输物品的工作后，工作人员就可以方便地对它进行清洁或消毒。车内运输的东西如何处理视情况而定，可能被焚化，也可能被带到指定的市政场所进行清理。在那些地方，物品经过大型蒸汽消毒机消毒后，再被送回给它们的主人。在大多数情况下，作为清洁过程的一部分，受影响的房屋也会被密封和熏蒸消毒。

在当时，家门口停着一辆垃圾消毒车毫无疑问是一件可耻的事。它就像一个公告，宣布了这个家庭没能成功地远离虫害或疾病，尽管这其实是难以避免的。这家住户往往会被认为对邻居的健康构成威胁。不过，有时垃圾消毒车的存在会有更多的积极意义：

> 我们被分配了一栋房子……房子的正面、侧面和背面都有花园。议会按照往常的方式将我们的家具和物品转移到绿色的“臭虫车”里，所有东西都要接受熏蒸。
>
> ——诺曼·哈丁，英国利兹的居民，20世纪40年代

在20世纪的大多数时期，清理棚户区住房一直是政府的一项全国性目标。原本住在棚户区的人通过各种社会住房计划分配到新住房，而其中的部分工作由地方议会负责。在搬家前，所有家庭物品必须接受熏蒸，以免疾病传播到新家。在这种情况下，垃圾消毒车的出现或许能被视为进步的象征，也许它代表了人民对美好生活的希望。

# 英国堕胎权利运动徽章

**人们参与游行运动捍卫女性堕胎权利，并制作了图中的徽章以宣传他们的观念。**

徽章经常与政治活动联系在一起。它们成本低廉、携带方便，便于传播信息和加深人们的了解程度。徽章也方便佩戴者显示针对某一特定事业的团结，比如反战运动、反核运动，或本文所提到的堕胎权利运动。

右页图中的运动徽章是为了支持妇女的堕胎权利。它们是为了捍卫1967年英国《堕胎法》而出现的，该法案规定堕胎是合法的，但要求每次堕胎手术在开始前要经过两名执业医师同意，并由一名医学专业人员进行堕胎手术。但在20世纪70年代，政府公布了进一步的限制规定。

堕胎是一个让人情绪复杂的话题，支持者和反对者总会有说不完的话。自20世纪70年代以来，意见不同的人们总是会进行各种演讲、游说和公众宣传等活动，标语牌、横幅、标语T恤和徽章一直充斥在抗议现场。右页图中的这些特殊徽章与英国堕胎权利运动（NAC）有关。此项运动发起于1975年，目的是对抗堕胎反对者带来的压力，更好地帮助妇女争取和享受堕胎权利。在1979年10月28日出现的堕胎权利运动徽章代表了对1979年约翰·科里提出的法案修正案的抗议。科里是布特和艾尔郡的前议员，他在修正案中提议进一步限制堕胎。在这种情况下，英国堕胎权利运动组织成立了一个小组，名字叫“反对科里活动”，其活动最终成功地促使科里的修正案被撤销。

根据目前的英国立法，在未经两名医生同意的情况下，女性自己堕胎仍然违法。2003年，英国堕胎权利运动组织与堕胎法改革协会合并成英国堕胎权利组织，如今，该组织仍然在就这一问题而不断努力。

2017年是英国刑法中的《堕胎法》立法50周年。最近的多项调查显示，四分之三的英国人支持女性的堕胎权利。然而，要让世界各地的所有女性都能享有这一权利，还有很长的路要走。堕胎在世界的某些地区仍然受到限制，甚至是非法的。在那些女性无法进行堕胎的地方，她们的身心健康就会面临风险。如今，社会活动者们仍然在为本国乃至全世界的女性们争取堕胎权利。

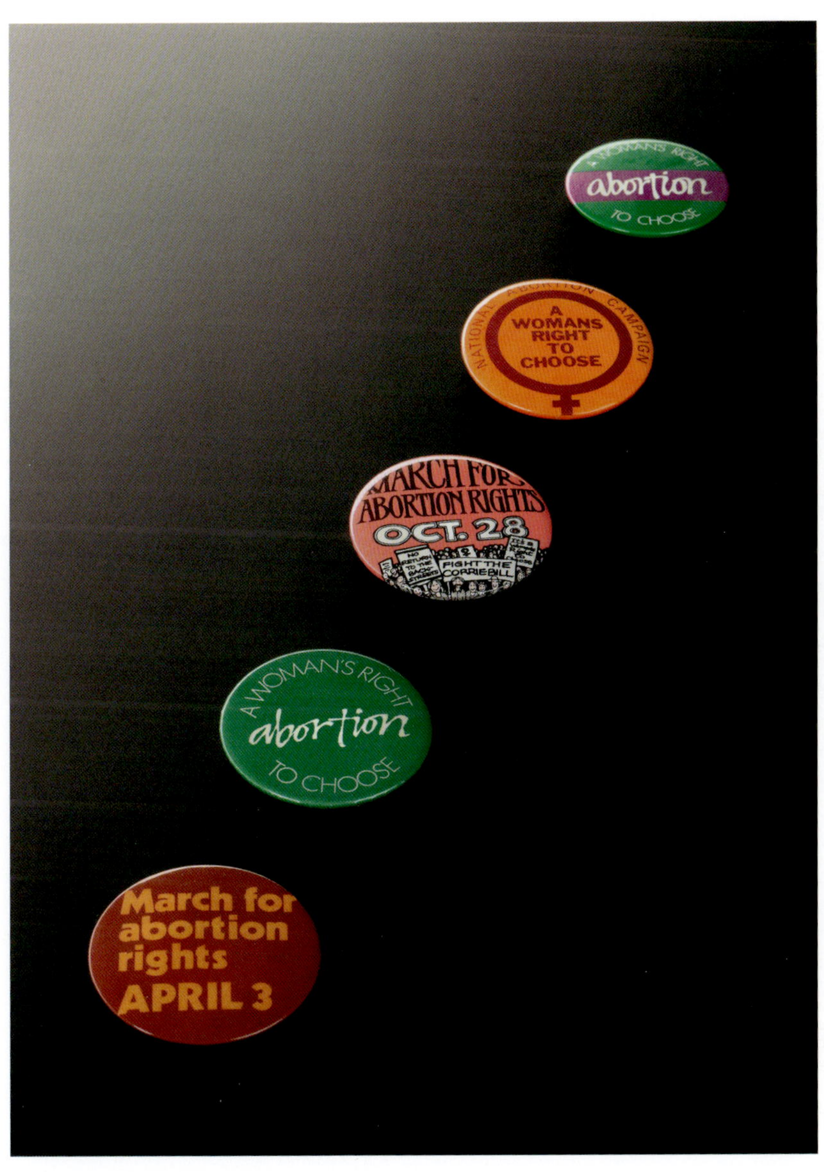


五个英国堕胎权利运动徽章，1970—1981 年

左页图：英国堕胎权利游行的海报，1979 年

罗伯特·福蒂斯丘收到的银制鼻烟盒礼物，1832 年

右页图：一名年轻的女性霍乱患者感染霍乱前后的图片，绘制于维也纳，1831 年

# 霍乱期间的感恩礼物

罗伯特·福蒂斯丘医生因自己在霍乱期间的伟大奉献收到了图中的银制鼻烟盒。

勇气分为多种形式，给予勇敢者的奖励也是多种多样的。左页图中所示的鼻烟盒由著名的银器商“纳尼·米尔斯和伯明翰人”制造，并于1832年被赠予英国普利茅斯的一位60岁出头的外科医生罗伯特·福蒂斯丘。福蒂斯丘之所以收到了这份礼物，是因为他在可怕的霍乱期间对贫苦人群提供了持续的人道主义关怀，让人们颇为感激。

1831年10月，英国桑德兰地区出现了第一例有记录的霍乱病例，此时，霍乱对英国来说还是陌生的，而在之后的几个月里，霍乱席卷了整个英国，造成数千人死亡。在英国的维多利亚时代，霍乱一共暴发过4次，而在普利茅斯暴发的那一次，被感染以及死亡的人数特别多。作为一个人口不断增长的港口城市，其大部分人口都分布于贫瘠肮脏的街区，这种条件非常适合霍乱的传播。而现在我们知道，细菌通常会存在于被人类粪便污染的食物或水源中并通过消化道让人感染疾病。在当地，有近800人感染后死亡，在这之后，这场瘟疫才结束。

疾病和死亡在维多利亚时代的英国是司空见惯的，但霍乱吓坏了整个国家。受害者会出现严重的呕吐和腹泻，身体往往会令人震惊地变成蓝灰色，从感染到死亡速度很快，有人甚至说得此病者“早餐时还好好的，晚餐时去世了”。1832年，人类还未能明白霍乱是如何传播的，也没有有效的治疗方法或解药。在充满风险的霍乱暴发期间，福蒂斯丘仍然在普利茅斯最贫穷、疫情最严重的地区照料病人和垂死的人。

根据记载，福蒂斯丘于1845年去世，距他74岁生日仅差两天。4年后霍乱又蔓延到了他的家乡普利茅斯。虽然城市人口持续增长，但许多人的生活条件进一步恶化。第二次疫情暴发前不久的一份报告显示，在众多公共健康风险案例中，有这样一个例子：在一个院子里，171人挤在6间房子里，所有人共用一个供水管。到1849年底，霍乱又夺走了约800名普利茅斯居民的生命。

# 吸烟危害宣传海报

**健康公益者使用引人注目的图像艺术来告诫世人吸烟的危害。**

在疾病环境成因的现代研究中，20世纪40年代末开始建立的吸烟与肺癌之间的相关性研究或许意义最为重大。70多年前，英国流行病学家理查德·多尔和统计学家奥斯汀·布拉德福德·希尔发表了第一篇关于吸烟与肺癌相关性的论文。令人惊讶的是，相当多的人，甚至包括医生，花了大约20年的时间才注意到这种证据并开始戒烟。作为当时医学的一个新的方向，人们开始把生活习惯和严重的疾病联系起来；大多数时候，这种情况的出现源于某些行业和领域的特殊工作条件。但如今，规避健康风险已经成为我们生活的一部分，而作为促成这种进步的原因之一，在吸烟与肺癌的联系被公开后，公众态度开始逐渐改变，并且随着人们对这方面知识的了解逐渐加深，人们在很多情况下会考虑烟草的影响而非癌症本身。



这些简单的海报代表着一种普遍而复杂的文化现象，而这种文化让很多西方人逐渐反对吸烟。现代的公共健康教育和普及活动在第一次世界大战时期开始兴起，而实际上吸烟也是同一时期成为普遍现象的。在此之前，西方的吸烟现象可以追溯到17世纪，那时人们通常是用一个黏土烟斗吸烟。1919年英国卫生部正式成立，公共健康领域的医生们开始坚定地进行改革，他们在19世纪公共卫生领域工程方案的基础上，升级了清洁水供应和污水处理设施，也促使人们改变个人习惯和行为。健康志愿协会开展了第一次运动，目的是减少肺结核、性传播疾病乃至“不清洁”现象的发生。但直到20世纪50年代，吸烟与健康教育才真正地联系起来。在右页图所示的海报中，针对香烟广告经常采用的宣传方法，这个海报以其人之道还治其人之身，采用了相似风格以宣传吸烟的危害。还有健康教育局设计的让人印象深刻的“怪不得吸烟者会咳嗽”海报（左图），以接近恐吓的策略，告诫人们吸烟的危害。

公共健康宣传海报告诫人们吸烟的危害，20 世纪 90 年代

左页图：很可能是由位于伦敦的英国中央卫生教育委员会制作的海报，1957—1965 年

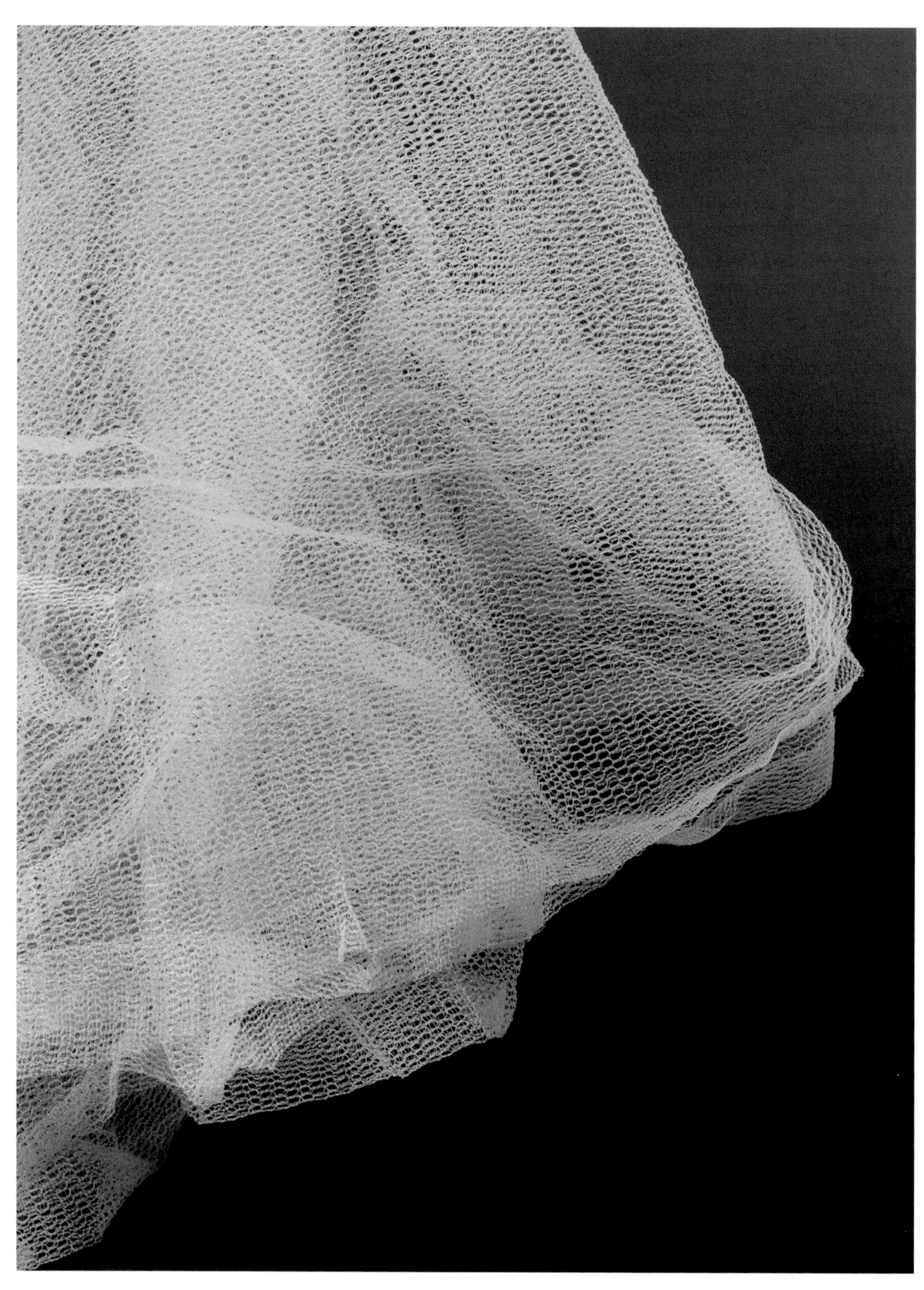

日本的持久防疟杀虫蚊帐，2005 年

右页图：罗纳德·罗斯发现了疟疾和蚊子之间的联系，1898 年

# 持久防疟杀虫蚊帐

**人们把这种用杀虫剂“浸泡”过的蚊帐挂在床上使用，这种蚊帐成了预防疟疾最有效的防护措施之一。**

蚊帐可以防止蚊子、苍蝇和其他昆虫烦扰人类。蚊帐通过制造一个物理屏障来保护人们，一般人们晚上上床睡觉时会挂上蚊帐。

1897 年，英国微生物学家罗纳德·罗斯解剖了一只叮咬过疟疾患者的蚊子的胃组织，发现了疟原虫，证实了蚊子叮咬是疟疾传播途径的理论。后来研究人员发现，只有雌性蚊子能携带这种寄生虫。这一里程碑式的发现为疟疾预防奠定了基础。蚊帐长期以来被人们用作隔离蚊虫的屏障，不过，左页图中的这种持久防疟杀虫蚊帐增加了一层保护层。蚊帐上涂有一种名为苄氯菊酯的杀虫剂，提供了物理和化学双层屏障以抵御携带疟原虫的蚊子。相关人士称，这种杀虫剂能驱赶甚至杀死蚊子，其与由聚乙烯纤维构成的坚韧塑料编织网组合起来，让这种蚊帐成为一种适合全球各地环境的耐用产品。

日本住友化学株式会社于 1978 年开发了持久防疟杀虫蚊帐，世界卫生组织于 2001 年批准了该蚊帐的生产，并在 2006 年开始支持大规模生产，持久防疟杀虫蚊帐成为国际抗疟疾运动的一部分。这种蚊帐被归类为长效杀虫蚊帐，据相关人士称，它的化学涂层即使在洗涤后也能保持至少 5 年的有效性。苄氯菊酯这种杀虫剂在过去几十年里一直用于公共卫生领域，如通过医疗许可的除头虱洗发水。苄氯菊酯是一种药性较强的化学物质，但西方科学家认为它对人类是安全的，对成人和儿童的毒性风险都非常小。通过持久防疟杀虫蚊帐控制性释放技术，杀虫剂能够在整个使用寿命内缓慢地释放至产品表层，从而维持有效的表层浓度。

蚊帐和杀虫剂这两种出现已久的方法的结合，在全球防治疟疾方面被证明非常有效。自出现以来，持久防疟杀虫蚊帐已拯救了约 60 万人的生命，并在全球范围内避免了约 1 亿例疟疾病例出现。尽管这种产品使用了耐磨纤维、添加了高技术杀虫剂，但它的售价仍然相对便宜。目前 3 亿多套持久防疟杀虫蚊帐已被提供给了全球 80 个国家，该产品在疟疾预防的第一线发挥着自己的作用。

# 盲肠避孕套

人们曾经使用动物盲肠制成的避孕套以预防性病并作为避孕工具。

避孕套自古就存在，曾经由皮革、丝绸或油纸等材料制成。不过，它们最初是作为一种装饰，还是一直被用作防止怀孕和抵御性传播疾病的防护措施，人们难以调查清楚。1564 年，意大利解剖学家加布里埃洛·法洛皮奥首次书面提及了避孕套，不过，在 18 世纪，避孕套被视为英国人的发明。法洛皮奥提到的避孕套是用浸过盐的亚麻布制成的，而不是右页图中所示的动物盲肠。据传言，英国国王查理二世的御医康德姆（Condom）发明了由动物盲肠制成的避孕套，当时的目的是让英国国王少一点私生子，不过这个目的并未达成。然而，康德姆医生本人似乎是一个鲜为人知的人物，没有证据能够表明上述事情的真实性，或许这仅仅是一个市井传说。甚至连康德姆这个词（condom，避孕套）的起源都不得而知；调查表明，这与同名的法国小镇也并无联系。

这种特殊的避孕套可以追溯到 20 世纪初。如右页图中所示的避孕套是由伦敦威格莫尔街的约翰·贝尔和克罗登药店（John Bell & Croyden）提供的。约翰·贝尔是药房原主人约翰的儿子，他是英国配药师协会的创始人之一。1909 年，这家药店从原来位于牛津街的位置迁走，亨利·惠康收藏了这家店具有历史纪念价值的门牌，至今这块门牌仍被收藏于伦敦科学博物馆内。

绵羊或猪的肠子有一个盲端，叫作盲肠，动物盲肠避孕套就是由这个部位制成的。首先，制作者要将盲肠在水里浸泡几个小时，然后把内侧翻出来，让其在每 12 小时更换一次的弱碱溶液中浸泡若干天。随后，制作者要仔细刮去黏膜，再将其用硫黄烘干，用肥皂和水清洗，对其内部充气并让其干燥，并将其切割至所需的尺寸。最后，制作者会用红色或粉色的丝线穿在避孕套的末端，可以将线系上，以增加安全性。有些避孕套会被装饰起来，士兵们甚至喜欢用他们自己的军团色彩来进行装饰。直到 20 世纪，避孕套主要用于预防性传播疾病，而不是用作避孕工具，因此传统的已婚夫妇仍然不会使用避孕套。

盲肠避孕套，由英国的约翰·贝尔和克罗登药店提供，20 世纪初

左页图：一位濒死妓女的住所门边挂着两个盲肠避孕套，两个医生就她的治疗方案争论不休，摘自“英国绘画之父”威廉·霍加斯所绘的《妓女的进步》(*The Harlot's Progress*)，1732 年

在英国普通感冒研究中心志愿者公寓的休息室里，一张木制办公桌供人们放置打字机，抽屉内侧有大量涂鸦，1946—1980 年

右页图：研究中心里处于隔离状态的志愿者，1959 年

# 英国普通感冒研究中心里的桌子

**愿意为研究提供协助的志愿者会在英国普通感冒研究中心接受感冒病毒感染的实验。**

1989 年，当英国索尔兹伯里郊外的英国普通感冒研究中心（CCRU）关闭时，伦敦科学博物馆非常希望收藏来自那里的一件颇有代表性的物品。英国普通感冒研究中心进行了临床科学中一个特别的实验，它的实验性质决定了它会以一种异于其他领域医学研究的形式为公众所熟知。该研究中心隶属于英国医学研究委员会，工作内容是研究感冒的传染和传播机制。之所以要成立这一机构，经济方面的理由是人们会因为感冒而减少工作时长。受试者要承担被该研究中心的医生传染疾病的风险，因此这项试验要求志愿者身体健康。英国研究者克里斯托弗·安德鲁斯和戴维·泰瑞尔等人进行了一系列的试验，研究了人们打喷嚏时传染媒介的扩散，然后对不同族谱的多类病毒进行了分类识别后发现，正是这些病毒导致了广泛意义上的“普通感冒”。该研究中心建立在由哈佛大学在第二次世界大战期间捐赠的医院中，志愿者们要在里面待大约两周的时间，在这段时间里，他们可能患感冒，也可能不患感冒。

为了确保志愿者人数充足，研究中心在电影、电视和广播节目以及杂志和报纸上登了广告。不过，这种做法或许有副作用，那就是让该机构在公众心目中的形象显得并不高级，也容易让人联想到坐落于索尔兹伯里另一侧的英国微生物研究所。广告里是这样宣传的，对志愿者来说，在这里的日子会相当于一个很好的免费假期；而如果志愿者感冒了，那作为一个好的“小白鼠”公民为他人服务，这也算是一个值得冒的风险。人们有时候爱分享做果酱或享受乡间散步的趣事，不过，志愿者公寓里桌子内侧的涂鸦却讲述了一个不同的故事——在英国普通感冒研究中心期间的乏味生活。左页图中的这件博物馆藏品是一个无言却有力的证物，印证着一段鲜有人知的历史。

# 印度国家免疫日的组织者用过的茶杯

**在印度国家免疫日，德里的工作人员努力保护儿童免受脊髓灰质炎的侵害，而他们也需要饮品来给自己补充能量。**

有时候，最常见的生活用品背后可能有着一个英雄故事或关于奋斗的励志典故。这些绘有令人愉悦的花饰图案的茶杯，以及它们里面广受欢迎的茶饮，帮助了无数工作人员在德里南部的马迪普尔开展消灭脊髓灰质炎运动。对这些工作人员来说，忙里偷闲时饮一杯清爽的茶，甚是妙哉。

印度的国家免疫日是一个能彰显组织能力和人民勤劳的日子。在印度各地，接种工作者会出现在临时性的脊髓灰质炎预防摊位，很多摊位可能仅仅是在健康中心、车站或城市广场等地挂一个横幅。每年约有 1.7 亿的 5 岁以下的儿童会接种两次脊髓灰质炎疫苗。家人会把孩子带到摊位，让他们接受两滴口服疫苗，然后用难以褪色的墨水在他们的手指上留下永久性标记。除了在摊位进行大规模疫苗接种，排查性的工作也要进行。大约有七成儿童不会到摊位上接种，而在印度国家免疫日之后的 4 天里，接种工作者会挨家挨户地对尚未接种过疫苗的儿童进行排查和提供疫苗接种。这样算下来，通过 5 天的时间，印度全国几乎所有儿童都能免受可怕的脊髓灰质炎的侵害。

脊髓灰质炎又称小儿麻痹症，是一种以粪—口感染为主要传播方式的传染病。大多数病例没有症状或只有轻微的症状，但对于那些出现肌肉无力和瘫痪的人来说，疾病所带来的危害非常严重甚至是致命的。当 1955 年人们发现一种有效的疫苗时，这一消息迅速成为全世界的头条新闻。

印度的消灭脊髓灰质炎运动是一次需要数月准备的行政性胜利。医生、接种工作者要储存和保护疫苗、汇总信息以保证儿童人数与接种疫苗的儿童人数相匹配，也要准备地图等与当地有关的信息。他们之所以如此努力，是希望儿童感染小儿麻痹症而瘫痪甚至死亡的场景能定格在过去，不再出现于将来。对他们来说，一杯香甜爽口的茶或许能给忙碌的他们提供急需的能量吧！

来自印度马迪普尔的亲子之家的茶杯，21 世纪纪初

左页图：印度德里的一所学校内正进行脊髓灰质炎疫苗接种宣传活动，2017 年

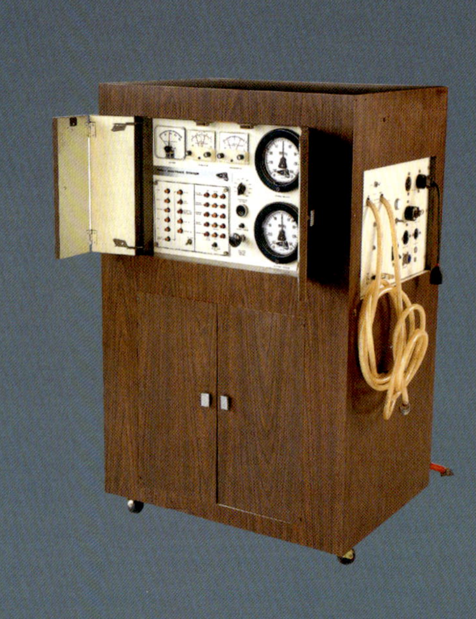

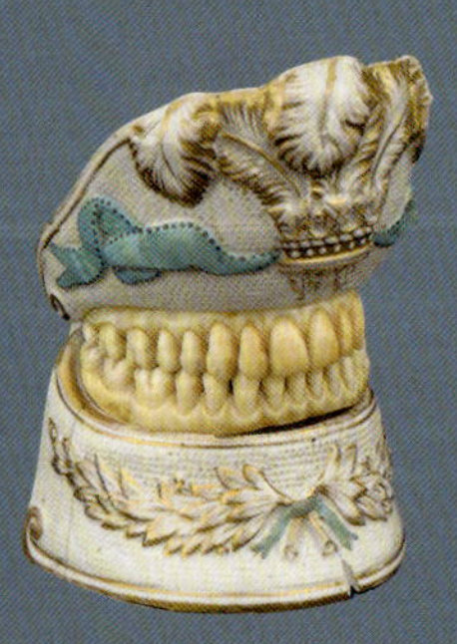

Russavia

# 六

# 辅助性技术

在辅助人类躯体的技术方面，或许人类的创造力发挥到了极致，其他领域都无法比拟。辅助技术可以是复杂的，比如化妆品和医疗辅助；也可以让使用者的生活更方便，例如眼镜的应用，病人可以在眼部手术后增加一个矫正镜片，或者用它来帮助阅读。人们能在家里用简单材料制作各种假肢来代替失去的原肢体，也能用金属碎片在战俘营中制成假肢。科学家们还可以展示全球顶尖的设计和技术，复制人类最优秀的运动能力。机器可以代替已衰竭的肾，实现肾的原有功能。另外，改装车、试管婴儿也是用技术辅助人类躯体的代表。

# 钢琴家的假肢

**为伊丽莎白·伯顿量身打造的假肢帮助她继续追寻自己的音乐梦想。**

假肢可能是少数跟人类最亲密的医疗器械之一。假肢能够显示出某人的肢体残缺，而残缺的原因可能是战争、意外事故，或是疾病、遗传。假肢的制作也能诠释某些人背后的故事，证明他希望能提升运动能力、重拾个人信心或重新开始工作。伦敦科学博物馆中收藏的很多假肢仍然能折射出它们主人的生平经历，也反映出了那个年代的医疗状况。

伊丽莎白·伯顿曾使用过右页图中这个独特的假肢。出生于19世纪60年代的她是一位钢琴教师，主要活动区域是英国北安普敦的东米德兰镇。根据记载，有一天她在准备生鱼片时，不小心让鱼骨深深地扎进了她的拇指指甲内。伤口逐渐感染，在那个距离抗生素的发明还有几十年的时期，医生只能通过截肢来保住她的性命。她的右手和大部分右前臂都被截掉了。

尽管伊丽莎白遭受了如此严重的肢体损伤，但在假肢的帮助下，她仍然在之后的岁月里继续了自己的钢琴教师生涯。1903年，一位当地的手术设备制造商制作了这个假肢，它由木头和皮革制成，并通过一个大的蝶形螺母把铰链连接的金属肘关节固定住，这对于使用者弹钢琴时的动作非常重要。肘关节上还能接一只假手，这样就可以实现更多功能，而且当伊丽莎白的手离开琴键时，整个场景看起来也更加自然。

对一名钢琴教师来说，失去右手会带来巨大挑战，因为右手往往负责弹奏音乐的主旋律。但是，伊丽莎白在30多岁时不幸丧夫，她还抚养着6个孩子，因此继续工作对她来说尤为重要。不过，最后伊丽莎白应该是成功了。据记载，1906年她曾经在伦敦皇家阿尔伯特音乐厅举行的一场音乐会中戴着假肢进行了弹奏。

为伊丽莎白·伯顿制作的假肢，1903 年

左页图：伊丽莎白·伯顿和她最小的女儿在影棚中拍的合影，照片中她的右臂仍然是遮掩起来的

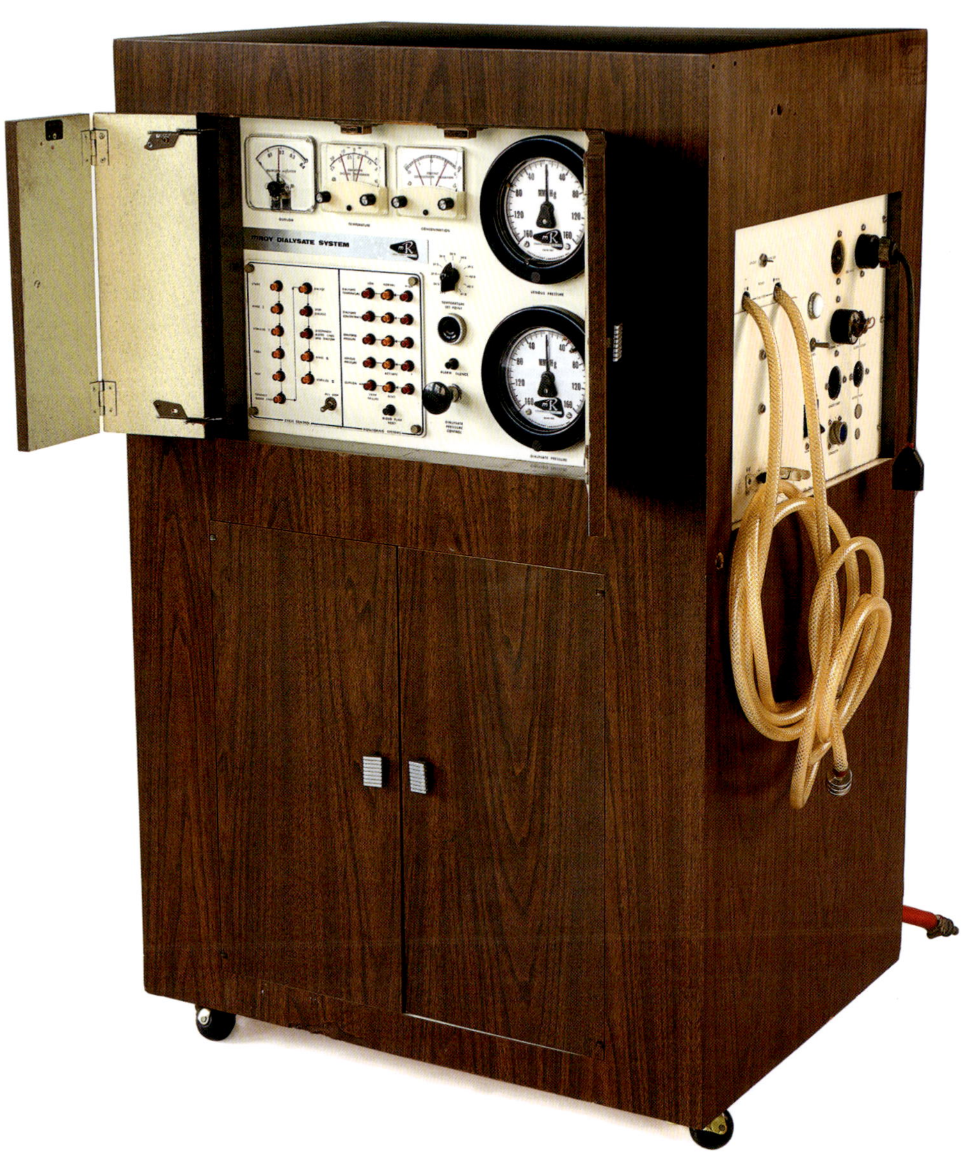
mROY DIALYSATE SYSTEM
VENOUS PRESSURE
DIALYSATE PRESSURE
DIALYSATE PRESSURE CONTROL

# 莫伦的家用血液透析机

**莫伦·刘易斯是世界上首批在家进行透析的病人之一，她把血液透析机戏称为“神秘博士”。**

如左页图中所示，这种隐藏在家具里的医疗设备，乍一看可能平淡无奇。在20世纪60年代和70年代，慢性肾衰竭患者们一直在家中使用这种透析机。健康的肾脏能起到身体过滤器的作用，可以清除血液中的有害废物。如果肾脏功能衰竭，透析机有能力复制肾的上述功能，它可以让病人的所有血液先通过一个外部机器过滤掉所有毒素，再通过泵将血液导入人体血管系统。

实现家中透析之前，血液透析必须由受过训练的医院工作人员在专门的肾脏治疗场所进行。但那里床位有限，这意味着新来的病人未必能有空位接受这种救命疗法。为了解决这个问题，1961年，一个由阿尔伯特·巴布博士领导的美国团队发明了第一台家庭血液透析机，也就是米顿罗血液透析机的前身。由于病人可以在家里自己操作这种透析机，医院就能够腾出更多床位，治疗方案也随之变得更加灵活。它也让病人能离开医院，获得更多的独立空间和时间，并有助于将透析融入日常生活中。这种透析机甚至被设计成一件家具，给人一种能和谐地融入家庭氛围的感觉。

左页图中所示的米顿罗血液透析机曾经在一个生存故事中扮演了关键角色，它让一个叫莫伦·刘易斯的女人延长了九年的寿命。1959年，莫伦被诊断出患有急性肾炎或布莱特氏病；1967年，她成为第一批使用这种家庭血液透析机的英国病人之一。尽管最初医生认为莫伦时日无多了，但在透析机的帮助下，她的生命延长了九年，因此莫伦把这台机器戏称为“神秘博士”（Dr. Who）。

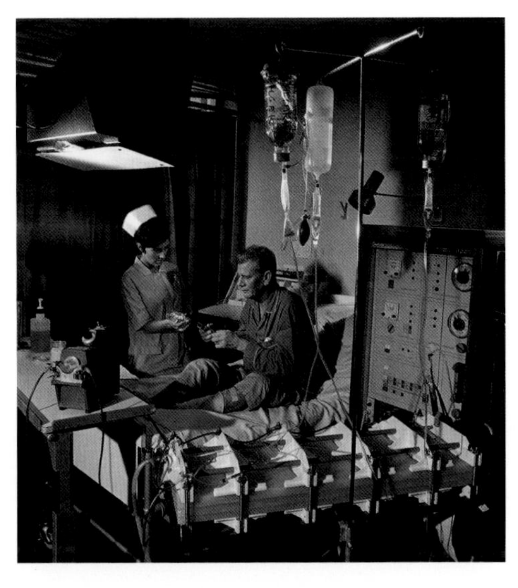

在位于伦敦的英国皇家福利医院肾病中心，病人在护士和透析机的帮助下接受治疗，1968年

左页图：莫伦·刘易斯使用过的米顿罗血液透析机，20世纪60年代

# 世界上首个试管婴儿的“孵化器”

世界上首个“试管婴儿”是在人体外受精的，其早期发育是在一个普通的培养罐中进行的。

这看起来像是一个普通的实验室设备，但这个足球大小的培养罐在培育世界第一个“试管”婴儿时发挥了关键作用。事实上，试管婴儿是体外受精联合胚胎移植技术（IVF）的简单说法，在这过程中没有用到试管；第一批通过体外受精联合胚胎移植技术诞生的宝宝要先在培养罐中开始生命的孕育。这些娇嫩的胚胎要在培养罐中先发育几天，然后移植到母亲的子宫。那么，右页图中这个看起来像廉价干燥器一样的东西，作何用途？此类容器通常用于干燥物品，不过这一次它却发挥了更非凡的作用。试管婴儿技术的先驱英国生理学家罗伯特·爱德华兹和护士让·珀迪把这种容器用作了人类受精卵的“孵化器”。最初，培养罐的顶部会用毛玻璃塞密封住，通过复制人体内的环境，医生能维持理想的早期胚胎发育环境。

爱德华兹致力于人类生殖研究，1968年他成为第一个在人体外制造受精卵的人。爱德华兹与外科医生帕特里克·斯特普托联手，后者以开创性地使用腹腔镜或微创手术来诊断和治疗妇科疾病而闻名，这项技术后来被他改进成了从卵巢中取卵子的技术。由于资金有限，爱德华兹和斯特普托依靠廉价或二手的设备和专业的护士的志愿协助来照顾病人。珀迪就是这样一位护士，她的专业

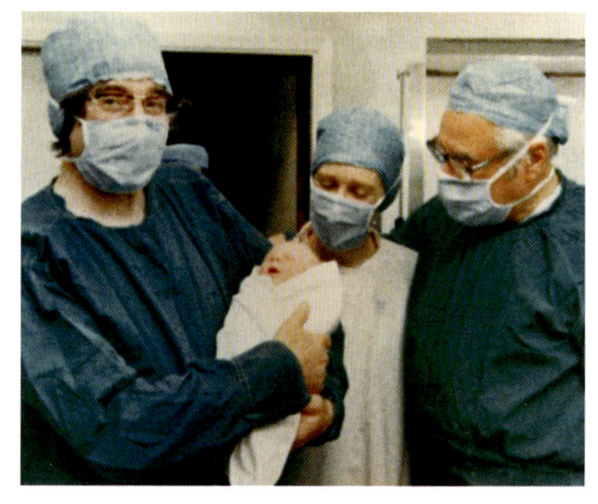

罗伯特·爱德华兹抱着世界上第一个试管婴儿路易丝·布朗，中间是护士让·珀迪，右边是帕特里克·斯特普托，1978 年 7 月 25 日

护理知识和技能帮助体外受精成为现实。珀迪负责监控正在发育中的胚胎，并第一个观察到了受精卵的细胞分裂。三人进行了长达10年的临床试验，邀请的女性实验对象不少于282人。他们的工作遭到了科学界的大范围反对，因为很多人认为，在这个人口爆炸的时代，不孕并非亟须解决的医学问题。

1978年7月25日，世界上第一个试管婴儿路易丝·布朗在英国大曼彻斯特的奥尔德姆市医院出生，一切都发生了变化。她的到来引起了媒体的轰动，颠覆了传统的科学和大众的观念，成为那些不孕之人希望的灯塔。自从路易丝出生以来，全球已经有600

多万个试管婴儿出生。该团队的成就终于在2010年得到了认可，作为三人之中唯一还在世的人，爱德华兹因体外受精联合胚胎移植技术获得了诺贝尔生理学或医学奖。

罗伯特·爱德华兹和帕特里克·斯特普托在培育世界上第一个“试管婴儿”时使用的培养罐，1977年

一副由河马牙制成的假牙被固定在陶瓷架上，并用威尔士亲王羽毛标识进行了装饰，19 世纪早期

右页图：一幅插图展示了用海象牙制作假牙的过程，名为《牙科医生使用的动物牙齿》，作者：本杰明・沃特豪斯・霍金斯，1845 年左右

# 用河马牙制成的假牙

**专家会使用河马牙来制成假牙，而只有富人才负担得起这种假牙。**

左页图中这副假牙由河马牙制成，被固定在一个好看的陶瓷架上，陶瓷架上面雕饰了三根白色的羽毛，这种羽毛的造型模仿了英国威尔士亲王（乔治四世即位前为威尔士亲王）的王冠上的装饰图案。或许，它们是为英国国王乔治四世制造的假牙，甚至乔治四世可能真的用过它。

假牙的制作者会尽力将假牙打磨成与使用者的牙龈相吻合的形状，以确保使用者能通过吸力将假牙固定到位。在那时，假牙也可以由海象牙和大象牙制成，但河马牙因其耐久性而最受青睐。人戴上动物假牙后，假牙在嘴里会慢慢变质、变黑，闻起来很难闻。因此，有时候牙医会把从死者或从活着的穷人身上取下的人类牙齿的一部分作为假牙的牙基。制作假牙费时费力，所用的材料也较为昂贵，这意味着只有王室成员和上层阶级能拥有这样的假牙。

乔治四世是一个爱炫耀的人，他喜欢生活中各种奢华的事物。他是一个酷爱时尚、热衷于收藏艺术品的人，也是一个贪婪的美食家。和其他英国王室成员一样，乔治四世也爱吃在 18 世纪变得日益流行的甜食。吃甜食导致的蛀牙和牙齿脱落，以及人们越来越关注外观形象的社会风气，促进了人们对假牙的需求，乔治四世也不例外。巴塞洛缪·鲁斯皮尼是乔治四世在 1800 年左右的外科医生兼牙医，很可能是他制作了这副假牙。

早在公元前 700 年的伊特鲁里亚古文明时期，利用骨头和黄金修复牙齿的做法就出现了，法国人皮埃尔·福沙尔在 1728 年的《牙齿论》（*Treatise on Teeth*）中进行了论述，他是第一个用文字方式提到假牙制作的近代人。对于拥有正式证书并提供牙科修复护理服务的人，福沙尔为他们创造了一个新的职业名称，即牙医（dentiste）。

如今，看牙是一件很平常的事，但对于以前的人在牙齿脱落后使用上述那种假牙，我们难以想象会是什么感觉。19 世纪下半叶，瓷牙和硫化橡胶基托取代了动物假牙。自 20 世纪 40 年代以来，假牙一直是由丙烯酸物质制成的。一口好牙齿已经逐渐成为健康和美丽的象征，所以当牙齿出现问题时，牙齿修复技术能帮助人们继续保持美丽。

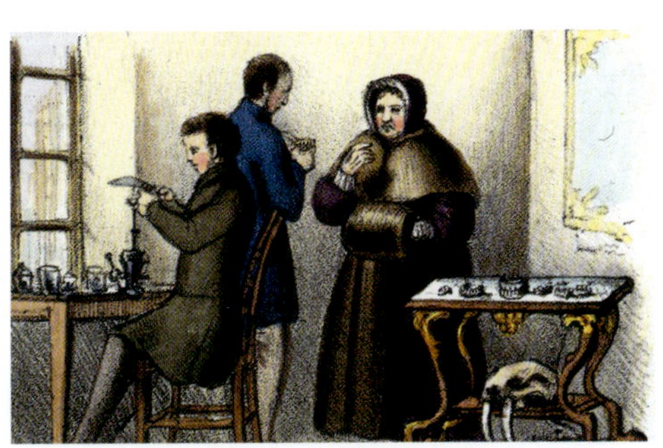

# 埃德·弗里曼的改装车

**埃德·弗里曼对他的橙色迷你汽车进行了改装，甚至还为乘车的朋友们准备了一个迷你吧台。**

对许多青少年来说，通过驾驶考试是一种成年礼，这样他们有空的时候就可以驾车想去哪儿就去哪儿，速度也可以自己掌控。1978 年，对于 19 岁的埃德·弗里曼来说，橙色的宝马迷你汽车并不是他的首选，他更喜欢的其实是标志性很强的迷你库珀车系，但他的轮椅无法放置在那款车当中。最初，汽车装配人员希望把车顶加高，以容纳他的轮椅，他回答说："我不愿意开一辆像冰激凌车一样的加高车！"很快他们找到了新方法，他们降低了车底板，设置了一个坡道供埃德的轮椅通过。和当时所有的青少年一样，他定制了自己的汽车——后视镜上挂着毛绒骰子，还为车内的客人们准备了一个迷你吧台。

埃德是英国数百名受药物沙利度胺影响的人之一，而沙利度胺是一种镇静剂。埃德的胳膊和腿都变短了，医学上称之为四肢短肢畸形。他的母亲在 1959 年怀上埃德时服用了当地医生开的沙利度胺，以帮助治疗她的肺炎。埃德出生时，医学界尚未发现沙利度胺的副作用。那位医生问弗里曼夫人是否服用过沙利度胺，她药箱里剩余的药瓶证明她服用过。

在沙利度胺最初被推入市场时，其发明者认为这是一种对所有人都完全安全的镇静剂，服用再多都不会致死。它在 49 个国家

和地区以 40 种不同的名称进行销售，用于缓解各种疾病，包括孕妇晨吐。然而，沙利度胺这种药物在英国上市三年半后，却于 1962 年正式退出市场。虽然欧洲各地都建立了更有效的监管和报告制度，但这种药物永远改变了我们与药物和医疗人员的关系。埃德和他的家人跟其他很多人一样，加入了要求沙利度胺制造商赔偿的运动。

埃德一直驾驶着这辆车，直到 1988 年。为了满足家庭生活的需要，他换了一辆更大的车。这辆车一直在埃德的车库里停着，直到他把它和他小时候用过的假肢等物品捐赠给伦敦科学博物馆。他说："我不想让跟我一样因药物而发生躯体损伤的人们被历史遗忘，因为我不希望后世的人重蹈覆辙。"

埃德·弗里曼驾驶过的改装车

左页图：埃德·弗里曼年少时与父亲的合影，1978 年左右

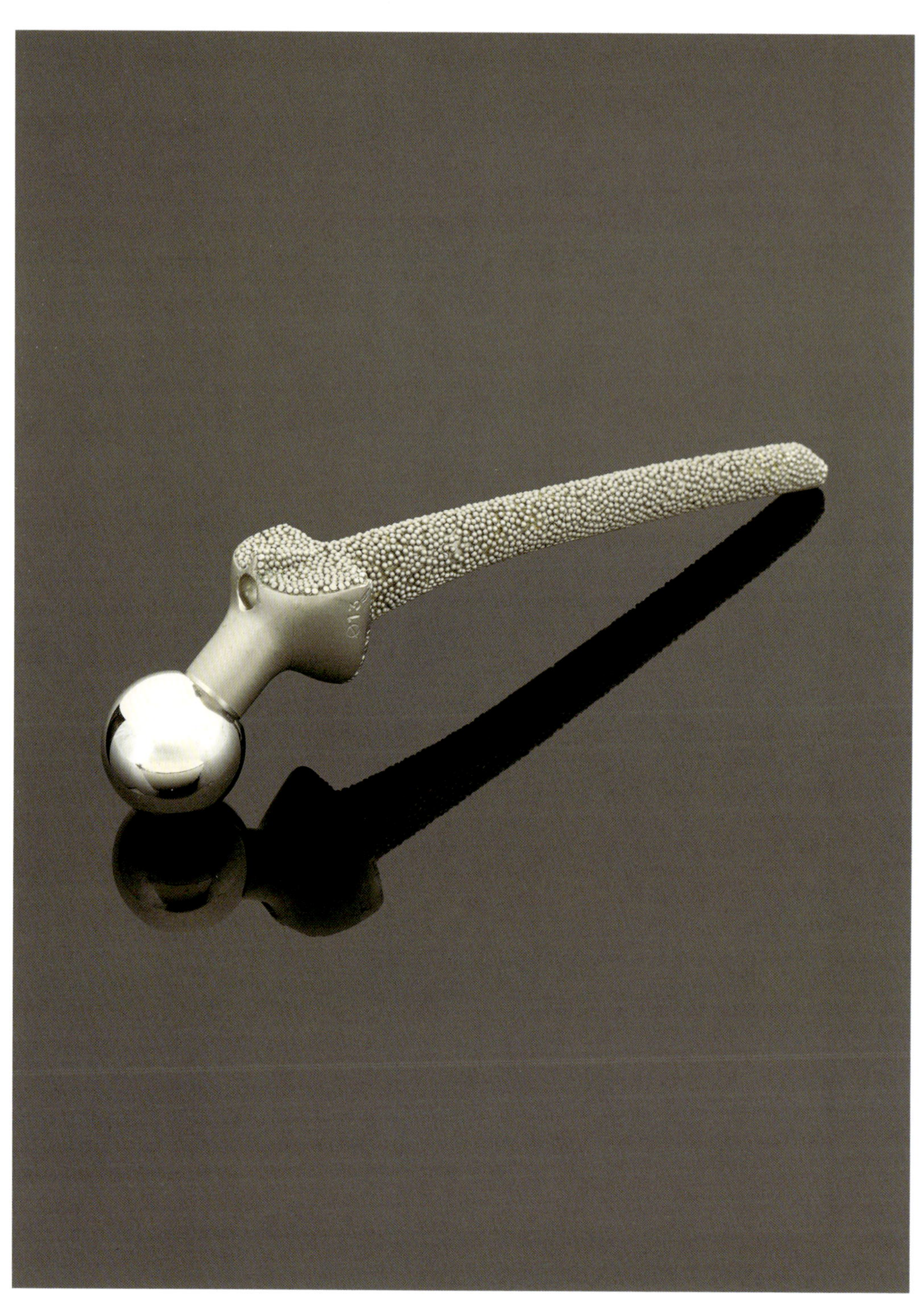

查恩雷型人工髋关节，20 世纪 90 年代

# 查恩雷型人工髋关节

**约翰·查恩雷发明了一种新型的人工髋关节置换部件，使用这种部件的患者不会面临咯吱作响的尴尬。**

想象一下，每次挪动腿的时候，臀部都会咯吱作响，那会是什么感受。对于那些在1962年查恩雷型人工髋关节发明之前接受过髋关节置换手术的患者来说，这是一个令人恼火的现实。这一发明是英国骨科医生约翰·查恩雷为改善髋关节置换患者生活而不懈努力的结果。这个部件由两部分组成，一部分固定在病人的股骨上，另一部分黏合在骨盆上。它们结合在一起的工作方式与自然的人体髋关节相同。

这项发明的影响是巨大的，它为查恩雷赢得了“现代髋关节置换之父”的美誉，但其实有人已经在他之前尝试过了同样的事情。医疗人员在19世纪首次尝试了髋关节置换手术，其中许多实验是在伦敦的威斯敏斯特医院进行的。据报道，1821年安东尼·怀特医生进行了切除性关节置换手术，去除了股骨的头部和尾部。但直到19世纪90年代，塞米斯托克利斯·格卢克才首次用动物骨骼代替了病人的髋部骨骼，并用镀镍螺钉将假体固定，这是已知的史上首次真正意义上的髋关节置换手术。

20世纪初，许多医生使用丙烯酸纤维、橡胶或钴铬钼合金的材料来进行髋关节置换手术。虽然这些关节在短期内改善了患者的情况，但若干年后，它们会受到腐蚀而发生化学降解，这导致许多关节无法正常活动，甚至会让患者感到明显疼痛。有一次，查恩雷医生遇到了一个臀部咯吱作响的病人，于是他决定设计一个摩擦更少的假体。他尝试了多种不同的材料和方法来降低患者髋关节内的摩擦阻力，最终选择了聚乙烯。聚乙烯的加入让关节能够自然活动，减少了摩擦导致的磨损，并能在更长时间内提高使用者的活动能力。

“现代髋关节置换之父”约翰·查恩雷

查恩雷不是首个更换髋关节的外科医生，但髋关节置换手术领域在他的帮助下开始走上正途。他是用骨结合剂来固定植入病人体内的假体的第一人，这使得植入物的稳定性、舒适性和耐用性大大提高。他的发明提高了成千上万髋关节置换患者的生活质量，因此英国女王伊丽莎白二世在1977年授予他爵位，以表彰他对医学和科学的贡献。

# 便携式保温箱

**在那个产妇大多在家里分娩的时代，在早产儿被送至医院的过程中，医生会用便携式保温箱对其进行体温维持。**

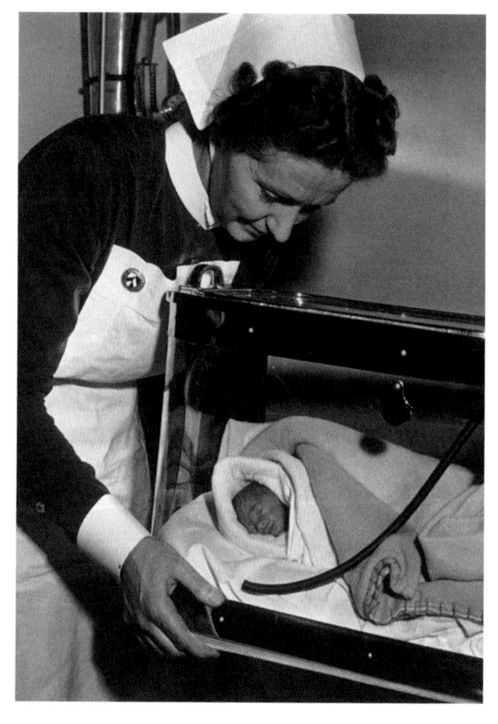

在今天的英国，孕妇有权选择在家里、在分娩中心或是在医院进行分娩。然而，在20世纪下半叶之前，大多数婴儿都是在家里出生的。右页图中是一个20世纪60年代的便携式保温箱，当时，在早产儿通过救护车被送往医院期间经常要用到这种保温箱。这个保温箱是由运输车辆的电池通过变压器供电的。保温箱上有用于调节温度的控制开关，也有一个连接着氧气瓶的应急面罩，氧气瓶放在保温箱下层；这些都是为了防止婴儿出现缺氧和低温（一般由早产儿出现的体核温度较低引起，婴儿本身难以调节）情况。当婴儿被从偏远医院送到特殊护理机构时，也可能用到这种保温箱。当时这种设备十分昂贵，因此生产公司会将生产的设备租给当地机构，使其成为新生命的守护者。

20世纪50年代，儿科专家们开始设置专门的婴儿护理机构，为早产儿或患病婴儿提供最大限度的支持。在这些机构中，婴儿们会远离感染，并享受到专业的护理。这样的保温箱提供了一个可控的环境，医生会将早产儿置于其中，监测早产儿的发育过程并尽量提高其存活的概率。工作人员可以监控和调整保温箱内的氧气和二氧化碳含量，为早产儿提供科学饮食，并进行合理的温度控制。氧气调节公司（Oxygenaire）制造了这种保温箱，该公司的员工会定期参加医院关于新生儿的会议，以确保他们的产品能满足儿科医生的需求。该公司是氧气治疗设备的专业制造商，其改进了设计以满足便携的需求和医院的需求。1959年英国儿科协会建立了新生儿学会，而该公司也赞助了学会的各种讲座，这反映了新生儿护理领域的新发展。

到了20世纪80年代，90%的婴儿在医院出生，因此这种便携式保温箱的医疗使命渐渐结束。当伦敦科学博物馆的工作人员在英国布里斯托尔的圣安妮医院找到这个保温箱时，根据当时库存情况判断，这个保温箱已经是这种型号仅存的一个了。新生儿护理学的发展为医学进步提供了更多的可能，也让人们就生存问题提出了更多讨论和重新思考对早产儿的定义。

氧气调节公司生产的便携式保温箱，带有可分离式的变压器箱，约 1960 年

左页图：医护人员在给 3 周的早产儿喂食，1958 年

某一版本的多伦斯挂钩，1998 年

# 多伦斯挂钩

**大卫·多伦斯曾经在一场事故中失去了自己的手，于是他改造了以往版本的挂钩，设计出更好的假肢。**

一项发明的简便性总是非常重要的，1912 年美国人大卫·多伦斯的发明完美地诠释了这一点。1909 年，大卫在锯木厂的一次事故中失去了自己的双手，于是他开始致力于帮助像他一样的截肢者拥有更方便的假肢挂钩，最终他发明了多伦斯挂钩。一百多年过去了，人们对他发明的最初型号进行了改进和生产，这种挂钩成为人类使用较多的臂端假肢。在著名的关于彼得潘的英国小说中，彼得潘的敌人铁钩船长的名字就来源于“挂钩”二字，而他所使用的铁钩也让他打架时更具侵略性。尽管后来人们又陆续发明了更多假肢，这种挂钩仍然是很多截肢者的选择。

多伦斯挂钩的最大优点是功能性较强。虽然它的外形完全不像人手，但它与 20 世纪早期的很多华而不实的假肢不同，给它戴上手套后，外人一般不会发现是假肢。这种挂钩是分叉式的，并带有一条厚的橡皮带。多伦斯挂钩使佩戴者能够操作各种物品，无论是日常家用物品还是专业设备或工作器械。佩戴者可以用类似打开剪刀的方式，通过身体活动来打开挂钩。挂钩的一头与环绕在使用者肩膀的橡皮带连接起来，当佩戴者放松下来时，有力的橡皮带能关闭挂钩。

这项发明的专利到期后，这种假肢开始迅速流行起来。当时正值第一次世界大战爆发尚未满两年，数以千计的截肢者开始回家安装假肢，并希望身体再次好转。其中许多人都是年轻人，他们中的大多数人都渴望找到通过劳动赚取报酬的工作。多伦斯挂钩的多功能性使它成为“一战”时老兵们的最爱，工人和办公室工作人员也都喜欢它，因为它给了人们更大的自主性和重新回到工作岗位的机会。

双手都被截肢了的奥斯卡获奖演员哈罗德·拉塞尔（Harold Russell）用他的多伦斯挂钩给妻子点烟，纽约，1946 年

# 黄色警示车

**丹·埃弗拉德为他 22 个月大的女儿露丝发明了“黄色警示车”电动轮椅。**

提起黄色警示，你会想到什么？危险？显眼的警示牌？在 20 世纪 80 年代，有一个 20 个月大的孩子叫露丝·埃弗拉德，如果你看到她驾驶一辆名为“黄色警示车”的电动轮椅时，你也许会发现这是个很恰当的名字。这把轮椅有一个操纵杆，让露丝能控制它的方向、速度和高度，帮助她探索周围的世界。

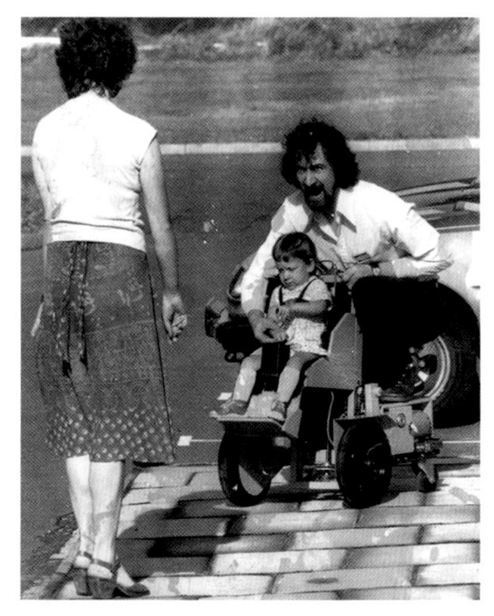

在露丝 14 个月大的时候，她被诊断出脊髓性肌萎缩症（SMA），这会导致肌无力，这意味着她在缺少外力支持时无法独立坐着或站立。尽管如此，露丝的父母还是认定她应该和同龄孩子一样独立，于是开始寻找一种能提高她行动能力的工具。但他们遇到了很多挫折，露丝是这样说的：

我爸爸去寻找他认为我需要的工具，但没有人做过那种工具，所以他在哪儿都找不到。他与别人的争论过程是这样的：

“我需要为我 18 个月大的女儿买一辆轮椅。”

“你不能把一个 18 个月大的孩子放在轮椅里。”

“为什么不能呢？”

“因为没人这样做过。”

“可是为什么没人做过这事？”

“因为做不到。”

然后，我爸爸就设计出了他买不到的那种东西。

右页图中所示的轮椅就是露丝的父亲丹·埃弗拉德发明的工具，几个月后露丝就开始驾驶这种电动轮椅了。露丝能够更自主地决定去哪里、看什么和去做什么，当她遇到自己从未见过的事情时，她能决定是否停车并向大人询问。她学到了生活中的很多东西，而如果当初她坐的是普通手推式婴儿车的话，可能很难学到很多知识。

为什么这很重要？因为童年是一个积极了解世界的时期。好奇心是无止境的，儿童能不断地拓展自己的极限，观察陌生的事物，学习什么可以做和什么不能做。有时候，孩子通过体验生活的各种滋味，逐渐开始理解那些能保证自己安全的规则，当他们成长到足够独立和成熟时，才可能打破某些规则，而孩子的监护人在这一过程中也会一直担心孩子的安全。

自 20 世纪 80 年代以来，人们逐渐认可了助行器对于行动不便儿童的重要性，丹和露丝也开发了一些类似的轮椅。对于行动不便的儿童来说，“黄色警示车”的发明，让平等参与、自由探索和尽情玩耍变得更加容易了。

丹·埃弗拉德为他 22 个月大的女儿露丝设计和制造的“黄色警示车”电动轮椅

左页图：露丝正在驾驶“黄色警示车”，英国剑桥，1981 年

一副由英国国家医疗服务体系提供的塑料眼镜，由英国莱斯里普的克里斯普眼镜制造商制造，1950 年左右

右页图：英国人使用的视力表，1930—1970 年

# 英国国家医疗服务体系推出的眼镜

**英国人设计了一种普及型眼镜，并主要考虑了它在视力矫正方面的实用性。**

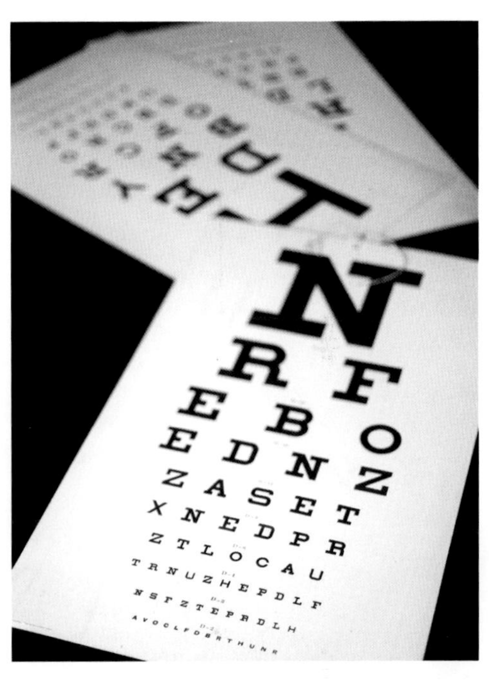


英国国家医疗服务体系向国民提供了基础医疗服务保障，其中有一种符合体系标准的眼镜让人们注意到了辅助性设备的外观的重要性。

如今，眼镜是提高我们视力的常用工具。然而，在过去很长的一段历史中，镜框和镜片以及眼睛检查的成本都比较高，这使得相当多的人无法享受眼镜带来的便利。1948 年英国国家医疗服务体系建立时，眼镜普及被纳入考虑之中，这是人们第一次尝试让所有人在有需求时都能用得起眼镜。大量使用政府提供的免费眼镜的人成了新建立的医疗服务体系的代言人，间接证明了新医疗体系能够为大众提供基础的医疗关怀。

与假肢这种辅助性设备相比，人们对眼镜的需求量更大，这也使其成为一个不同的例子。因此，英国国家医疗服务体系考虑到需要向社会大众大规模提供眼镜，眼镜的设计也变得更加通用化。与边框的美观性和艺术性相比，性价比和实用性成为首先要考虑的因素。这种眼镜是比较耐用的，但它们属于基本款，其设计仅考虑到功能需要，几乎未考虑时尚性。

英国国家医疗服务体系的眼镜由金属和塑料制成，如左页图所示。然而，这种眼镜的风格比较明显，它在镜框方面与市场上的商业化眼镜不同，后者往往很重视外观和用户个性化选择。政府免费眼镜的独特风格往往会打上特定的社会标签，反映了当时社会对辅助设备和基本医疗体系的看法。眼镜框架的外观对你有多重要？框架的设计是否比矫正视力功能本身更值得关注？在探索辅助设备的设计和社会观念方面，英国政府免费眼镜是一个值得思考的案例。不过，这个案例也反映了政府应该帮助更多的人满足视力矫正的需求，以及在现代社会中政府对上述问题和操作成本之间平衡的难处。

LA·LVNE
MARTIVS APRILIS MAIVS IVNIVS IVLIVS

14509.

# 七

# 信仰

有时候，人从疾病中恢复过来不仅需要科学技术。人类的身体和精神之间存在着某些影响较大但难以让人理解的复杂联系，患者对治疗方案的信任、坚定的信念以及来自亲朋好友的支持，都会对患者的健康产生直接的积极影响。在遥远的古代，信仰和信任的力量被认为对健康有某些促进作用，在世界各地的宗教活动中都有治愈伤者的活动。某些古代人会通过朝圣、饮用“圣水”和在“圣水”中沐浴，以及请求上苍来帮助治愈病人，这种习俗在今天的某些地方仍然存在。在有些民间传说中有生病后的补救措施，如好运符、护身符和某些仪式，人类创造出这些元素以满足对健康的祈愿。对这些信仰和风俗的探索能为我们更深入地了解历史提供线索。

# 支气管炎项链

**忧心忡忡的英国父母们曾经以为只要让孩子戴上一种特殊的项链，就能让孩子们免遭支气管炎的侵害。**

如果你生活在20世纪早期的伦敦，担心孩子可能患有支气管炎，你可以采取一种当时流行的治疗方法，即给孩子戴一条支气管炎项链。这个和支气管炎有关的项链或许能代表一段和“治疗”有关的历史。它或许能说明，有治疗和保护作用的物体有着不同的形式和力量来源。我们经常无法理解那些传说中的东西是如何起作用的，而随着时代的发展，相信那些说法的人越来越少，但从遥远的古代开始，护身符的信仰者一直认为它能发挥重要的医学作用。

右页图中的这条项链是英国民俗学家爱德华·洛维特的藏品之一。他对符咒和护身符有着浓厚的兴趣（如今人们把这两个词混淆了），并穷尽一生从各地市场上收集各种符咒和护身符。洛维特去了26个不同的地区，希望为一名患有支气管炎的儿童找到治疗方法，他还制作了一张地图，在地图中记录了他得到这种项链的所有地点。虽然这种项链的颜色多种多样——通常是蓝色和绿色，但有时有更多颜色——但它们的功能是一样的：能预防或治疗支气管炎。当人们戴上这种项链时，它通常会隐藏在衣领下面，因此外人可能看不到它。根据洛维特的说法，像这样的项链应该从童年一直戴到去世，只有一直戴在身上，和身体保持接触，才能提高它们的功效，而这是传说中护身符的共同特性。

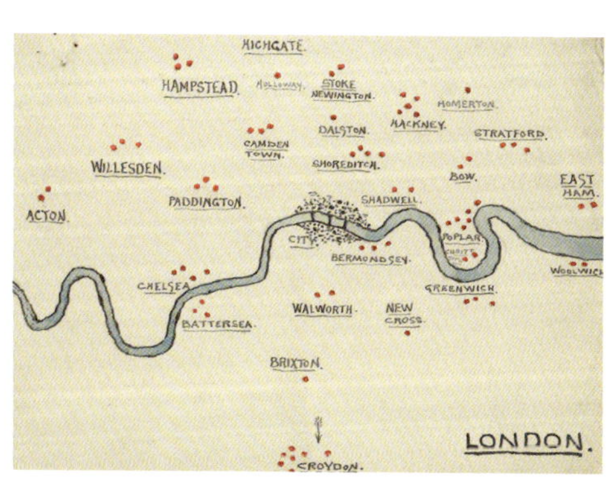


传说中，护身符里面含有治愈疾病和化解霉运的能量。随着时空变迁，它们在形式和功能上变化很大，它们可能是普通的私人日常物品，也可能是昂贵的、大量生产的或有文化内涵的物品，如四叶草或“恶魔之眼”。护身符的效力通常来源于其材料的固有特性，但也可以通过物理变化（例如添加铭文、图像或符号）增强它的力量。

历史上，在整个欧洲，孩子们曾经戴着项链，他们的父母认为那是一种治愈疾病的方式；孩子们通常会在长乳牙的时候开始戴，项链一般由珊瑚或琥珀等材料制成。支气管炎项链是悠久的医学传统的一部分吗？无论其效果到底如何、无论项链的能量到底来自哪里，伦敦居民曾经确实以为这种项链有医疗效果。

在伦敦流行的支气管炎项链，20 世纪初

左页图：爱德华·洛维特绘制的地图，标注了他在伦敦发现的出售支气管炎项链的地点，20 世纪 20 年代

“供氧器”，1898—1920 年

右页图：“供氧器” 的使用说明中的一页，1898—1920 年

# 供氧器

**赫拉克勒斯·桑奇是一个成功的江湖骗子，他宣称自己的“供氧器”能治疗任何疾病。**

如果有一种装置可以使你的身体在几乎任何情况下都能恢复健康，不需要医生帮忙，那么这听起来很有吸引力。然而，听起来如此完美的事一般都是假的。“供氧器”就是这样一个例子，它是被称为“气体管道”的“万能”装置。19 世纪 90 年代，美国臭名昭著的江湖骗子赫拉克勒斯·桑奇发明了这种设备，成千上万的这种设备通过邮购方式在美国、加拿大和欧洲销售。桑奇声称，供氧器可以帮人治愈各种疾病，从肺炎到生育问题。然而，即使在它最盛行的时期，它也被人们广泛谴责为一种骗人的医疗工具。

供氧器由一个金属圆筒和两根电线构成，电线的一端绑在病人脚踝或手腕上，这种精心设计让人们感觉它与 19 世纪消费者喜欢的其他设备相似。然而，供氧器被宣传成能利用氧气的修复能力来帮助身体自愈，而并非利用电的力量。使用者要根据说明把供氧器放入冷水中，该装置会将氧气从水中“渗透”到电线上，并注入患者体内，以恢复他们的身体活力。通过这种伪科学，桑奇在一定程度上帮助公众深入认识了最新发现的氧治疗益处，但作用有限。

1915 年，供氧器终于被证明是一种骗局。研究人员打开供氧器的圆筒，发现里面充满了沙子，没有任何的氧气制造装置。随着政府和医疗协会开始打击医疗欺诈者，桑奇的许多同行被关进了监狱。桑奇逃到加拿大躲避起诉，但还继续通过邮寄来销售自己的设备获利。

尽管供氧器这种所谓的治疗方案实际上毫无用处，但当时可用的其他医疗方法多为放血等落后方法，这样一来，或许我们可以理解供氧器在当时对人们的吸引力有多大了。对于那些想改善健康状况或急需治疗的人来说，这种商品只需一次性购买，可以反复使用，并能治疗多种疾病，是比较划算的。尽管它其实是无效的，但至少该装置不太可能给病人带来任何严重的副作用，病人甚至可能因为更多地在床上休息而给健康带来益处。

# 圣克鲁斯医院

**精心制作的立体模型可以提供一个微观视角，让人们看到这种 16 世纪医院的内部场景。**

近年来，伦敦科学博物馆展出的立体模型数量大为减少。某些评论家认为这些尺寸各异的立体模型是过时的，也有人认为它们是不准确的。但是，即使在数字世界中，立体模型仍然是一种有趣且表现力强的展示形式，对于某些幻想出的世界或特定历史场景的情景重现来说，立体展示是一种很好的方式。

如右页图所示，这个简单的立体模型展示了西班牙托莱多市圣克鲁斯医院的内部，制作时间是 16 世纪。如果把四张床挪走，它看起来就与一般的教堂无异。这可以被视为今天人们所熟悉的医院病房的前身，但在许多方面，它和现代医院还是截然不同的。虽然某些工作人员确实能提供医疗救助，但很多这种场所主要是充当宗教朝圣者和其他旅行者的旅社。它们可以收容病人，也可以帮助老人、孤儿和无家可归者，以及那些无法工作的人。贫穷也许是这些不同“病人”的共同特征。

在整个欧洲，许多这样的救助场所都是由知名公众人物或富人建立的，而且几乎所有这种场所都与宗教组织有着密切的联系，这种联系也体现在了其建筑风格上。医院通常建在教堂或修道院附近的土地上；其看起来可能与宗教建筑非常相似，甚至可能是同一栋或完全相同的建筑。

圣克鲁斯医院由佩德罗·冈萨雷斯·德门多萨创办，主要是为了帮助该市的孤儿。佩德罗主教希望能展示教会、王室和福利惠及之间的联系（这是早期医院存在的主要目的之一）。佩德罗出生于一个显赫的家庭，他是军人、政治家和宗教领袖，对西班牙王室忠心耿耿。尽管他在医院仍在规划期间去世，但他帮助该医院获取到王室的支持，并通过遗嘱留下了足够的资金，以确保医院在几年后得以建成。

展示 16 世纪圣克鲁斯医院的立体模型，1901—1970 年

左页图：该医院的创办者，佩德罗·冈萨雷斯·德门多萨。绘制者：马蒂亚斯·莫雷诺·冈萨雷斯

中非西部的巴刚果人用来封印“基西”的雕像，1890—1910 年

右页图：钉满了钉子的雕像，1880—1920 年

# 封印基西力量的人形雕像

**中非西部的巴刚果人用这种雕像封印一种叫“基西”的力量，他们认为它能帮人对抗疾病。**

这些凶神恶煞的木制雕像让人望而生畏，因为它们很可能是用来对抗疾病的。中非西部的巴刚果人用这种雕像来封印一种叫“基西”的力量。基西大致能被翻译成“神灵”，传说中它是一种源于无形的死亡世界的力量。为了能向人类和神灵世界施加影响力（无论好坏），人们必须让这种力量聚集在一个容器里，这样基西就能执行激活它的人的命令。

容器通常是人形雕像，在英语中，这些雕像有时被称为“权力人物”。这些木制的雕像是由一位名为恩甘加的宗教仪式专家雕刻而成。右图中所示的雕像是在1880年至1920年间制造的，它腹部的一个洞内会填满草药等物品，这被称为比隆加，被认为是有益于治疗疾病或缓解不适。这些草药很重要，可以让基西的力量聚集于雕像头部内，或是在腹部的洞内，聚集后要用镜子密封。宗教雕刻专家会先把神灵或先祖“请”到雕像上，然后操纵基西来满足主人的愿望，例如，治愈那些生病或受伤的人，或寻找和惩罚带来不幸的恶人。

但为什么右图中的雕像上钉满了钉子？这是因为人们创造了不同类型的雕像，用于多种目的。这种雕像被称为“nkondi”，翻译为“猎人”，是用来寻找和惩罚那些给别人带来不幸或伤害的人。为了激活这种能力，人们会将钉子钉进它的身体或头部。左页图中的雕像是赤裸的，这表示它被用于仁慈的目的。然而，这个雕像与其他“猎人”雕像放在了一起，所以也许它也是个“猎人”雕像，制造出来后还没派上用场就被博物馆收走了。

图中的这些雕像由于未在内部放置所需草药，所以都被视为空容器。不过，它们体现了使用者的希望和不满，或者他们希望能对抗未知威胁的想法。

# 雕刻着星座的轮盘

**医生们曾经使用一种可移动式铜轮盘来判断月亮位于哪个星座。**

在过去，这种轮盘能帮助医生计算出月亮的盈亏和位置。当时的人们认为，每一个星座都对应着某个特定身体部位，当月亮位于某个星座时，不利于对相应的身体部位进行治疗。星座和身体之间的联系记录在轮盘的背面。从古代到 18 世纪，那时的医学理论认为人体与周围的世界有着密切的联系。构成世界的四种元素（土、空气、水和火）也被认为构成了人体，同样，四种体液（黏液、血液、黄胆汁和黑胆汁）也在整个世界和个体中不断变化。

月份的名称和星座的图案被雕刻在轮盘的外周。在使用它时，使用者要将刻度盘要移动到计划治病的日期。刻度盘能够显示在将来的某个特定时刻月亮将要处于哪个星座。

轮盘的背面也有着丰富的图案（见左图）。在中心柱的左边是一个黄道十二宫人，代表着天体对人体的影响。十二宫星座刻在赤裸的男性形象上，他的双臂上刻着双子座，脚上刻着双鱼座，生殖器上刻着天蝎座。在柱子的右边有一个医生，他拿着一个用来放血的带角的杯子，还有一个可能溶有药的饮水容器。医生旁边是象征着古罗马天文学家克罗狄斯·托勒密的奇特雕刻人物。由于关于埃及托勒密王朝的历史记载并不清晰，很多人认为托勒密其实是一位国王，而在轮盘中我们看到他穿着早期的盔甲。铜盘外周的数字和字母可以用来计算复活节和很多宴会的日期。

在古代西方，很多手稿和书籍中夹藏着用纸和羊皮卷制成的轮盘图，但金属材料的轮盘要稀有得多，金属轮盘不仅让练习变得更方便，而且还可以作为使用者医疗地位和学术权威的象征。

用于计算合适治病时机（如放血）的铜轮盘，1583 年

左页图：轮盘的背面雕刻着丰富的图案

# 男性躯体雕像祭品

**古罗马的人会向上帝供奉祭品，祭品大多是用黄铜或黏土制成的人类躯体雕像，以此祈求健康。**

这是个雕塑吗？或者是人体结构模型？这种近乎真人大小的黏土人类躯体雕像（见右页图）实际上是2000年前古罗马人的祭品，是一种献给神的礼物，用于向神请求从疾病或事故中顺利康复，或在康复后向神表达感恩。从胸骨直到上腹部的泪滴状开口中雕刻了内脏器官，这可能是动物的器官，因为在古罗马，人体解剖被认为是禁忌。该雕像躯干上仍然留着用来装饰的鲜红颜料的痕迹。

伦敦科学博物馆收藏了800多件这种人类躯体雕像，它们都是用当地黏土制作的。考古学家认为，它们是由朝圣者存放在古希腊和古罗马圣地的，以表达对疾病痊愈的感恩，或请神帮助自己缓解身体上的痛苦。宗教信徒们认为，聚集在一起会产生一种震撼和让人心颤的感觉，这样他们就可以提醒自己，他们在对抗疾病时绝非孤军奋战，并且他们也能通过目睹他人的康复而受到鼓舞。

关于这些雕像的历史并不复杂，至于它们曾经的主人为何抛弃了这些雕像，学者们众说纷纭。只有少数雕像有着象征着疾病的标记，某些部位（如眼睛和耳朵等）可能兼有器官本身的意义以及象征性意义。有些雕像可能象征着其主人的视觉和听觉有问题，有些雕像存在的目的可能是祈求神能看到病人的痛苦，并聆听他们的祈祷。同样，雕像中腿和脚的部位可能是为了感谢神保佑某人完成了一段漫长的旅途，与疾病或受伤并无关系。据说，右页图中这个躯体雕像是从罗马郊区的伊索拉法尔内塞挖掘出来的，而这种雕像是古罗马文明所独有的。当时的人们认为这种规格的祭品是一笔能换来丰厚回报的投入，供奉这种祭品的人可能患有消化系统疾病或其他常见病症。

今天，在许多文化和信仰中，献祭的传统仍然存在。在世界各地的基督教教堂，特别是在南欧和其他信奉天主教的地方，人们依然可以发现很多祭坛上摆放着各类祭品。虽然现代社会中的祭品通常是由金属薄板或蜡制成的，但其用途与古时的用途基本相同。人类对健康的渴望确实是一个永恒的命题。

这个男性躯体雕像是一种祭品，躯体中间位置雕刻了器官，发现于罗马的伊索拉法尔内塞，时间为公元前 200 年至公元 200 年

左页图：伦敦科学博物馆中展藏的人体头部祭品

# 来自希腊埃皮达鲁斯遗址的泉水

全世界很多宗教中都有这样一种信仰，饮用圣水或用圣水沐浴能提供很强的治愈作用。

约翰斯顿－森特上尉曾经用他手中的一个依云玻璃水瓶，从希腊埃皮达鲁斯遗址的阿斯克勒庇俄斯神庙的泉里取水。此处在公元700年被废弃，在19世纪末和20世纪初成为一个受欢迎的旅游景点。1930年，约翰斯顿－森特上尉作为一名游客来到了这里。他对埃皮达鲁斯遗址的神庙非常感兴趣，因为这座神庙与古希腊和古罗马的医神阿斯克勒庇俄斯有关。约翰斯顿－森特上尉指出，埃皮达鲁斯遗址内坐落着关于阿斯克勒庇俄斯的神庙，其他地方神庙的起源都能追溯到这里。在专门供奉阿斯克勒庇俄斯的神庙里，患有疾病的人会经历一个被称为“孵化”的过程。古希腊人认为，当病人睡觉的时候，阿斯克勒庇俄斯或他的女儿帕那刻亚和许革亚会看望和治愈病人。如果你在梦中看到了某些场景，阿斯克勒庇俄斯神庙的神父可以解释梦境并提供治疗建议。到访的病人在睡前要用附近的泉水沐浴。在约翰斯顿－森特上尉的时代，上述习俗已经消失了，但他指出，当地人仍然会来到这里借助泉水治疗风湿病。

约翰斯顿－森特上尉是帮助亨利·惠康实现医学物品收藏的经纪人之一，这些收藏中最重要的一部分由英国惠康基金会长期租借给了伦敦科学博物馆。他详细记录了自己为雇主惠康工作的过程，而他的雇主对收藏有着极大的兴趣。医学收藏让人联想到解剖标本和手术器械，而惠康的雄心壮志是收集与人类的生和死、健康和疾病相关的全部见证物品，包括全球各地的宗教医学故事。惠康是一位制药企业家，1888年他与别人共同创立了伯勒斯惠康公司，并建立了惠康博物馆来展示他不断增加的收藏。约翰斯顿－森特上尉曾代表惠康不远万里去寻宝，后来他在伦敦的惠康博物馆开始了长达27年的固定管理工作，直到1947年退休。

约翰斯顿－森特上尉收集了欧洲各地的水，包括法国的圣地和卢尔德。他的许多收藏品都是购买的纪念品，就像今天你能在世界各地买到甚至网购得来的纪念品一样。尽管1930年约翰斯顿－森特上尉收集的水可能与古希腊和古罗马人来这里朝圣时遇到的水不同，但他们的信仰记忆被保留在这个瓶子中了。

这个瓶子最初装的是依云饮用水，约翰斯顿－森特上尉用此瓶装了从希腊埃皮达鲁斯遗址的阿斯克勒庇俄斯神庙的泉里取的水，1930 年

左页图：希腊埃皮达鲁斯遗址的阿斯克勒庇俄斯神庙模型，制作于约翰斯顿－森特上尉游览这里之后，1936 年

玉兔根付，来自日本，1701—1900 年

# 以玉兔为主题的根付

**根付是由牙或骨等材料精心雕刻而成的日本装饰品，通常代表与信仰有关的形象。**

左页图中的玉兔正在用对它来说超大的杵和臼研磨原料。这件装饰品的高度不到 4 厘米，由一根象牙雕刻而成，被称为根付（Netsuke）。这个词来自日语，“ne”表示“根部”，“tsuke”表示“附着”。Netsuke 的发音类似于英语中的“net skey”，它用于在日本传统服饰和服的肩带或宽腰带上悬挂提物（如药箱和烟草袋）。每个根付的底部都有两个小孔，可以让挂绳穿入其中。

伦敦科学博物馆收藏了 200 多个根付，它们的类别包括动物、神、人等。每一个根付都是视觉盛宴，因为其中的精致细节值得人反复鉴赏。从 17 世纪开始，根付在日本就很流行；在 19 世纪中叶，它引起了欧洲收藏家的兴趣。在伦敦科学博物馆内，根付藏品可能看起来与科学、技术、工程和医学关系不大。事实上，博物馆内的医学收藏品来自制药企业家亨利・惠康，他致力于收集全球与健康、疾病、生命和死亡相关的物品。惠康的眼光是前所未有的，但他并非唯一在日本或其他地方的拍卖会上收藏根付的人，英国大多数博物馆都收藏了这种装饰品。收藏根付可能是为了展示杵和臼的形象，并表现它与医药生产的联系，而惠康正是靠着医药制造发家致富的。

如果说收藏根付有另一个意义的话，那可能是为了展示信仰，这是伦敦科学博物馆医学收藏的另一种目的。在中国和日本，兔子是十二生肖之一，在亚洲、非洲和欧洲的典故中都有兔子作为月球信使的故事。有人认为，这个根付展示的意象是“月亮上的兔子”，它正在用杵和臼研磨长生不老药。

这个根付是一个博物馆管理员的最爱，因为它具备独特的艺术性，能引申出更多的故事。虽然我们不知道制作人的初衷，但每一位鉴赏这种微雕的人都可能将自己的故事带入作品中，进而创造出自己的故事，而这种经历会继续激励我们。

伦敦科学博物馆收藏的根付

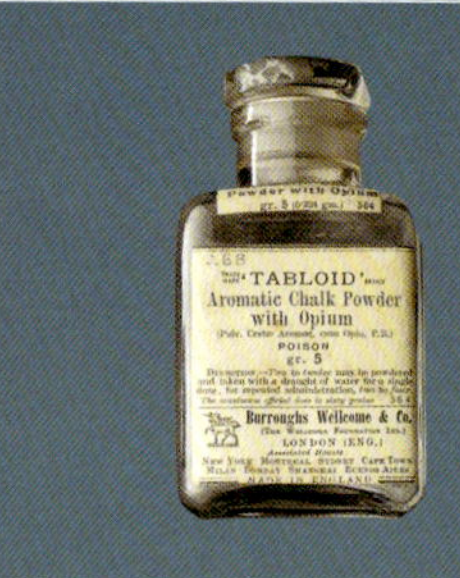
Powder with Opium
'TABLOID'
Aromatic Chalk Powder
with Opium
POISON
gr. 5
Burroughs Wellcome & Co.
LONDON (ENG.)

PENICILLIUM MOULD
FROM PROFESSOR
ALEXANDER FLEMING

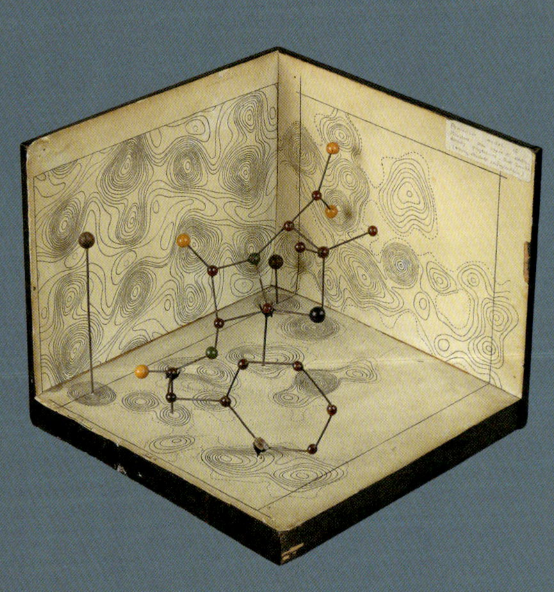

# 八

# 药物与药店

从某种方面来说，能治愈疾病的药片和药剂是我们所理解的医学的核心要素。以植物或动物为基础的产品、人工制造的化学物质都会在人体内进行反应，产物可能是温和的，也可能是有毒性的。人们家中的药柜有着复杂的历史。尽管药物在减少疼痛、防止感染和辅助生育方面造福了人类，但对药物的误用和滥用存在着害处，对很多药物的成瘾性会产生致命后果。药物也是医疗商业的基石，在过去的很长一段时间里，药剂师在自己的商店里销售产品，如今，商业街的药店货架上的药物往往由大型制药公司研发和销售。

# 药房里的细颈瓶

**努力工作的药剂师会在药店橱窗里的玻璃细颈瓶内装满颜色鲜艳的溶液，以吸引来来往往的行人。**

如果你不识字，怎么找药店？在很多药店的橱窗里，会摆放装有颜色鲜艳的溶液的玻璃细颈瓶，向路人表明这是他们可以买到药品的地方。在 17 世纪到 20 世纪的英语国家，细颈瓶是药店的同义词。

药店的橱窗曾经被用作一种宣传平台，玻璃后面的橱架上放满了药店要售卖的各种产品。在店里，壁架上排列着装满各种草药、香料、粉末和药丸的罐子。液体药品存放在玻璃瓶中，有些瓶子呈隆起状，表明里面的东西有毒。很多药店用的其他器皿和上述的细颈瓶一样，既有装饰作用，又有实用功能。

与今天不同的是，配药师和药剂师之间的关系并不和谐。从某些方面来说药剂师是现代普通医生的前身，药剂师向病人收取看病费用，然后直接开处方并把药卖给病人，绕过了配药师的环节。然而，配药师在每次交易时都会提供免费的医疗建议，因此他们会与药剂师争夺顾客。1617 年，一个名为“药剂师荣誉协会”的机构成立了，药剂师们为了获得资质证明，必须接受学徒制培训。渐渐地，药剂师们不再卖药，仅为病人诊断和开药。随着处方开具和配药之间的区分越来越大，现代药房的分工应运而生。

与药剂师不同的是，直到 1841 年配药师的管理机构——英国配药师协会成立，配药师才开始能够接受正式培训或成为学徒。配药师们曾经因为销售各种非药品产品被称为“江湖郎中”，而在之后的很多年里，他们一直在努力摆脱这种负面形象。英国配药师协会的成立促使配药这一行业变得正规，配药师们开始拥有全国通用的从业资质和会员身份，能合法地为病人提供医学建议，这在一定程度上挽回了他们的声誉。后来，英国 1868 年《药局法》的出台使得只有配药师和药材商能合法出售药物和毒性物质。最终，配药师和全科医生之间的职权划分变得很清晰，如今，他们携起手来一起为人们提供一线的健康保障。

右页图中的这件物品可能生产于 19 世

纪早期，英国惠康基金会于 1962 年购买了它。它只是从伦敦肯辛顿的泰勒药房中收集到的众多物品之一，诺曼·福德·泰勒是泰勒药房的前任主人。现如今细颈瓶很少被使用，但它记录了早期的药房是如何面向大多数不识字的民众做广告宣传和进行交易的。

伦敦药房里的一个细颈瓶，1840—1890 年

左页图：一幅漫画中出现了一位配药师、一个学徒以及一位顾客，同时药房的橱窗里也摆放着装有颜色鲜艳的溶液的细颈瓶，1825 年

亚历山大·弗莱明赠送给道格拉斯·麦克劳德的青霉菌样品，1935 年

右页图：德国拜耳公司生产的百浪多息的免费样品，药物被放置于安瓿瓶内，1936—1940 年

# 青霉菌

## 亚历山大·弗莱明把青霉菌的样品作为礼物送给了他的朋友道格拉斯·麦克劳德。

青霉素的研发始于1928年某个实验室人员的好奇心。15年后，它被誉为神奇的药物，因为使用抗生素被证明是对付感染的一种有效方法。在此期间，人们进行了许多研究，它的故事也被多次改写。左页图中这个物品记录了医学界对青霉素潜力认识的一个重要转变。

在英国帕丁顿的圣玛丽医院的一个实验室里，英国细菌学家亚历山大·弗莱明第一次观察到青霉菌渗出的液体影响了细菌。之后，他研究了所观察到的结果的潜在意义。然而，在当时，人们以为医学发展的趋势是研究如何提高人体的免疫力，而不是寻找新药。弗莱明的老板是这种思潮的主要倡导者，而有奇效的药物被普遍认为是骗子医生的手段。

1935年，在犹豫了很久之后，德国拜耳公司公布了它的第一种磺胺类药物百浪多息（Prontosil），其医学总监于10月份在伦敦进行了一次汇报。他宣布这是细菌性疾病治疗领域取得的第一次真正成功，为其他相关药物的研发带来了广阔的前景。亚历山大·弗莱明出席了讲座，他还邀请了妇科医生道格拉斯·麦克劳德，麦克劳德既是他的同事又是他的朋友。法国传记作家安德烈·莫洛亚在著作《亚历山大·弗莱明阁下的一生》中提到在演讲快结束时，弗莱明转向他的朋友说，“我有比百浪多息更好的东西，但没有人会相信我”。弗莱明随后邀请麦克劳德通过显微镜观察了一些青霉菌的孢子。后来，麦克劳德的家人把那个玻片和珍贵的样品固定在一个黄铜容器中，20世纪末，这件东西被伦敦科学博物馆购入。

弗莱明本人几乎没有对青霉素做进一步的研究，但百浪多息的成功无疑改变了人们对药物治疗的态度。1939年百浪多息抗菌作用的发现者被授予诺贝尔生理学或医学奖，在这一年，人们也在研发一些其他的新产品和新技术。牛津大学的研究人员重新开始研究青霉素，尽管这项工作最初是作为基础科学研究进行的，但很快发展为一种对新特效药的探索。弗莱明在1935年的探索和这一珍贵的青霉菌礼物似乎能预示后来青霉素的大发展。

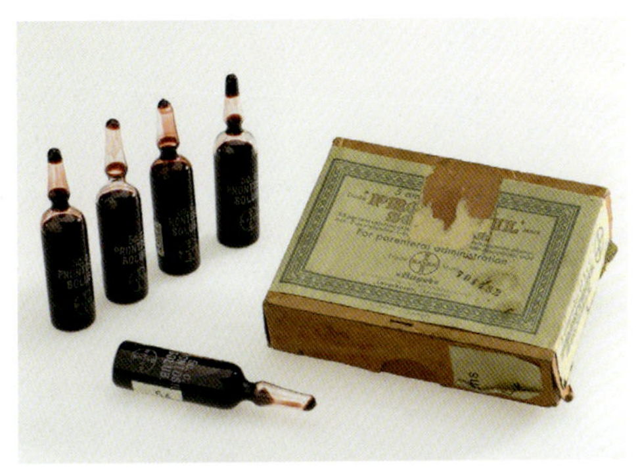

# 转基因母羊特蕾西

**特蕾西是世界上第一个把人和动物的基因融合在一起的例子，人类能利用它的乳汁生产一种人类所需的蛋白质。**

人与动物的杂交曾经是神话和科幻小说的内容，如今两者的基因融合已经成为现实。特蕾西是一只转基因母羊，英国一家医药公司通过将人类 DNA 注入绵羊胚胎的方式对特蕾西进行了基因改造，从而让其乳汁中能产生 α-1- 抗胰蛋白酶。这种糖蛋白能控制一种导致肺损伤的酶，这为治疗囊性纤维化和肺气肿提供了更多希望。特蕾西出生于 1990 年，其寿命为 7 年，于苏格兰的罗斯林研究所诞生，也就是后来克隆羊多莉的出生地。她通过生育后代，把自己的基因传给了后代，后代也继承了改造后的奇特基因。让人高兴的是，她和她后代的乳汁能为推进医学进步和疾病治疗提供原料。特蕾西的尸体被伦敦科学博物馆收藏，工作人员将其剥离内脏后制成标本，以纪念历史上的这一页。

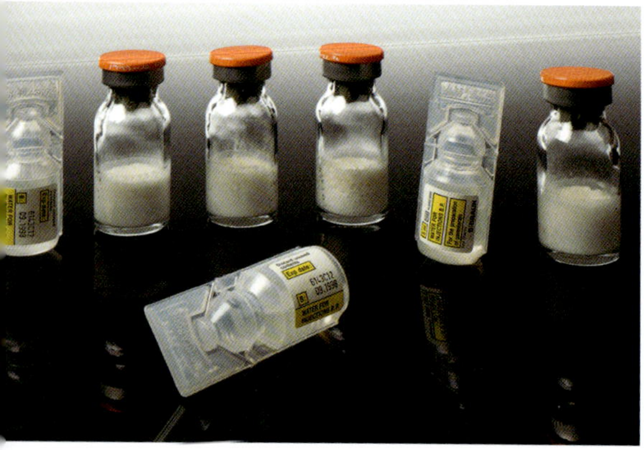

曾经被视为极端性研究的动物基因工程如今已在医学领域中得到广泛应用，而生物技术本身已然发展为成熟的产业。人类已经利用从转基因山羊奶中提取的蛛丝蛋白生产出高强度的生物钢。还有很多其他转基因动物的例子，比如在紫外线下发出荧光绿的生物、作为研究模型的易患癌症的老鼠，人们甚至利用免疫排斥较低的转基因猪的器官来给人类做器官移植手术。

虽然在某些情况下，这种“医学”做法能增加我们对人类健康的了解，并为对抗疾病提供更多希望，但它也带来了很多围绕操纵生命的伦理争论。争论主要涉及动物的生命权利，以及人类为自身利益而“虐待”动物。人类是否能够干涉动物的躯体来满足自己的需要？医学的进步是否让对动物躯体的功利性使用更加名正言顺？当人类和动物的躯体以这种方式融合在一起时，会产生何种不确定身份呢？

这些问题没有固定的答案，道德辩论将会一直激烈地进行。但有一点是肯定的，在动物实验被广泛用于科学和医学的情况下，当我们以动物为实验对象时，无疑需要以关爱、尊重和有责任感的态度来对待它们。

α-1- 抗胰蛋白酶样本，1998 年

人们通过剥离特蕾西的内脏器官并制成标本，保存了这只转基因母羊的尸体，1997 年

# 第一种口服避孕药

**避孕药的出现为女性创造了前所未有的自由，给予她们自主控制生育的权利。**

口服避孕药片，简称避孕药，是西方社会许多女性日常生活的一部分，然而这种小小的药片却有着巨大的影响。

尽管英国人已经进行了几个世纪的各种形式的避孕，但直到 1921 年，随着第一家避孕诊所的建立，妇女才能够寻求避孕建议。以前，许多妇女不得不采用不可靠的，甚至是危险的妊娠终止方法。关于避孕药研发的第一次社会讨论发生在 20 世纪 30 年代大萧条之后的美国，由于当时美国出现全国范围的普遍贫困，人们希望通过避孕药来控制家庭新生儿数量，提高每个孩子的生活质量。

1960 年 5 月 9 日，美国食品药品监督管理局（FDA）批准生产安无妊，即世界上第一种避孕药。产品的横空出世离不开很多人的共同努力，美国生物学家格雷戈里·平卡斯博士验证了安无妊的避孕有效性，他证明了雌激素和黄体酮的结合能抑制排卵。次年，这种避孕药在英国推出时只向已婚妇女提供，但 1967 年法律放宽了使用人群范围。到 1974 年，所有年龄段的女性，不论是否已婚，都能通过英国国家医疗服务体系免费享受到各类避孕建议和处方。

这种革命性的药片赋予妇女掌控自己生育的权利，极大地促进了妇女解放和“摇摆的 60 年代”的性自由。在避孕药问世之前，西方女性可能也享受了许多妇女权利，但当女性忽然发现自己怀孕时，现实情况就会大不相同。妇女现在可以选择何时生育，不用再因担心怀孕的后果而惴惴不安。

但不是所有人都支持这种避孕药。许多人认为它鼓励滥交，一些宗教团体甚至把它与堕胎画等号。长期服用避孕药也会增加患血栓、癌症和抑郁症等疾病的风险，不过，口服避孕药仍然是世界范围内最常用的处方药之一。安无妊这种药物于 1988 年停止使用。避孕药问世的几十年来，人们不断地提升它的安全性，尽管这种小小的避孕药片仍然饱受争议，但人们无法否认它已经并会继续影响女性的生活。

安无妊，由西尔制药公司（G.D. Searle & Co.）生产，20 世纪 60 年代早期

左页图：制药厂女工正在对避孕药进行打包装盒，1965 年

朱斯蒂尼亚尼家族药箱，1562—1566 年

右页图：药箱中的部分物品，包括一个装“独角兽角”的小盒子、一个杵和研钵以及一套天平

# 朱斯蒂尼亚尼家族药箱

**大多数家庭都有药箱，不过，朱斯蒂尼亚尼家族的家庭药箱就像艺术品一样精致。**

对于朱斯蒂尼亚尼一家来说，这个好看的箱子（见左页图）是他们的第一道健康防线。这个很像我们家中急救箱的装饰华丽的药箱里的东西能帮我们对一个 16 世纪的意大利家庭的医疗状况有个初步的认识。文森佐·朱斯蒂尼亚尼是爱琴海东部的希俄斯岛的最后一位热那亚总督。他从 1562 年开始统治希俄斯，直到 1566 年土耳其人结束了热那亚人在这里两个世纪的统治。这个药箱一直保存于朱斯蒂尼亚尼的家族中，直到 1924 年亨利·惠康的一位经纪人买下了它。惠康试图建立一个关于人类健康的全部历史的收藏库。自从 20 世纪 70 年代后期惠康的一些重要藏品被借出以来，这个药箱一直是伦敦科学博物馆医学藏品中的一个亮点。

富裕到能买得起如此豪华和独特的物品，这说明了这家人很可能有自己的家庭医生。工具里面包括小型的杵、研钵和天平，说明医生可以根据需求来控制剂量。整个盒子是专门定做的，127 个药瓶和药盒在这个药箱的三层抽屉里都有属于自己的空间。有些瓶中的内容物一直是个谜，可能是因为它们的标签模糊了，也可能因为容器被清空了。有些瓶子的标签是用意大利语标注的，给人以既熟悉又奇特的感觉。这个药箱中准备好了治疗伤口、牙齿疾病和痔疮的方法，以及芥末油、肉桂、大黄和“独角兽角”等药材。

“独角兽角”通常是雄性独角鲸（一种鲸鱼）的长牙齿，可磨成粉后入药，人们认为它有药用价值。大黄粉能帮助治愈胃、肺和肝脏方面的疾病，现在更作为一种食材为人们所熟悉。朱斯蒂尼亚尼家族还与当时在美洲拥有殖民地的西班牙人进行贸易，购入了从所谓的“新世界”运来的新药品和植物。当时的人们认为，俗称“泻药”的墨西哥麦克肯的根部可以清除体内多余的液体，而磨碎的愈疮木是治疗梅毒的珍贵药材。

# 药剂师荣誉协会的制药瓦片

**药剂师们曾经把药物与蜜或甘草混合，然后放在陶制的瓦片上揉捏，以制造剂量尽可能精确的药片。**

药片生产过程中，瓦片起什么作用呢？答案是药剂师用这种瓦片（见右页图）为顾客准备药片。他们将多种药物混合在一起，然后将其加入糖或甘草溶液中，制成一种黏稠、柔软的物质。之后，药剂师把它放在瓦片上，卷成一个长长的香肠形状，然后根据服用者所需剂量将其切割成合适的大小和形状。虽然今天我们服用的药片在形状和药物含量上都是标准化的，但手工制作的药丸很难完全规范，所以其剂量往往不可靠。

这个制药瓦片是一个特别有趣的物品。它被刻在了药剂师荣誉协会的徽章上，象征着该协会的会员资格及其持有者的职业地位。这个协会成立于1617年，所以人们认为这个瓦片可以追溯到17世纪早期。协会的徽章绘有古希腊的光明、音乐和疗愈之神阿波罗，他被两只独角兽和一只犀牛包围，而犀牛的角被认为具有治疗作用。这块瓦片展示的是阿波罗战胜瘟疫的场景，而一条双足飞龙代表了瘟疫本身，它是一种传说中的生物，有着龙的头部和翅膀，还有一个爬行动物的身体。这上面还标注了一句拉丁格言，意思是“我被称为天下的援助使者”。

在更早的时期，药剂师曾经都在杂货商荣誉商会的管辖下，该商会的前身是1180年成立的胡椒商行会。这一职业有着复杂而漫长的历史，但直到詹姆斯一世授予他们皇家特许状，他们才与杂货商荣誉商会分道扬镳，至此药物交易才与其他贸易区别开来。1704年，药剂师获得了行医的权利。1815年英国颁布的《药剂师法》把对行医的许可和管理权力授予了药剂师荣誉协会。

如今，英国药剂师荣誉协会仍然存在，它变为一个专门的医疗资格审查机构，同时负责保管与英国医生条例有关的遗物和文件。随着新技术的发展，这种制药瓦片已经没有了用处，人们已经能大规模生产形状和剂量标准化的药物。现在，它们成了药片制造工艺和药房内部装饰的历史纪念物。

药剂师荣誉协会的制药瓦片，17 世纪早期

左页图：关于一位药剂师的图画，画中含有标志性的工具，包括药片、药瓶、刀具和药壶，1830 年

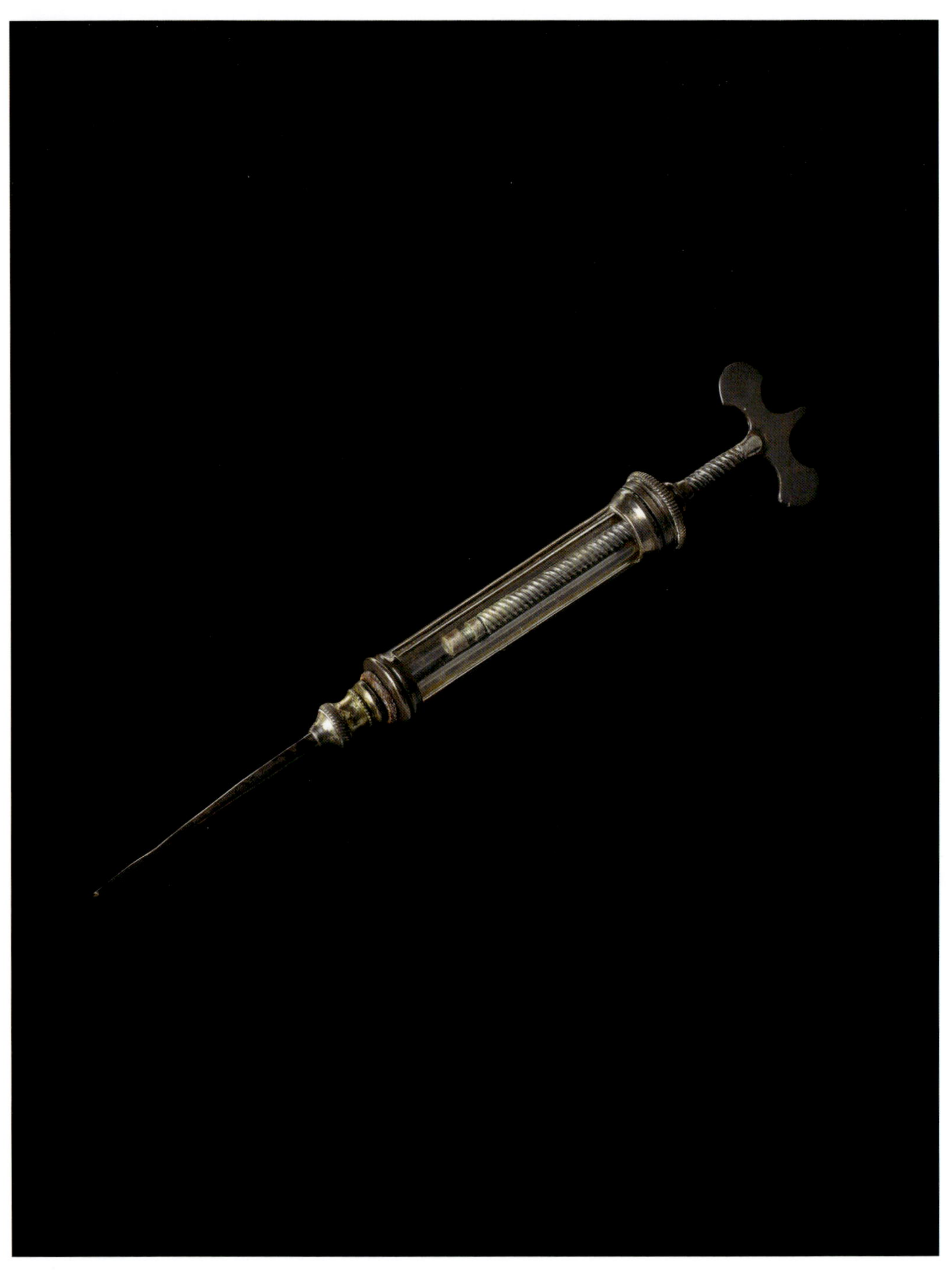

螺钉式皮下注射器，1851—1890 年

右页图：儿童疫苗注射是现代医学中皮下注射器的众多用途之一。这幅图来自一本名为《疫苗》的小册子，这本小册子流行于 20 世纪 80 年代

# 皮下注射器

**皮下注射器能把药物直接注射到皮肤下，以确保快速的化学反应。**

你最早的去看医生的记忆是什么？可能是扎针的时候疼得哇一声喊出来吧！当人们使用皮下注射器时，会向体内注射药物或从体内提取液体。它们被用于许多最常见和常规的医疗程序当中，包括献血、给儿童接种疫苗和各种疾病治疗。

向体内注射药物的想法起源于古希腊和古罗马医学。然而，直到 17 世纪，英国建筑师和解剖学家克里斯托弗·雷恩才开始用中空的鹅羽毛管向狗的体内注射药物。这种不成功的实验使注射的方法在几十年内并不受欢迎。在 19 世纪 50 年代，法国兽医查尔斯·加布里埃尔·普拉瓦兹和苏格兰医生亚历山大·伍德发明了一种带有空心针管的新型注射器，它的针头足够细，可以穿透皮肤。注射针筒最初是由金属制成的，但到 1866 年，它们开始由玻璃制造，这使医生能够实时看到针筒内的药物量。左页图中所示的针头和注射器是银制的，针筒是由玻璃制的。现代的注射器是通过柱塞进行注射的，与此不同的是，左页图中这种注射器是通过转动顶部的螺钉注入液体。这个任务比较棘手，有很高的难度，需要熟练的操作人员来进行。法国外科器械制造家马修的名字与该注射器联系到了一起。当时，皮下注射针头开始被大规模生产，但可通过注射释放的药物却很少。

20 世纪，皮下注射器的使用发生了变化。1921 年胰岛素的发现及其在糖尿病治疗中的应用首先促进了这种变化。后来，在第二次世界大战期间，在战场上用于注射青霉素的一次性注射器开始普及。1956 年，新西兰药剂师科林·默多克发明了一次性塑料注射器。

皮下注射器在现代医学中无处不在，它象征着可用于预防和治疗疾病的各种药物和疫苗。然而，自皮下注射器被发明以来，它与医学污染和毒品成瘾也有了关系。在伍德试验了用于抑制神经痛的止痛药后，他和他的妻子开始对注射吗啡上瘾。显然，这个伟大的医学成就也有着不光彩的一面。

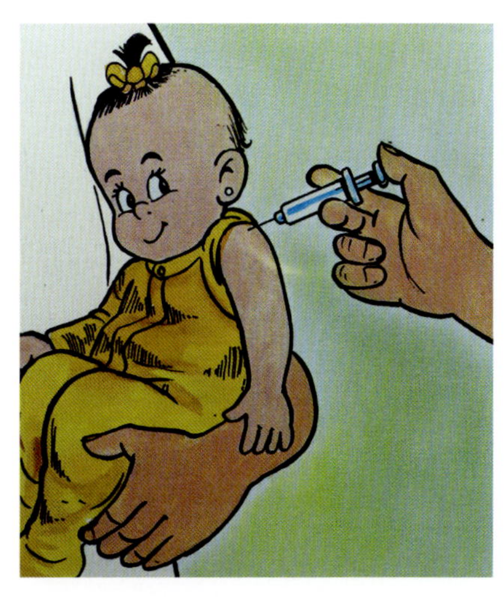

# 青霉素的分子模型

## 多罗西·克劳夫特·霍奇金在她大多数工作时间里都在研究胰岛素和青霉素。

从近百年前，英国细菌学家亚历山大·弗莱明发现一种青霉菌能杀死细菌，到如今人类仍然在使用青霉素，其间化学家对通过青霉菌生产的初级产品进行改良，增强了其广谱抗菌性，使其使用起来也更方便。青霉素的一些变异菌株甚至能抑制对大多数抗菌药物呈现耐药性的细菌，不过，如今医生们正在遇到越来越多已经进化成对所有抗生素都有耐药性的细菌。

我们能够改造青霉素的原始内部结构，这是因为青霉素在投入使用后不久就被解码了。几位英国科学家以及物理学家约翰·德斯蒙德·贝尔纳在这一领域起到了巨大的推动作用。人类已经能利用X射线从内部晶体的反射来确定复杂化学物质的结构，而上述几位科学家正是这方面的世界顶尖研究者。

牛津大学的英国女化学家多罗西·克劳夫特·霍奇金是贝尔纳的学生，她一生的大部分时间都在研究胰岛素的分子结构，而胰岛素是一种用来治疗糖尿病的化学物质。相比之下，对青霉素这种小分子的研究要更容易一些。在第二次世界大战期间，霍奇金获得了一些新产品并研究了其结构。几年后，她的研究取得了成功，并制作了右页图中所示的模型。她的研究不仅建立在理论和实验之上，更建立在超高的信息处理技术之上。

英国医学研究委员会中负责为她提供科研拨款的官员震惊地发现，购买叫作“制表机”的大型电子计算机的成本，实际上比她在实验室的工作成本还要高。霍奇金工作积极性很高，因为她相信如果青霉素的分子结构能被研究出来，那么研究人员就可以在实验室里合成这种药物。在这项实验过程中，使用合成抗生素的性价比相对于使用自然青霉菌来说是更低的。

霍奇金通过X射线结晶学解码了一些复杂化学物质的结构，她因此而世界闻名。除了青霉素和胰岛素外，她还因在维生素

$B_{12}$ 领域的研究而闻名。她和她的同事所做的工作也启发了在 1951 年英国节上被广泛使用的设计。然而，作为一名“二战”后牛津大学的女科学家，她也面临着很多困境，直到 1960 年她才晋升为教授。不过，四年后她获得了诺贝尔化学奖，成为首位获得科学类诺贝尔奖的英国女性。

多罗西 · 克劳夫特 · 霍奇金在英国制作的青霉素分子模型，1945 年

左页图：多罗西 · 克劳夫特 · 霍奇金正在举着她的青霉素分子模型，20 世纪 40 年代

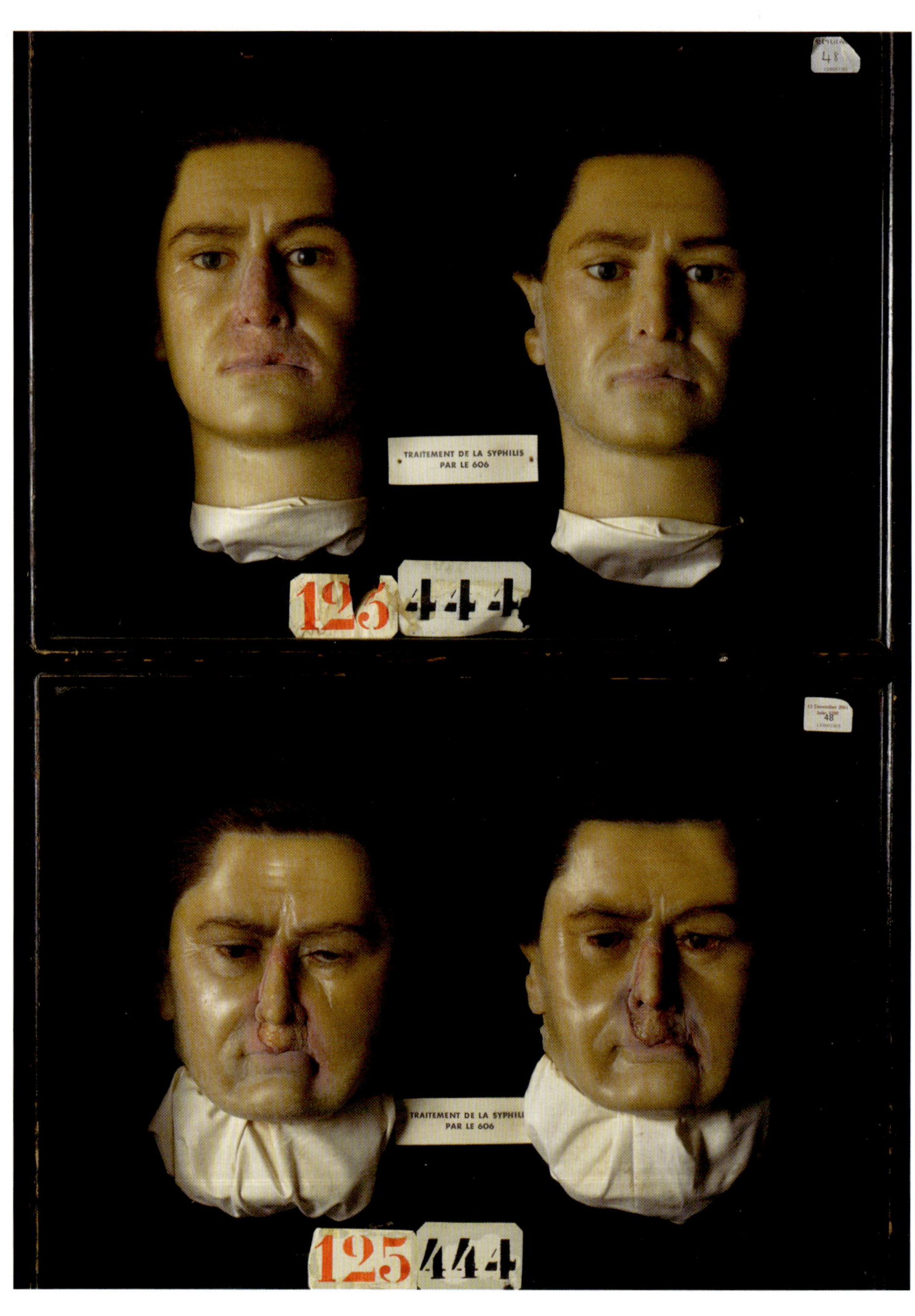


四个人头蜡像展示了梅毒给人带来的变化以及不同的治疗阶段，1910—1920 年

右页图：用于治疗梅毒的胂凡纳明 606 药物盒，1912 年

# 展示梅毒治疗方案的蜡像

**瑞士艺术家莱昂斯·希夫曼用这些蜡像展示梅毒的影响，这是他生理蜡像巡回展览的一部分。**

疾病相关信息的传播方式影响公众对健康和疾病的理解。梅毒是一种传播方式为性传播和母婴传播的传染性疾病，人们通过制作左页图中这些吓人的人头蜡像来展示砷凡纳明 606 是一种有效的梅毒治疗药物。

在 1909 年至 1912 年间，德国科学家保罗·埃尔利希和日本细菌学者秦佐八郎研制了这种能治疗梅毒的药物砷凡纳明 606。埃尔利希称他的药物为“魔术子弹”，因为这种药物能够在不伤害身体其他部位的情况下，定位并杀死特定的致病细菌。然而，该药无法当场生效，患者需要经历多次痛苦的注射。此外，它是一种砷基化合物，因此对人类有一定的毒性。在之前的五个多世纪里，梅毒曾经给无数成人和儿童带来了巨大的痛苦，而砷凡纳明 606 尽管有缺点，却是当时研制出的治疗梅毒最有效的药物。

这些外观病态而诡异的人头蜡像是 20 世纪初在德国制造的，从几个世纪前开始，欧洲人就有通过制作蜡像来向公众展示的习惯。制作这些蜡像的目的是向普通民众普及关于解剖学和疾病的知识，但它们兼有娱乐性的设计特点，目的是能卖得更好。制作完成后不久，来自瑞士的艺术家莱昂斯·希夫曼购买了这些蜡像，将其纳入名为“生命奇迹”的生理蜡像巡回展览中。希夫曼去世后，他的藏品到了莉莉·宾达和威廉·博纳尔多手中，后来两人举办了名为“怪人秀”的巡回展览。那是一种展示生理或躯体状况异常的人类或其他动物模型的展览，而到了 20 世纪 60 年代这种展览在欧洲被宣布为非法。

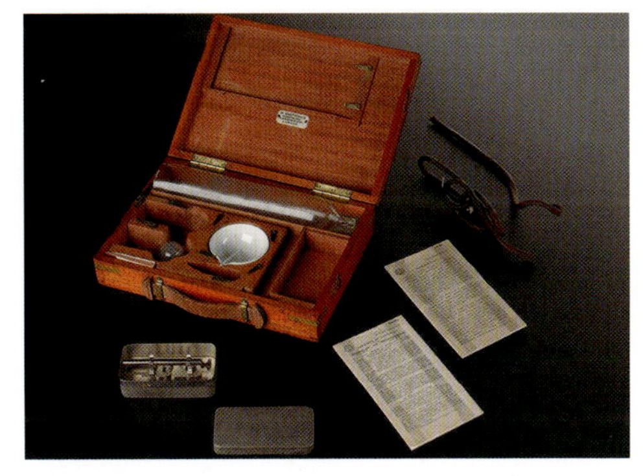

在 20 世纪早期，这些人头蜡像反映和促进了梅毒和性传播疾病的知识普及，当时，梅毒与思想和道德的堕落联系了起来。左页图中的三张脸庞充分展示了病人的痛苦，让人感觉他们就像被诅咒的弃儿一样可怜。一张脸庞则反映了幸福的结局，即病人痊愈了。他脸庞干净，看起来很沉着，好像准备好了回归正常生活。这些梅毒患者的蜡像被放到露天广场和巡回展览上，警示人们当心性行为的风险。

# TABLOID 鸦片粉

**作为一种从罂粟种子中提取的毒品，鸦片的强效麻醉性成分具有高度的成瘾性。**

鸦片是从罂粟籽中提取出来的，在16世纪之前的几百年里，亚洲人曾经把它作为一种药物使用，在16世纪新的贸易商路建立后，它才传到西方。在1788年出版的《药典》(*Pharmacopoeia*)中，止痛液态鸦片作为一种全新的药物出现了，这种强大的麻醉剂很快就大受欢迎。到了19世纪20年代，鸦片的化学版本吗啡（以希腊梦之神的名字命名）已经在市场上出售，有的是在柜台上进行销售，有的则作为受医生欢迎的处方，用来"治疗"失眠和发烧。英国最早的大型制药公司之一的伯勒斯惠康公司制造和销售了不同类型的鸦片。右页图中所示的瓶子是1938年的，里面曾经装着芳香的鸦片粉，它曾经是所有便携式药箱中用来治疗痢疾和腹泻的备用药。

对痛苦减少的渴望是人类最强烈的生理欲望之一。但是，当止痛药具有强烈的成瘾性时，生理上和情感上的依赖会让药物对使用者产生巨大的控制力。鸦片是所有麻醉品中最著名的一种，被用于各种医学和消遣性目的，与许多让人上瘾的毒品一样，它有着复杂的多面性。在维多利亚时代的情景剧中，观众经常会看到吸毒成瘾者无可救药地在鸦片房里抽鸦片的场景，不过，当一个上流社会的女士给自己配鸦片酊剂时，能反映她较高的社会地位。鸦片酊剂是液体鸦片、吗啡与酒精组成的混合液体，很容易令人上瘾，人们能像在饭前饮一杯酒般地喝掉它。在整个维多利亚时代，鸦片的使用急剧增加，但即使到了18世纪晚期，人们对于鸦片的成瘾性仍然是半信半疑；当时的人们认为吸毒成瘾是一种性格软弱的表现，而不是由于鸦片本身极强的成瘾性。自19世纪中叶以来，英国通过了多项法律，以严控鸦片的获取渠道，这些法律取得了不同程度的成功。自1971年以来，鸦片酊剂被列为A类毒品，也就是最危险的一类，销售或使用鸦片的人开始受到最严厉的处罚。

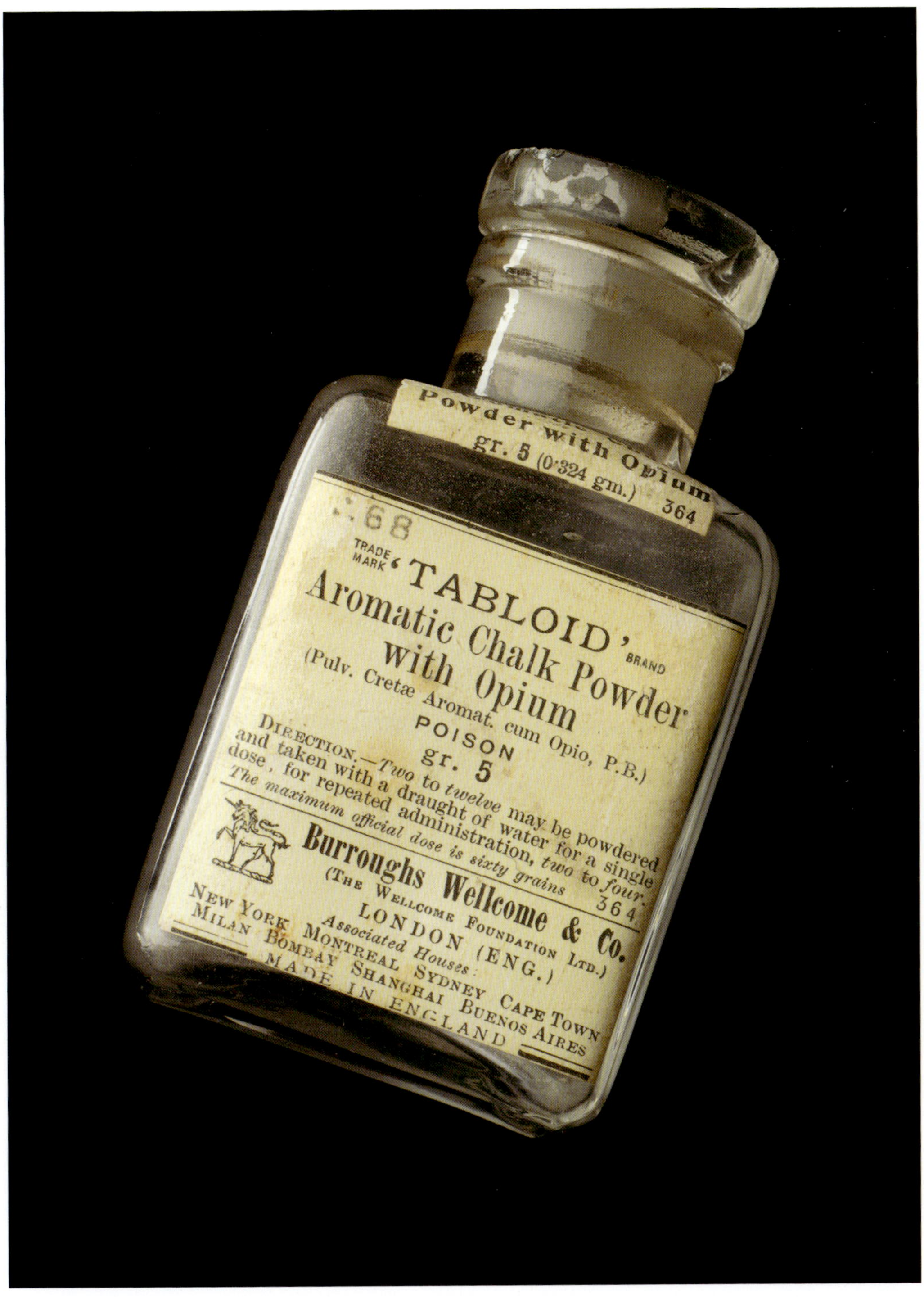


一个带有玻璃塞的空瓶子，用于装芳香的鸦片粉，1938 年

左页图：罂粟花

**This Indenture witnesseth**, That Thomas George Slaughter Son of John Slaughter of Northiam Sussex [illegible] Surgeon doth put himself Apprentice to Richard Painter of Broadway Westminster Apothecary to learn his Art; and with him (after the manner of an Apprentice) to serve from the Date hereof until the full End and Term of Seven Years, from thence next following, to be fully complete and ended. During which Term, the said Apprentice his said Master faithfully shall serve, his Secrets keep, his lawful Commands every where gladly do. He shall do no Damage to his said Master, nor see it to be done of Others, but that he to his Power shall let or forthwith give Warning to his said Master of the same. He shall not waste the Goods of his said Master, nor lend them unlawfully to any. He shall not commit Fornication, nor contract Matrimony within the said Term. He shall not play at Cards, Dice, Tables, or any other unlawful Games, whereby his said Master may have any Loss. With his own Goods or others, during the said Term, without License of his said Master, he shall neither buy or sell. He shall not haunt Taverns or Play-houses, nor absent himself from his said Master's Service Day or Night unlawfully. But in all Things, as a faithful Apprentice he shall behave himself towards his said Master, and all his, during the said Term. And (the Sum of One hundred and ninety five Pounds of lawful Money of *Great Britain*, being paid or secured to the said Master, as the Consideration for taking his said Apprentice) the said Master his said Apprentice, in the same Arts which he useth, by the best Means that he can, shall teach and instruct or cause to be taught and instructed; finding to his said Apprentice, Meat, Drink, Apparel, Lodging, and all other Necessaries, according to the Custom of the City of *London*, during the said Term. And for the true Performance of all and every of the said Covenants and Agreements, either of the said Parties bindeth himself unto the other by these Presents. *In Witness* whereof, the Parties above-named to this Indenture have put their Hands and Seals, the seventh Day of May in the third Year of the Reign of our Sovereign Lord George the Fourth by the Grace of God, of the United Kingdom of *Great Britain* and *Ireland*, King, Defender of the Faith, and in the Year of our Lord, One thousand Eight hundred and twenty two

*Sealed and delivered (being first duly stamped) in the Presence of*

Thos. Geo. Slaughter

Richard Painter

托马斯・斯劳特和理查德・佩恩特之间的药剂师学徒契约，英国，1822 年

右页图：一名配药师学徒正在配药，19 世纪

# 药剂师的学徒

## 如图中的契约文件所示，年轻的托马斯·斯劳特是药剂师理查德·佩恩特的徒弟。

在英国，旧时的师徒契约是一种具有法律约束力的文件，它规定一个孩子（通常12岁左右）要以学徒的身份跟随一位师傅进行为期7年的学习。师傅应该是具有足够资格的、非常有经验的专家，他们会把智慧传递给下一代。左页图中的这份契约上写着，1822年5月3日，来自萨塞克斯郡诺瑟姆的约翰·斯劳特之子托马斯·斯劳特与来自威斯敏斯特百老汇的理查德·佩恩特签订了药剂师学徒契约。该文件规定了托马斯在接受师傅教导期间需要遵守的各项规则，比如，他不得订婚、打牌、玩骰子、玩桌上游戏或任何其他非法游戏。在他漫长而严格的学徒生涯中，托马斯学会了药物的识别和使用，做好了知识技能储备，并能够帮病人和医生开出复杂的处方。伦敦科学博物馆收藏的文件还显示，他接受了解剖学的训练，以进一步扩展他的医学知识。他变成了一个完全合格的药剂师，然后自己也可以做师傅了。

在签订契约时，托马斯的父亲约翰支付了195英镑作为儿子的学徒费用，以支付“肉、饮品、衣服和所有其他必需品”，这笔钱相当于当时一名农场工人工作10年的收入。对许多人来说，这个价格可能太高了，但约翰本人就是个外科医生，这个家庭可能很富有，并且热衷于让下一代的家人在医疗行业继续下去。当时，家族中的几代人从事同一行业是很常见的现象，托马斯显然是其中的一员。

最初，英国的药剂师处于杂货商荣誉商会的管辖下，而后者的前身是胡椒商行会。他们销售香水、香料、葡萄酒以及与药草和药物有关的所有东西；“药剂师”一词来自希腊单词“apothēkē”，意思是“仓库”。到了16世纪中叶，药剂师越来越多地与药物的制备和贸易联系在一起。英国药剂师荣誉协会创建于1617年，自此药剂师与杂货商脱离了关系。1704年，英国上议院裁定药剂师可以开药和分配药物，因此药剂师被认为是如今英国全科医生的前身。

# 药片城堡

**作为东伦敦健康项目的一部分，这个童话般的城堡是用色彩斑斓的药片堆砌成的。**

1978年，在伦敦东区贸易委员会的委托之下，英国艺术家彼得·邓恩和洛兰·利森在一场宣传活动中，用药片和药物容器堆砌了这座五颜六色的“城堡”（见右页图）。在“东伦敦健康项目”的倡议下，各种各样的宣传海报提高了大众群体对健康相关问题的认识，与此同时，英国国家医疗服务体系却面临着资金削减的问题。这些海报在各种医疗场所进行了展出，涉及的主题包括心理健康、避孕药和制药业。随后，这些作品也在艺术馆进行了展出，证明了这些作品是艺术与政治的结合。

前面提到的药片城堡在一幅题为“推卸责任：跨国制药公司的游戏”的海报上出现，该海报对制药公司的经营方式提出了批评。如下图所示，无数身穿西装、手中抓着纸币的不露脸的男士们，在铺满硬币的地面上排着一串长队，准备进入药片城堡中。海报底部的三列文字揭露了不道德的赚钱策略（例如，“贪婪欲望凌驾于医学道德之上”），而图中的天空则是一片灰暗。

这张海报采用了照片剪辑（蒙太奇）的手法，这种手法包括图像和文本的叠加和重组，以创造出新元素，也经常改变原始图像的意义，并在新的情景中呈现出来。在艺术史上，照片剪辑法一直被用于创作具有政治动机和社会参与性的作品，为艺术家提供了一种能创造出深入人心的批判性意象的手段。例如，德国艺术家约翰·哈特菲尔德利用第一次世界大战和第二次世界大战期间的照片创作了一系列作品，他对来自大众媒介的文本和图像进行重新构筑，以此发表反法西斯言论，批评政治家的权术游戏。邓恩和利森从这种做法中汲取了灵感，针对20世纪70年代英国政府提出的医疗支出削减计划，创作了具有社会参与性和政治导向性的作品。

如今，由于英国国家医疗服务体系仍然存在很多问题，当年东伦敦健康项目的海报仍然切合时宜。因此，这些海报在近年的展览或节目中又出现了，比如2017年英国现代艺术研究所举办的“那些让你生病的东西”展览，以及英国广播公司四台播出的纪念英国国家医疗服务体系创立70周年的节目。

一座用各种药片和药物容器堆砌的“城堡”，1978—1980 年

左页图：东伦敦健康项目中“推卸责任：跨国制药公司的游戏”海报

被当作新婚礼物的杵和臼，臼上面刻有“爱战胜一切 1590”

右页图：一位家庭主妇收藏的“抗瘟疫的最好药物”配方，这个配方包含鼠尾草、芸香、肉豆蔻和姜，其中一些材料需要用杵和臼来研磨，18 世纪

# 杵和臼

**曾经，几乎所有的英国家庭主妇都拥有一套杵和臼，专门用来研磨原料，为家人自制药物。**

在如今这个年代，你或许能在厨房里找到一套用来准备晚餐的杵和臼，但是你应该不会用它们来制作药物。然而，在制药公司开始大规模生产药物之前，药剂师和家庭妇女们都使用杵和臼来自己制作各种药物。

左页图中的这种青铜的臼和双头杵制造于 1590 年，可能曾被用来粉碎和研磨草药、香料或水银等物质，直至这些物质变成粉末或糨糊。在多数文明中，杵和臼具有几千年的使用历史，而左页图中这种类型的臼在当时整个欧洲比较常见，尤其是在荷兰。

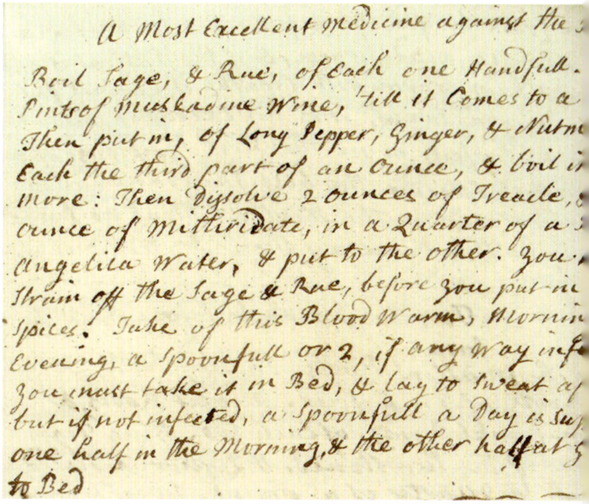
A Most Excellent medicine against the
Boil Sage, & Rue, of Each one Handfull.
Pints of muskadine Wine, till it Comes to a
Then put in, of Long Pepper, Ginger, & Nutm
Each the third part of an Ounce, & boil i
more: Then Dissolve 2 ounces of Treacle,
ounce of Mithridate, in a Quarter of a
Angelica Water, & put to the other. You
Strain off the Sage & Rue, before you put in
Spices. Take of this Blood Warm, Mornin
Evening, a Spoonfull or 2, if any way inf
You must take it in Bed, & lay to Sweat a
but if not infected, a Spoonfull a Day is su
one half in the Morning, & the other half at
to Bed

药剂师们经常使用这些工具配制不同的方剂，比如蒸馏水和药膏等。在过去，药剂师会制造药物，并把药物卖给病人和医师等人，药剂师就是如今英国的全科医生的前身。药剂师主要通过学徒制度进行知识技能传承，他们的服务收费比受过大学教育的医师们更便宜。因此，他们逐渐成为最主流的医生群体，并在 1617 年成立了英国药剂师荣誉协会。杵和臼是重要的工具，人们用它们制造药物以对抗病魔，因此它们经常被当成药剂师的商品广告符号。

有些人也曾经用杵和臼在家里自制对抗疾病的药物。对有些穷人来说，医生和药剂师的服务可能都很昂贵，许多人更愿意自己给自己治病。另外，在当时家庭主妇有责任照顾好全家人的身体，因此杵和臼经常被作为送给女性的新婚礼物。而药方可能是家族留传下来的，可能是由朋友分享的，也可能是从家庭手册、年历和药典中抄录的。家庭主妇们利用花园里种植的草药或从药剂师那里购买的原料，使用厨房里就有的杵和臼，在遇到日常疾病和创伤时自制药物。

无论是药剂师使用的杵和臼，还是人们在厨房使用的杵和臼，我们能肯定的是，对于医学知识逐渐完善和疾病管控逐渐成熟的社会来说，常见的杵和臼显然扮演了重要的角色。

# 药房里的水蛭罐子

**用来给病人放血的水蛭并不是最漂亮的动物，但用于装它们的华丽罐子给药房的货架增色不少。**

虽然这个罐子（见右页图）很漂亮，但在被卖给医生和理发店医师时，里面放了能吸血的水蛭。之后，医生们就会让水蛭去吸病人的血，以进行“治疗”。

根据四种体液的理论，数千年来欧洲人一直在用放血疗法来恢复身体的平衡。人们认为，四种体液（黏液、血液、黄胆汁和黑胆汁）中某一种成分的失衡会导致疾病。由于血液的属性是又湿又热的，人们认为血液的失衡导致了发烧和出汗。虽然放血的工具有很多，但看起来更安全的水蛭成了放血的一种象征。

在19世纪放血疗法达到了流行的顶峰，据说当时欧洲的水蛭供不应求。你可能好奇配药师是如何保存大量的活水蛭的，事实上，这项工作由水蛭收集者来完成，他们让水蛭趴在他们腿上吸食血液，然后把水蛭摘掉。这个过程持续大约20分钟，但由于水蛭唾液中特定的酶，伤口会持续出血大约10小时。虽然这个工作存在着很高的风险（贫血和感染），水蛭收集者的收入却非常低。

如今我们回头审视，会明白放血的做法是无用的，但在健康和医学方面的讨论中，平衡思想仍然非常重要。我们经常谈论均衡的饮食和生活方式，只不过这与放血疗法强调的均衡已经不同了。在某些特定的医学情形下，我们仍然会使用水蛭。

尽管罐子里的东西可能会让一些人恶心，但不可否认的是，罐子的外表很漂亮。当某个罐子未被配药师使用时，它能作为药房中的装饰物。在1831年至1859年间，塞缪尔·阿尔科克公司制作了这种罐子，从它华丽的设计中我们能发现，店家希望通过这件物品给人留下深刻印象，它是药房架子上让人引以为傲的物品。但考虑到水蛭的丑陋外观，配药师们选择将它们藏起来不让顾客看到，这是可以理解的。

医用水蛭的嘴部

药房里华丽的水蛭罐子，1831—1859 年

在珠穆朗玛峰探险中用过的急救箱，1938 年

右页图：TABLOID 急救箱广告，1909 年

# 珠穆朗玛峰急救箱

**亨利·惠康把他制造的著名的 TABLOID 医学急救箱给很多旅行者免费使用，通过每个备受瞩目的旅行活动来为自己的产品做宣传。**

这个箱体（见左页图）上印有“珠穆朗玛峰探险 1938 年”的字样，在 8230 米的艰险旅程中，它随着攀登者登上了世界上最著名的山峰之一。1938 年，英国陆上探险队在试图攀登珠穆朗玛峰时使用了这个铝制急救箱。珠穆朗玛峰是世界上最高的山峰，海拔 8848.86 米，当时，英国探险队接连试图登顶，但未能成功。事实证明，高空和低氧环境极为危险，人体可能受到巨大伤害，特别是当这些探险队抵达 7925 米的“死亡地带”时，上述问题尤为严重。

这个箱子装满了治疗败血症、癫痫、腹泻和呼吸系统疾病的药物，而这些都是到达高原的常见疾病。这个箱子是为了在 1938 年的任务中尽可能长时间地维持队员的健康和生命而设计的。不走运的是，事情并没有像预先设想的那么顺利。由于恶劣的天气和严重的疾病，探险队只到达了 8230 米的高度。然而，他们登上顶峰的愿望仍旧保留了下来。1953 年，他们最终成功登上了珠穆朗玛峰。因此，这个箱子或许代表了攀登者坚持要登上世界之巅的决心。

这个箱子是伯勒斯惠康公司制造的多种医学急救箱之一，里面装满了该公司招牌的 TABLOID 药片。这些药片是现成的，只需要一个相对较小的空间，这意味着可以携带更多的医疗用品，这样使用者就能对“所有紧急情况”做好准备。1895 年亨利·惠康成为这家公司的唯一所有者，他是负责生产和销售这些商品的关键人物。作为一名精明的商人，他为当时许多著名的探险家配备了类似这一款的急救箱，并利用他们的声望向更多旅行者推销公司的其他急救箱。在旅行者带着这些急救箱结束旅行返回后，它们会被归还并在交易会和展览会上展出，以证明该产品的坚固、方便和高品质。由于这个原因，这些箱子很多被保留至今，以记录人们探索地球上人迹罕至之地的愿望。

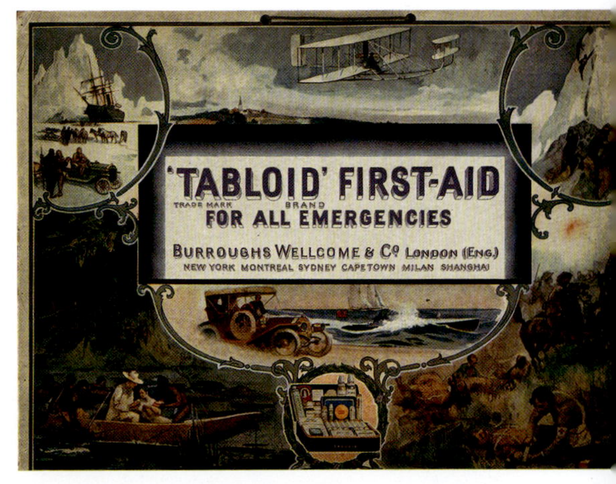

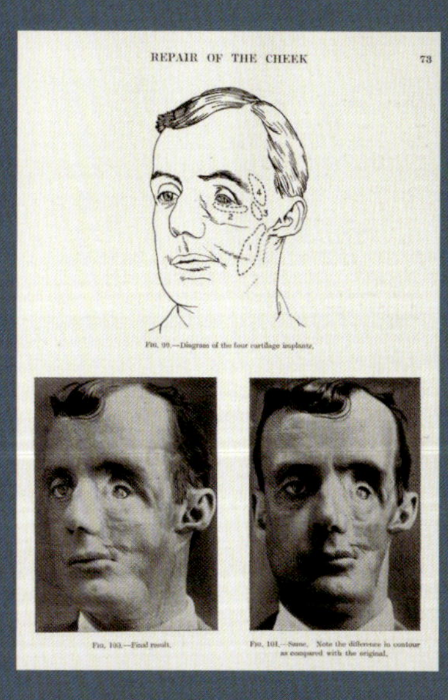

REPAIR OF THE CHEEK 73

FIG. 99.—Diagram of the four cartilage implants.

FIG. 100.—Final result.

FIG. 101.—Same. Note the difference in contour as compared with the original.

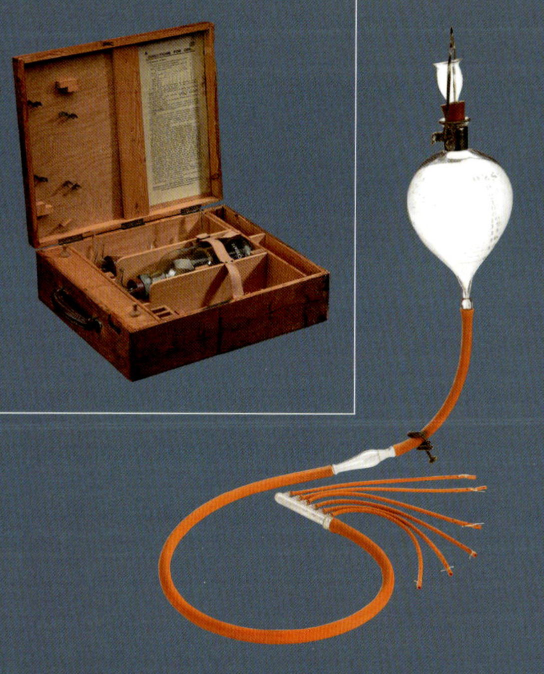

# 九

# 战争

纵观历史，军事冲突给人类带来了不可估量的苦难。在古代，流行病可以利用不停移动的军队像野火一样传播；在现在，现代武器对人体造成致命的伤害。战争一直在给人类的健康带来直接和可怕的影响。士兵和平民也会遭受食物匮乏和长期性创伤的影响。不过，战争无意中促进了医学发展，也促成了我们对健康理解上的突破。由于在战场上缺乏足够的医疗用品供给和治疗时间，医务人员可能被迫尝试和试验新技术，而大量的病人和伤员为新技术的效果展示提供了足够大的样本量。不过，最重要的是，在战争中人性被以最直观的形式展示出来，这也能反映人类对抗病魔的决心。

# 第一次世界大战期间的护士服

在第一次世界大战的战场上，志愿护士在照料士兵方面发挥了重要作用。

护士帽和围裙不仅仅是防止感染的保护层，它们也代表了护士的历史身份，第一次世界大战时的护士服尤为如此。1914 年 8 月，“一战”爆发后不久，一场大规模的志愿护士报名行动开始了。人们意识到，当时职业护士的人数不足以满足即将到来的战争需要。对于英国中上阶层的年轻女性来说，加入志愿援助支队让她们第一次体验到自由。与战前的职业护士相比，志愿援助支队的护士有着特殊的背景。为了区别于职业护士，志愿援助支队的护士们戴着一条大的白色方形头巾，头巾折叠并遮住前额，这种形象在后来成为第一次世界大战的标志性形象之一。

历史上著名的英国护士弗洛伦斯·南丁格尔首先意识到了护士服与护士职业形象的关系。她认为，她的护士们在克里米亚战争期间（1853—1856）在斯库台军营的病房里系着识别度较高的腰带、戴着帽子，这给她们贴上了体面的职业女性标签。这一点尤其重要，因为在南丁格尔进行护士改革之前的维多利亚时代，护士的行业声誉并不好，很多人认为护士是肮脏和不诚实的。护理工作往往不受地点限制，可以在家里进行，也可以在旅行中进行。在过去的欧洲，医院中大部分护理工作实际上是由修女来完成的，因此，护士的白色围裙和帽子实际上带有宗教历史渊源。

右页图中这件志愿援助支队护士曾经穿过的优质棉制服现在是伦敦科学博物馆中的一件收藏品，它由高档百货公司哈罗德生产，其胸前围兜和头巾上绣着漂亮的红十字。第一次世界大战期间，它的使用者曾经在法国尼斯的盎格鲁医院工作。在此期间，志愿护士和职业护士除了完成一般的军事护理工作外，还承担了更多的额外职责，如非官方的外科助理和麻醉师。如今，博物馆中陈列的围裙干净而整洁，它的前任使用者做的却是忙乱和富有挑战性的工作：护士们为受伤或患病的军人们提供了舒适的护理。

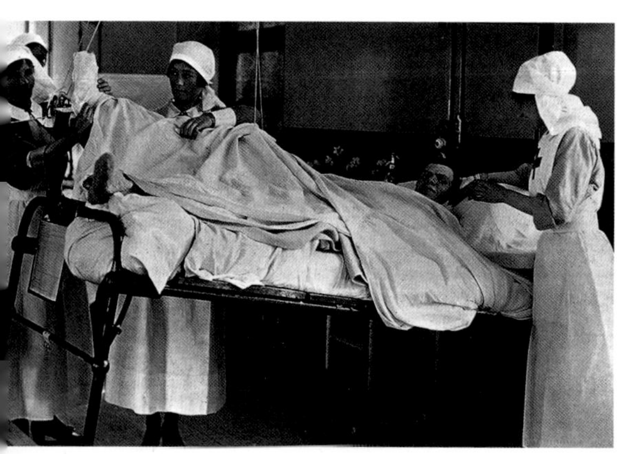

三名护士在医院病房给病人包扎伤口，1914—1918 年

护士曾经穿过的一种护士服，这种护士服带有圆形围兜、白色棉布围裙、交叉带，围兜上绣有红十字，法国，1914—1918 年

# 运动床

**路德维希·古特曼认识到了运动对瘫痪病人的重要性，这促成了残奥会的举办。**

“继续踩，继续加油，只剩下 3 分钟了！”这种被称为运动床（见右页图）的装置是由德国神经学家路德维希·古特曼在英国白金汉郡的斯托克·曼德维尔医院设计的。从 1944 年 3 月起，古特曼管理着新成立的专门为“二战”伤员提供脊柱治疗的医疗机构。他利用欧洲和美国的技术，改变了瘫痪病人的治疗方式，以延长他们的寿命，提高他们的生活质量。

古特曼认为体育锻炼和物理疗法是提高身体素质的必要条件。右页图中的装置是运动床，躺在上面的病人可以改变弹簧的张力，通过运动床上一个最长 60 分钟的计时器和一个以英里 / 小时为单位的速度表，医生可以掌握病人运动的时间和速度。医生鼓励病人们使用这种装置锻炼胳膊和腿。使用者可以利用滚轮移动这个带有踏板的金属架，也可以通过在踏板上绑绷带来让使用过程变得更舒适。

在斯托克·曼德维尔医院的日常生活中，运动非常重要。于 1948 年伦敦奥运会开幕的同一天，16 名退役人员参加了第一届斯托克·曼德维尔运动会，比赛项目只有一项：射箭。在这之后，每年都有更多的运动项目加入。1952 年，第一批国际选手来到了这里。1960 年在罗马举行的第九届斯托克·曼德维尔国际运动会被认为是第一届残奥会。“残奥会”这个词源于古特曼希望他创办的运动会能比肩奥运会的愿望。从 1966 年退休到去世，古特曼一直非常积极地参与残奥会的各项相关活动。

这个特殊的装置是为英国的查斯利基金会制造的，并一直在基金会中使用，该基金会位于英国英格兰东南区域东萨塞克斯郡最大的镇，伊斯特本。最初，这个基金会被称为查斯利残疾退役军人基金会，它的所在地是在古特曼的要求下建立的一个类似住宅区的地方。从 1949 年开始，这种运动床正式投入使用；在 1994 年，一名全部四肢功能和部分躯干功能丧失的四肢麻痹患者成为最后一位使用该运动床的人。五年后，基金会把它捐赠给了伦敦科学博物馆，根据所有已知线索，下图中的运动床是目前唯一留存下来的该型号的运动床。当人们望向它，或许能想象到它的使用者在身体复健的道路上的汗水、挫折和努力。

医院用的运动床，1949 年

左页图：运动床上计时器的特写

# 伤口冲洗治疗

**将次氯酸钠滴在伤口上是一种新疗法，这在第一次世界大战中挽救了无数人的生命，并改变了伤口的护理方式。**

战争中遇到的某些特殊情况可能会在客观上促成重大的医学突破。大量需要治疗的病人出现、医疗研究的紧迫性急剧增加，还有医疗财政投入的提高，都可能促成在战争悲剧中的医学进步。关于伤口冲洗的卡雷尔戴金疗法就是这样的一种创新，它改变了20世纪初伤口护理的方式。

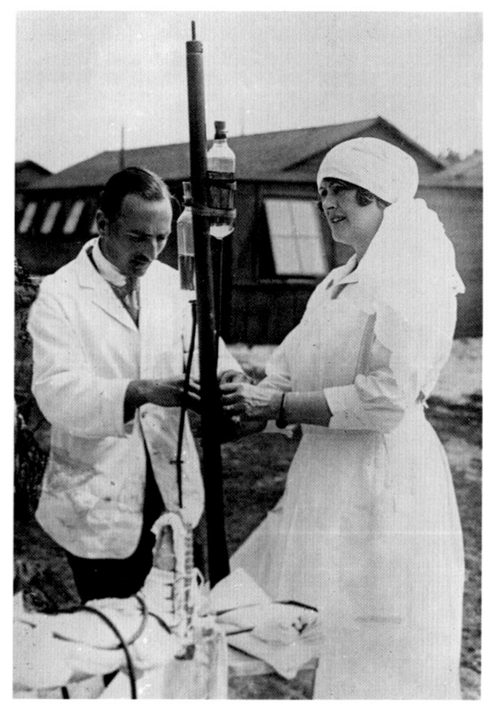

第一次世界大战西线战场上出现的新型致命武器曾经造成了严重的伤亡，疾病在法国北部和比利时肥沃的土地上通过弹片、泥土、衣物，甚至直接的细菌迅速传播扩散。当时使用的伤口处理方法和几百年前一样：清洗伤口，把伤口两侧拉到一起，再缝合起来，剩下的就听天由命了。这可能会导致致命的“气性坏疽”，即组织中的气泡促使伤口中的细菌产生反应。当伤口受到一定的压力时，人们会听到一种类似爆裂的声音。这种声音意味着，可能的最好结果是截肢，而最坏的结果是死亡。

英国化学家亨利·戴金和法国医生亚历克西斯·卡雷尔进行了合作，重新彻底地思考了伤口的治疗方法。他们第一次提出让伤口从内到外愈合的概念。在愈合过程中，保持伤口湿润和清洁是最重要的。戴金负责制造了保湿液体，即一种名为次氯酸钠的混合物，而卡雷尔博士则在他位于法国北部贡比涅的一家酒店改造的医院里开发了这种疗法。卡雷尔博士是一个毁誉参半的人，1912年，他因在心脏手术方面的卓越成就而获得诺贝尔奖，尽管他对人种改良学的热情始终让人诟病。

卡雷尔戴金疗法较为简单，但需要持续的监测。在治疗过程中，戴金制造的液体被储存在病人头部上方的一个玻璃瓶里，橡胶管与一个玻璃管相连，玻璃管上插着许多橡胶接管，这些接管将液体引流到伤口上。精心的护理对治疗的成功非常重要，因此必须及时清洁、更换试管和检测采样拭子。在青霉素被发现之前，伤口冲洗是控制感染最重要的方法之一。在第一次世界大战后半期，它的使用大大减少了因感染死亡人数。

第一次世界大战中英国军队利用卡雷尔的工具配以戴金溶液给病人的伤口消毒。原来的橡胶管已经坏了，这里展示的是现代的橡胶管

左页图：英国的萨瑟兰公爵夫人和奥斯瓦尔德·盖尔·摩根博士在加来第九红十字医院（又称战时流动医院）进行的卡雷尔戴金疗法，1917 年 7 月 27 日

一种适用于狭窄战壕的柯尔特担架，1915—1918 年

右页图：第一次世界大战期间在西线战场拍摄的这张照片，清楚地显示了在狭窄蜿蜒的战壕中移动传统担架的难度

# 柯尔特担架

**在第一次世界大战中，外科医生乔治·柯尔特的发明使伤员能更快通过曲折的战壕。**

在某些情况下，担架可以在拐角处弯曲的设想可能有点滑稽，但这一看似古怪而微不足道的提议背后的逻辑是极其严肃的。第一次世界大战期间，人们为了解决一个非常具体的问题而进行了一系列的尝试，会拐弯的担架就是其中之一。第一次世界大战对当时来说是一场全新的战争，造成了大规模的严重伤亡。巨大的医疗挑战诞生了，即如何把伤员从战场转移到更安全的地方，以便于他们接受治疗。

对英国军队来说，初期的运动战很快转变为静态的消耗战。双方挖掘了复杂的战壕，并时不时地发动攻击。这些前线壕沟的一个特点是它们是弯弯曲曲的，而不是直线。这是一种军事防御方法，能减少炮弹的爆炸伤害，万一有零星敌人攻入战壕，也能防止他长距离的射击伤害。

这样做的一个结果是，战壕可能非常狭窄，在战壕中移动是缓慢和困难的，尤其是担架员用传统担架抬伤员时。传统担架很重、不够灵活，有两个一米多长的坚硬木杆。更困难的是，在混乱的战斗中，对伤员的移动并不是优先任务，部队首先要得到所需的补给和增援。

英国外科医生乔治·柯尔特为解决这个问题，发明了一种可以拐弯的担架，这种担架被称为柯尔特担架。士兵们用肩膀扛着木梁，伤员会面朝后、半直立地躺在悬挂在木梁下的帆布上。这根粗大的木梁有一个主转轴，后方的担架员能因此操纵担架的移动方向。如今我们无法证实柯尔特最初的发明是否成功，但这种担架显然已投入使用，而且后来也得到了改进，人们在担架下方为担架员增加了人性化的缓冲物。无论这个发明成功与否，它都时刻提醒着我们，人们为了帮助处于人道主义灾难中的人们减轻痛苦，可能会被激发出更强的创造能力。

# 第一次世界大战中的 X 射线机

在第一次世界大战的战场上，X 射线是确定伤员身上弹片位置的关键。

在第一次世界大战（1914—1918）的战场上，士兵的身躯显得极其脆弱。炮是这场冲突中最致命的武器，并且在战争期间变得越来越强大。那些没有被炮弹炸死的人可能会留下难以处理的伤口，这大大超出了战地医生的处理能力。子弹、弹壳碎片和其他物体可能在爆炸中钻入人体，使骨头碎裂，前线中具有传染性的泥浆也可能进入体。在多数情况下，只有找到并移除进入体内的异物，才有可能挽救伤员的生命。

在第一次世界大战中，参战国家的伤员数量很多，这在客观上让我们更容易理解为何在此期间医学和军事领域都涌现了诸多创新发明。X 射线成像是一项突破性的技术，但此技术并不新奇。X 射线在 1895 年就被发现了，曾在以前的军事行动中登场过，但在第一次世界大战期间，X 射线技术在交战各方都得到了广泛的应用。而且，最重要的是，X 射线机变得越来越便携。一旦西线战场陷入静态的战壕战，人们就可以在野战医院架起一套 X 射线机，而改装的 X 射线车则将这项技术进一步推向前线。X 射线有很多用途，包括骨折的可视化，定位士兵伤口深处的子弹等。

左图中的这种可移动式 X 射线机是奥地利制造的，德国的医疗队在距离前线有一定距离的后方使用过它。这套设备包含 X 射线机的各个部件，以及查看检查结果所需的平板和附件。这套设备可以被放入各种木箱内，在需要时，医疗队员能快速拆卸、运输，然后在新的地点重新组装。这种设备在冲突期间发挥了极其重要的医疗作用，但令人遗憾的是，它也有副作用。在战争期间，许多医务人员经常暴露于以如今的标准来说是极其危险的高辐射之中。

可移动式 X 射线机

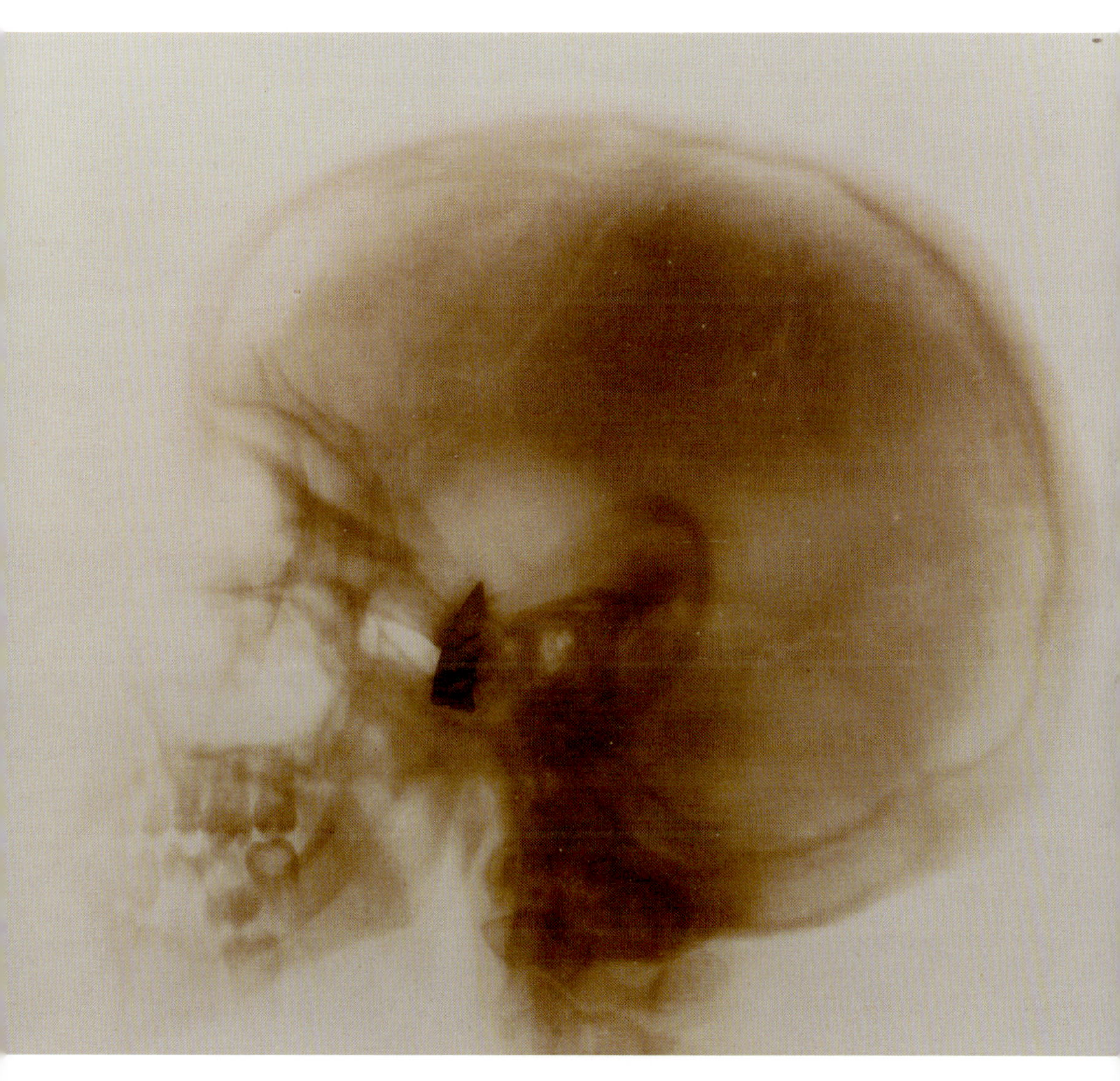

在英国一家军事医院拍摄的 X 射线照片，显示一颗子弹嵌入了二等兵艾尼尔的头骨内，1916 年 9 月

REPAIR OF THE CHEEK 73

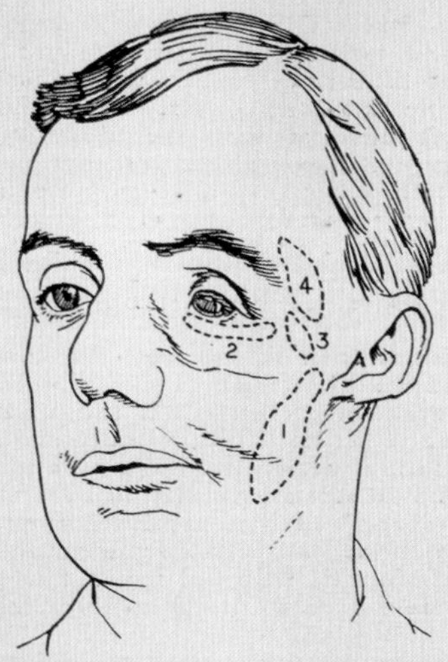


FIG. 99.—Diagram of the four cartilage implants.

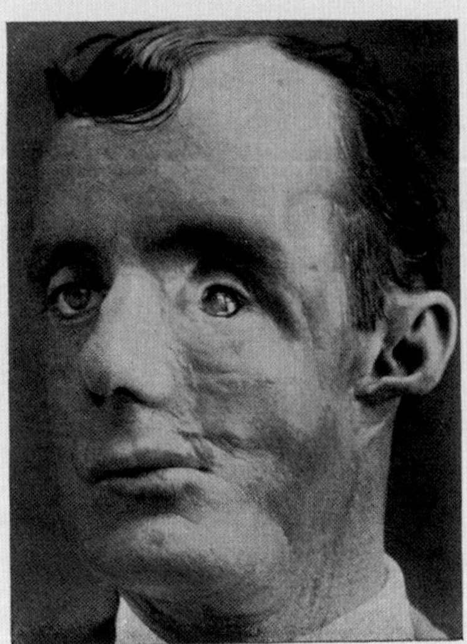

FIG. 100.—Final result.

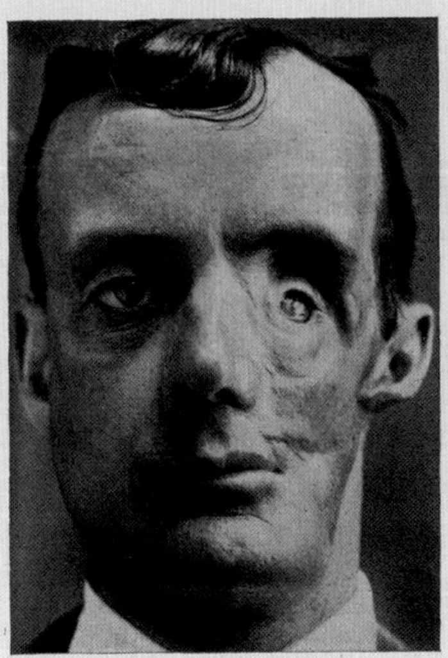

FIG. 101.—Same. Note the difference in contour as compared with the original.

《面部整形手术》记录了吉利斯是如何有效帮助面部损伤者修复面容的，1920 年

右页图：玛丽王后医院的整形手术室，哈罗德·吉利斯坐在了右侧，1917 年

# 吉利斯的《面部整形手术》

**哈罗德·吉利斯开了面部整形手术的先河，修复了在军事任务中受损的士兵面部。**

1882 年，哈罗德·吉利斯出生于新西兰达尼丁，后来移居英国，在剑桥大学学习医学后成为一名外科医生。在第一次世界大战爆发时，吉利斯被派往法国，在那里他遇到了一位名叫奥古斯特·查尔斯·瓦拉迪耶的法裔美国牙医，瓦拉迪耶正在替那些在战斗中下巴受伤的士兵们修复下巴。在那里，吉利斯还遇到了美国牙科医生鲍勃·罗伯茨，罗伯茨教会了吉利斯如何做有关颌骨和口腔的手术。吉利斯对这一领域变得非常痴迷。

随着战争的爆发，面部受到创伤的情况越来越普遍。士兵能利用战壕的护墙挡住敌人的火力，但一旦他们爬上去观察，就成了敌人狙击手的目标。另外，当身边的炮弹和榴霰弹爆炸时，许多人的面部也会受伤。鉴于这种情况，吉利斯请求政府建立一个外科整形机构。

1915 年，吉利斯开始经营自己的整形机构；1916 年，他在英国的奥尔德肖特拥有了一家医院；1917 年，他的玛丽王后医院在英国的锡德卡普开业。这是世界上第一家外科整形医院，有 1000 张床位。正是在这里，吉利斯完成了他最具影响力的工作，他利用自己高超的外科技术和艺术技巧，恢复了病人受损的面容，并依靠包括艺术家在内的大量工作人员，记录病人的康复过程。

在第一次世界大战之前，病人的外表总是不受重视的；然而，吉利斯的目标是恢复面部受伤者的面部功能和修复他们的面容。这通常需要多次手术，在抗生素出现之前，这种行为是非常危险的。通过不断的经验积累，吉利斯发现，病人需要在手术之间有很长的休息时间，所以他的有效方法都是通过多年的护理经验积累的。

吉利斯把自己在战争期间获得的经验写入了 1920 年出版的《面部整形手术》之中，为现代整形手术奠定了基础。在书中，吉利斯和他的团队通过影像记录了患者的治疗过程。这本书不仅在医学实践和文献记录方面具有里程碑意义，而且也证明了吉利斯的高超技艺、非凡智慧和对此行业的热情。

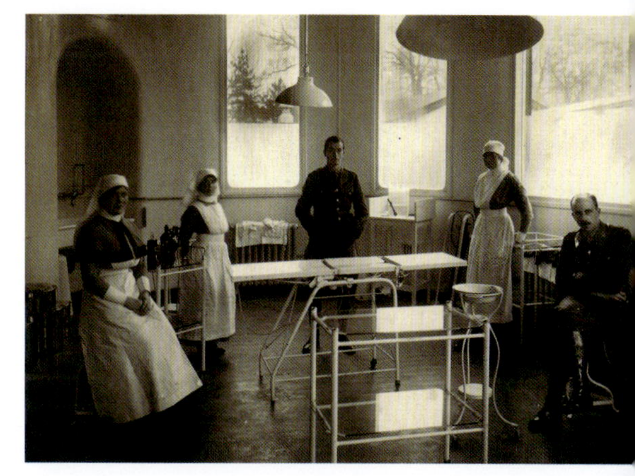

# 第一次世界大战期间的输血装置

**奥斯瓦尔德·霍普·罗伯逊设计了便携式输血装置，从而推动了现代血库的发展。**

这些乱七八糟的瓶子、盒子和管子看起来好像平平无奇，但在第一次世界大战中它们是伤兵的救命稻草。奥斯瓦尔德·霍普·罗伯逊，一位在美国陆军医疗队服役的医生，设计了这种便携式输血装置。它依靠注射器和插管系统将献血者的血液输给受血者，但与以前的设备不同，它不需要同时连接两个人。

如今，普通英国民众已经习惯了血库和英国输血服务系统，而当一个捐献者需要如此接近受血者时（见下图），我们可能会感到惊讶。虽然在第一次世界大战后期，血液储存在应用上变得可能，但在靠近前线时，血液很难保持新鲜。罗伯逊设计的装置中的瓶子被预先注入了柠檬酸钠（一种防止凝血的抗凝剂），这意味着用于输血的血液可以维持几个小时的有效期。

在罗伯逊发明他的装置之前，人们在输血方面已经尝试了几百年。西方首个关于输血的文字记录可以追溯到16世纪60年代，当时英国医师理查德·罗尔在两只狗之间进行了血液传递。几年后，罗尔用羊的血给剑桥大学的一名学生输了血，令人惊讶的是，这名病人居然活了下来。尽管有这样一个成功案例，但在这个时期接受输血的大多数人还是去世了。医生在这些手术中使用动物血的行为并不罕见，而动物血通常与大多数人类的血液不相容。直到1901年，奥地利医学家卡尔·兰德斯坦纳才发现了人类的A、B、O血型。

这一发现使医生们能够理解一些输血尝试为什么会失败，从而使实践得以改进。在军事行动中的输血救援非常重要。即使在今天，失血仍然是战场上最常见的死因，更不要说在第一次世界大战期间。正是罗伯逊的工作以及其他输血治疗先驱者们的努力，在紧急情况下的常规输血和现代血库的建立才变为可能。如果没有他们的坚韧、聪明才智和经验，或许如今的我们仍然会面临失血所带来的痛苦。

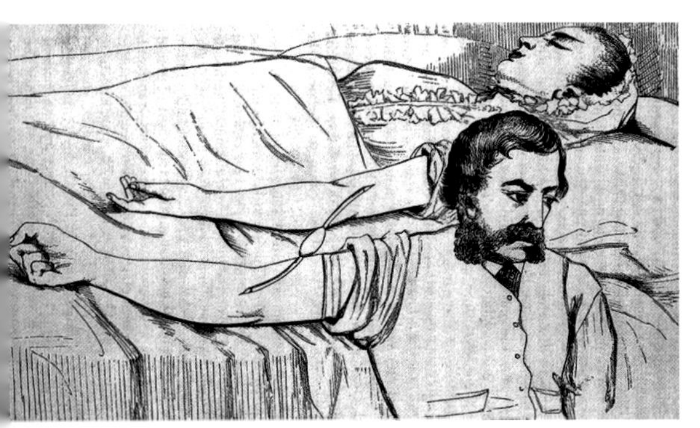

在英国的《产科杂志》中，J. H. 艾维林的画作《英格兰的即时输血》展示了分娩妇女接受人对人输血的场景，1873年

这套设备使得士兵有可能在前线战场附近接受输血，这在第一次世界大战期间挽救了无数人的生命

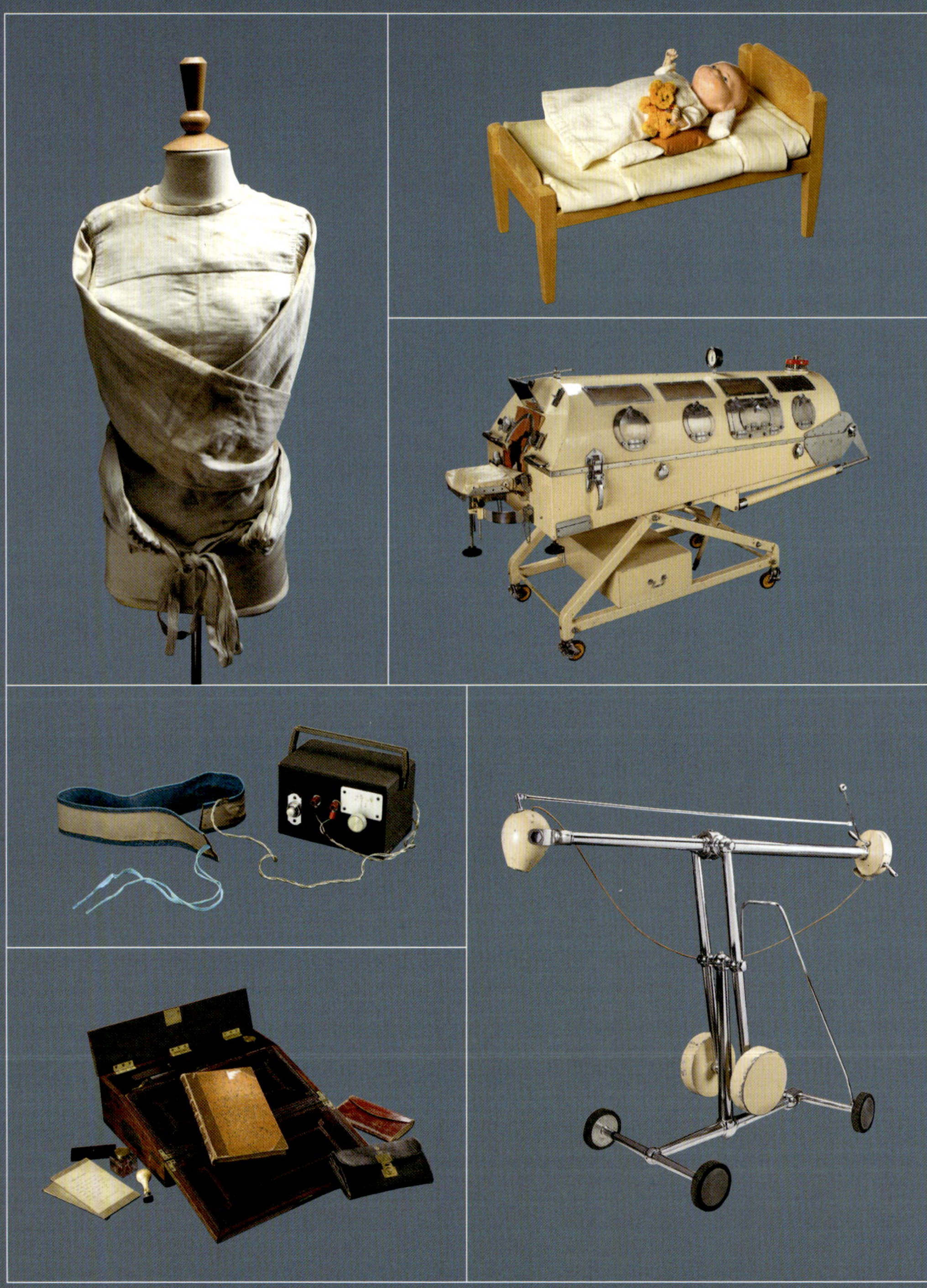

# 十

# 医院

在欧洲，现代医院的前身可能是各地教会为穷人开设的教会医院，在某些与医院相关的术语中，我们也能找到宗教的影子，比如欧洲人习惯把护士叫作“修女”，因为修女曾经是护士的主力军。在过去的欧洲，医院只是一个为非常贫穷的人建造的地方，只有那些无法在家受到亲人照料的人才会去医院。在过去，医院在人们心中是肮脏和危险的，即使在今天，人们仍然普遍担心在医院内容易被感染。从家庭里的常见家具，到医院里最先进的专业设备，家具、设备和建筑物的背后可能有着很多故事。医院可以对过去的诊断和治疗进行记录，同时也将会是造福后代的医学研究中心。

# 国王基金病床

**英国国王基金慈善组织与皇家艺术学院合作制作了国王基金病床，其便于调整的特点更有利于照顾病人。**

走进英国任何一家医院的普通病房，你都会看到病床，它们是医院里最常见的家具。“国王基金”病床是最常见的医学床之一，它和家庭中使用的床不同。国王基金病床最初设计于 20 世纪 60 年代，它彻底改变了病床的功能，并促成了医院护理的新标准。以前，英国医院有数百种不同的床位设计，大多数都是些沉重和难以移动的休息床，几乎没有移动和调整的余地，难以给护理人员提供更多帮助。

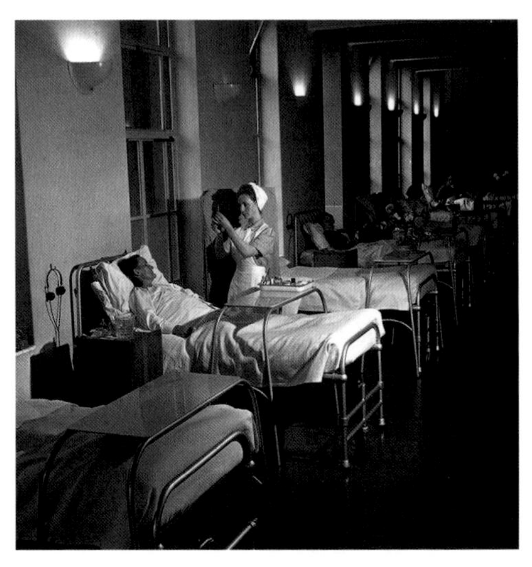

为了使医院病床标准化，并让使用者能更方便地使用，英国国王基金慈善组织与英国皇家艺术学院工业设计研究室的布鲁斯·阿彻领导的设计团队合作，开展了一个为期五年的项目。阿彻采用了一种有争议的科学方法，他进行了广泛的数据收集和多次的数学建模，还对病床相关活动进行了无数次观察。病床的标准化被视为提高护士工作效率和节省采购成本的一种方法。1965 年，伦敦北部的蔡斯农场医院安装了 20 张新研发的原型床。在为期 3 个月的试验中，训练有素的观察员每天从早上 6 点到晚上 10 点评估原型床的使用情况，并对观察结果进行整理，以统计使用这种病床的成本效益、患者满意度和功能。

1967 年，国王基金慈善组织公布了医院护理床设计的新规范：可以很容易地移动，高度可调，有一个倾斜的靠背，并且能通过踩地板附近的脚蹬来轻易地倾斜床。随后，国王基金病床开始被大规模制造，并且被全英国的医院采购使用。

如今，我们仍然能在英国的很多医院里找到国王基金病床，但随着时代的发展，其设计也在不断调整和更新，新一代能更方便调节的电动“按钮”病床逐渐替代了旧款的病床。医院的病床一直受到公众的关注，人们关注病人使用这种床的频次、相关费用以及病人的安全。在过去的 30 年里，英国国民医疗服务体系下属医院的病床总数减少了一半以上，而接受治疗的病人数量却在显著增加。

一款“国王基金”病床，20 世纪 90 年代

左页图：护士在难以移动的病床旁照顾病人，20 世纪 40 年代

英国精神病大都会委员会的办公室里的写字桌，1828—1914 年

# 英国精神病大都会委员会的写字桌

英国精神病大都会委员会的办公室里存放着 1774 年《疯人院法》的相关文件。

左页图中所示的是一种便携式写字桌，里面存放着使用者的书写工具。这个特别的物品来自英国精神病大都会委员会的办公室，里面保存着相关的议会法案和用来作证的誓言词。作为 19 世纪精神疾病治疗情况的证明，这个写字桌里的文件所使用的字眼并不符合今天的标准。诸如“恶棍、流浪汉和其他无所事事、无法无天之人”等描述出现在文书中。如果某个人被认为患有精神疾病，那他可以被“安全地关在某个安全的地方”，如果必要的话会“被用链子锁起来”。该委员会是根据 1828 年英国的《疯人院法》成立的，目的是检查米德尔塞克斯和伦敦大都会地区某些早已存在的私人收容所。

到了 18 世纪中叶，一种常见的情况是，那些被认为精神错乱的人会被关在家里，或被安置在收容所或“疯人院”里。当时的“疯人院”只不过是私人住宅，住宅的主人能从中获利。被称为“精神病交易”的私人收容所在英国遍地开花，这通常是由嗅到其商业价值的家族或个人建立。虽然有些人声称接受过医疗培训，并确实对病人们有真心的关怀，但许多收容所的经营者很少或根本没有医疗背景。这些缺乏管理的收容所实际上把数千人拘禁在了不人道的环境中。18 世纪 50 年代中期的各种丑闻促成了英国第一部关于精神健康的官方立法，即 1774 年的《疯人院法》。这项法律规定检查机构有权进行探访，并要求所有私人性质的疯人院都有执照。也许最重要的是，经营者必须拿到一封医生的信后才能合法限制病人的活动。

虽然这项立法使人们有可能追踪到谁被限制在哪里，但它仍然无法有效阻止收容所内普遍的虐待行为。1828 年，英国精神病大都会委员会成立了，委员们开始有权力把收容所的各项标准设置得更为严格。该委员会由医生和律师组成，致力于改善和规范病人所面对的医疗服务。委员会每年都必须向内政大臣提交调查报告，而委员们在撰写报告时经常会使用左页图中这样的写字桌。

位于英国南门的科尔尼·哈奇疯人院，19 世纪

# 史密斯－克拉克的铁肺

**对于那些因小儿麻痹症引发的肌肉失控而无法呼吸的人来说，铁肺让他们有了康复的希望。**

如今，当我们凝望右页图中的这个“铁肺”时，很可能会觉得惊讶。当我们无法控制自己的呼吸时、当我们被困住而无能为力时，会有一种噩梦般的恐惧。因此对于那些患有脊髓灰质炎并且无法自主呼吸的人来说，铁肺确实是一根救命稻草。脊髓灰质炎病毒能引起脊髓灰质炎，脊髓灰质炎又称小儿麻痹症，是一种儿童易患疾病。在 19 世纪末至 20 世纪中叶期间，这种病尤为流行，也是在那个时候，人们发明了一种有效的疫苗。脊髓灰质炎可以杀死身体的运动神经元细胞，这意味着患者会失去对肌肉的有效控制。这通常是暂时的，但有时可能是永久的。当瘫痪的肌肉包括呼吸系统的肌肉时，可能会发生窒息死亡，因此，医生和科学家希望在帮助肌肉恢复的同时，尽快找到一种能在此期间维持病人生命的方法。

铁肺的科学原理很简单。病人的躯干被关在一个密闭的空间里，头部露在外面。在一台泵的作用下，空气负压交替地产生和消失，让胸部交替地被压缩和放松，迫使空气进出人体肺部。第一个有效的仪器是由菲利普·德林克于 1927 年发明的，它的使用对病人和护士都比较困难。后来，博特发明了新版的仪器，其棺材般的外观可能会让患者更加焦虑。护士也难以照顾他们的病人，因为只有两个小的进出口，病人的头部需要从一个很紧的橡胶项圈中挤过去，这会造成更多的身心不适。因此，人们需要研制出更好的仪器。

1951 年，G. T. 史密斯－克拉克先生从阿尔维斯汽车公司的总工程师岗位上退休后，加入了沃里克郡医院管理委员会。人们把他制作的“铁肺”称作“短吻鳄”，因为该装置打开时，就像短吻鳄张开了嘴巴。史密斯－克拉克的汽车从业经验也派上了用场，他借鉴了赛车上使用的快卸式汽油盖的设计，设计了护理端口的盖子。他还在设计中考虑到了舒适性，改进了头枕和内部担架系统，供患者躺在上面。好消息是，如今人们已经很少使用铁肺了，许多铁肺仅留存于博物馆内，而英国伦敦科学博物馆收藏的铁肺数量最多。

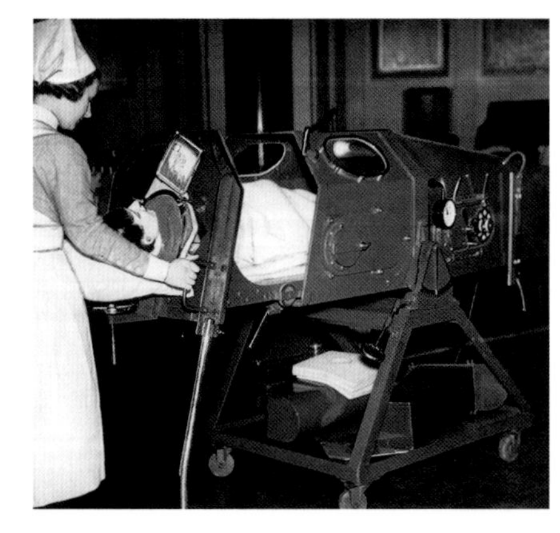

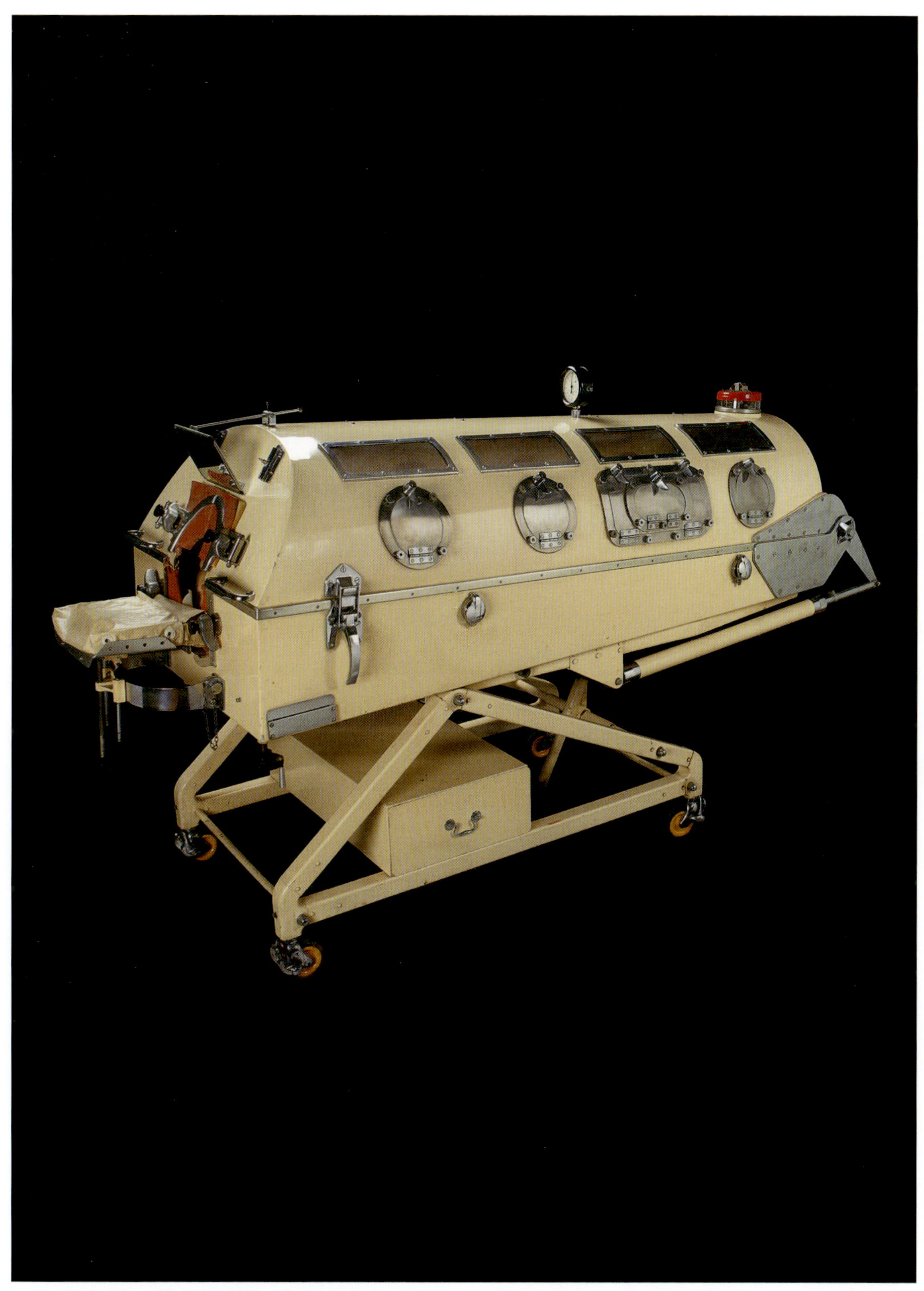

“史密斯－克拉克”高级版成人型铁肺机器，1953 年

左页图：一名小儿麻痹症患者被安置在铁肺中，1938 年

# 镭“炸弹”

欧内斯特·罗克·卡林发明了镭“炸弹”，用辐射“轰击”头部和颈部癌症。

右页图中所示的机器被其制造者称为镭“炸弹”。一个由外科医生、工程师和物理学家组成的团队曾经希望制造一种远程放射治疗头部和颈部癌症的机器，他们在第四次尝试时制造出了这台机器。远程放射治疗指的是利用辐射来从身体外部治疗癌症，它的名字也许源于用射线轰击癌细胞位点。在这个“炸弹”中，镭放射性物质被放置在内衬铅的鸡蛋状容器内，操作人员使用一个由自行车刹车线改装的装置进行操纵，内衬的铅层避免了有害辐射对健康部位的影响。

自20世纪初以来，癌症一直是一个公共卫生问题。随着时代不断发展，人类对传染病的控制力度越来越大，但越来越多的人被诊断患有癌症。人们在该领域的资金投入不断增加，希望能研究出癌症的治疗方案。1920年，欧内斯特·罗克·卡林医生到欧洲大陆的医院行医时，对镭的治疗作用产生了兴趣。卡林与他的儿子弗朗西斯、同事兼外科医生斯坦福·凯德和内科医生弗兰克·奥尔欣一起研制出了第一批镭“炸弹”，研究了材料、剂量以及病人在接受治疗时的合适体态。伦敦科学博物馆也收藏了他们研制的第二代、第三代和第四代机器，而第一代机器很可能是用来制造后续版本的。

镭这种物质价格昂贵，在20世纪20年代，1克的镭的价格可能高达14,000英镑。英国政府成立了专门的科研机构，以确保这一昂贵而稀缺的资源得到有效利用。国王基金会在20世纪20年代末借给了威斯敏斯特研究团队一枚4克重的比利时镭“炸弹”。15个月后，研究人员并没有通过这些镭得到有用的研究成果，所以这些镭被平分给了四家医院，1克重的镭被留给了威斯敏斯特。物理学家亨利·T. 弗林特和伦纳德·格里梅特请原来的团队成员作为顾问，开发了第四代机器。他们减少了它的体积和重量，使它更容易被使用，第一次实现了把放射机器运输到病人身边，而不是让病人主动来到放射机器的附近。

在1953年以前，镭“炸弹”曾经经历了多次改进，人们在欧洲一直在使用它。而在 1953 年，新的辐射源出现了，例如钴- 60，它更加安全，辐射强度是镭的 300 倍，更容易处理而且更便宜。对曾经研制出下图中的机器的许多参与者来说，癌症治疗成了他们一生的工作。

第四代威斯敏斯特镭“炸弹”，1930 年左右

左页图：一名患有颈部癌症的男子正在接受远程放射治疗，图中的机器是 1934 年设计的燧石镭“炸弹”

# 第一辆急救自行车

**汤姆·林奇·姆贝曾获得自行车越野赛冠军，他认为骑自行车能比开救护车更快地到达救护现场。**

如果你遇到紧急医疗情况时拨打急救电话，可能不会想到会有自行车来。然而，在市中心、机场航站楼和户外活动中，急救自行车正成为人们常见的事物。骑着脚踏车的医护人员有两个明显的优势，即不怕堵车和能够进入机动车辆无法到达的区域。伦敦的急救自行车小队是世界上首个此类组织。汤姆·林奇·姆贝是英国、欧洲和世界车队的自行车越野赛冠军，2000 年当他成为第一名自行车急救员时，整个团队只有他一个人，而现在这个团队已经有了超过 100 名训练有素的急救人员。

林奇在 20 世纪 90 年代初结束自行车越野赛生涯后加入了伦敦救护队，但作为一名习惯了双腿骑车前进的人，他觉得长时间坐在车里很窒息。更令人沮丧的是，伦敦市的交通几乎总是拥堵的，这不可避免地耽误了病人的救生时间。汤姆坚信骑自行车能更快地前进，所以他进行了一项试验，急救自行车小队就此诞生了。

右页图中的这辆定制版的坎农代尔牌自行车是汤姆使用的初代急救自行车。朋友们帮汤姆设计了专业的衣服，并建立了品牌，以确保自行车和车手在道路上更加醒目。自行车后架两侧的挂筐里放有最轻便的医疗工具，其中最重要的是便携式除颤器，它是由英国发明家兼心脏病专家、英国司令勋章获得者弗兰克·潘特里奇教授发明的。起初人们担心，病人在等救护车时等来的却是自行车，这是否会让他们难以接受，但这种担心很快就消失了。正如林奇所说：“如果你心脏病发作，你不在乎谁会来，只要他能救你就行。”事实上，该计划的主要效果之一是能更快地到达心脏骤停患者所处的位置，显著提高了所在地区的心脏病患者的存活率。另外，急救人员能够更好地提供自我护理和其他方面的建议，避免病人不必要地

转移到医院，林奇把这称之为“社区急救”。如今，自行车急救人员每年能接到约16,000个求救电话，其中一半不需要住院治疗。而且，因为这些急救人员会外出巡逻，他们的平均反应时间最多是6分钟。

伦敦急救自行车小队初次试验时用的自行车，它是为汤姆·林奇·姆贝的使用而定制的，2000年左右

左页图：汤姆·林奇·姆贝和他的急救自行车，2000年

在英国伦敦制造的用来约束成年精神病人的帆布紧身衣，1930—1936 年

右页图：巴黎萨尔普特里埃医院的一名女病人正穿着紧身衣，19 世纪 90 年代

# 帆布紧身衣

**在英国的维多利亚时代，在精神病院里经常能看到管理员使用紧身衣约束病人的现象。**

早在1772年，爱尔兰医生大卫·麦克布赖德曾这样描述过紧身衣："袖子长到能盖住手指尖，袖口做得很紧，其他人能将袖口的抽绳系在一起……通过这种方式，病人的双手很快会失去力量。"那时，这种紧身衣被称为"紧身束腰衣"。在当时，精神健康方面的思想仍然是抽象的和理论性的，正如英国医学史学家罗伊·波特所说："人们一直认为疯子就像野兽一样，需要通过残忍的方式来教育。"

19世纪早期，在英国的精神病院里经常能见到通过约束躯体活动来控制有暴力倾向病人的情况。尽管定义各不相同，"躯体约束"通常指对身体的外在约束，通常是使用紧身衣、锁链、皮带和限制座椅。用这种衣服来限制病人行动，被视为安抚暴躁病人的一种手段。在最常使用的期间，人们认为紧身衣比使用绳索和锁链的旧方法更为人道。1814年，一个地方议会委员会得到了消息，病人詹姆斯·诺里斯在英国贝特莱姆皇家医院被关押了近10年。据当时的报道，工作人员用多个器械来限制诺里斯，用"一个结实的铁环套在他的脖子上，然后钉住了"。

人们曾经认为，紧身衣这样的衣服对穿着者造成的伤害很小或没有伤害，并能提供某种程度的行动自由，这总好过把病人用绳索束缚在椅子或床上。虽然有些人认为紧身衣很人道，但它经常被滥用。随着收治的病人数量增加，精神病院里经常缺乏足够的工作人员，无法保障必要的护理水平。由于管理员往往缺少心理保健方面的培训，在某些时候他们便会为了维持秩序和控制病人，滥用紧身衣。

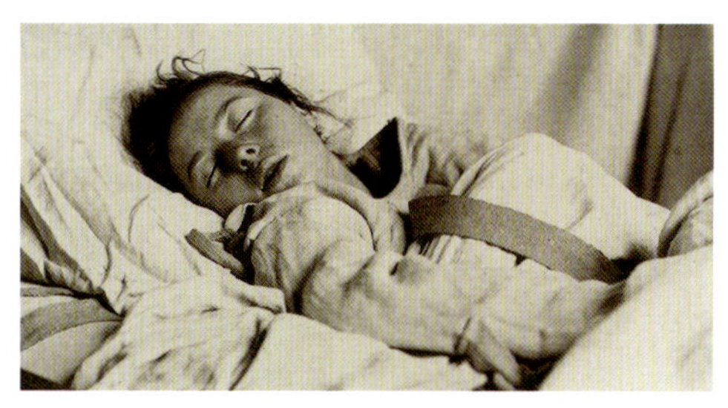

18世纪末19世纪初，人们对在精神病人的管理和治疗方面有了新的态度。19世纪30年代，罗伯特·加德纳·希尔和约翰·科诺利分别向位于英国林肯和米德尔塞克斯郡的精神病院介绍了禁止躯体约束的协议；这些协议建议禁止任何形式的躯体约束，包括镣铐和紧身衣。而在20世纪60年代，英国有的精神病院还在用这种紧身衣来约束成年病人。后来，抗精神病药物得到了发展，并且人们越来越倾向于在社区中而非在专业机构里管理心理疾病患者，因此紧身衣逐渐退出了历史舞台。

# 芬森灯

**尼尔斯·芬森利用光的治疗特性，发明了用于治疗皮肤疾病的芬森灯。**

我们与光的关系是复杂的，无论是自然光还是人造光。光给人类提供所谓的阳光维生素（维生素D）能让我们的骨骼和牙齿更加坚固。光照过少会导致佝偻病等缺陷性疾病，而这种病可能会导致永久性骨畸形。然而，过度的光照会伤害我们的皮肤，最终导致癌症。

虽然光能引发健康问题，但随着新技术的发展，它也能治疗疾病。在19世纪末和20世纪初，使用紫外线杀菌开始流行。在很多情况下人们会选择使用自然光（日光疗法）或人工光（光疗法）来治疗皮肤病，如天花带来的疤痕、肺结核引起的皮肤病以及普通狼疮。

在19世纪90年代，丹麦医生尼尔斯·吕贝里·芬森在哥本哈根进行紫外线实验，他故意用自然光和人造光灼伤自己，并测试了不同材料阻挡紫外线的能力。最初，芬森让阳光聚焦在石英玻璃透镜上进行研究，这一研究促使他发明了芬森灯。起初，碳弧灯通常只被用于工业制造中，但芬森决定把碳弧灯作为一种治疗方法，这是一个想法上的创新。这个大灯能通过装有几个透镜的伸缩管，聚焦产生蓝色、紫色的紫外线，然后直接照射到病人身上。

左图中的芬森灯是1900年亚历山德拉公主从她的祖国丹麦带来的，被送给了伦敦皇家医院。光疗法是一种现代的创新疗法，它对设备和操作者的知识储备水平要求很高。医院新组建的光疗科室的护士们接受了挑战，她们不仅要监控治疗过程，还要维护和操作新型的芬森灯。1903年，芬森因其开创性的发明获得了诺贝尔奖。如今，光疗法仍在被使用着，主要用于治疗皮肤病、睡眠紊乱或抑郁症。

芬森灯

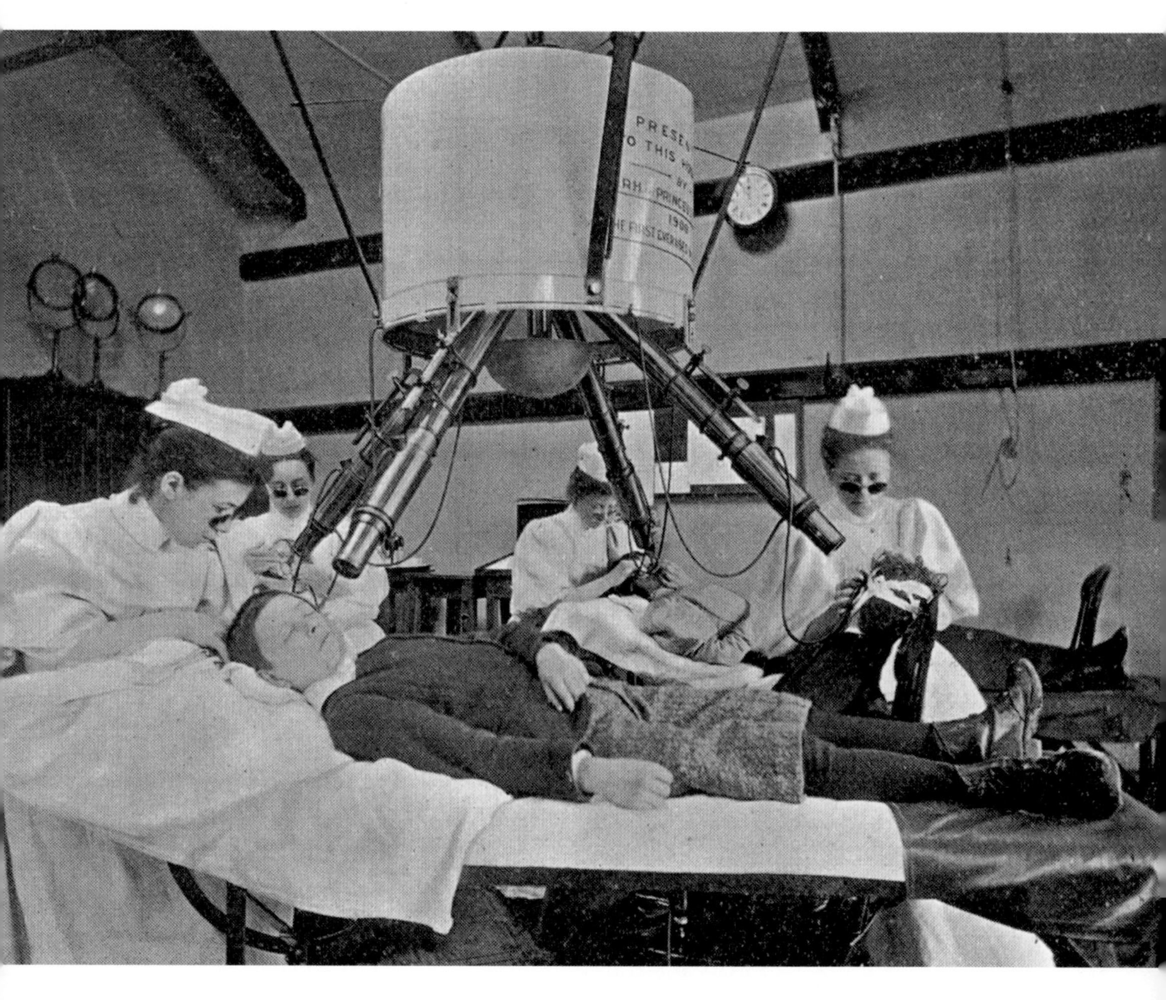

詹姆斯·H. 塞奎拉在其著作《护士版光疗法的基础论述》中展示病人在伦敦皇家医院接受光疗法的场景，1905 年

# 厌恶疗法设备

**厌恶疗法包括给予病人短暂的电击，目的是让病人放弃某些观念和行为。**

厌恶疗法是一种心理调节的形式，旨在使一个人避免或放弃“不良”习惯。通过把特定行为与某些负面刺激绑定在一起，可以让人的大脑建立某种固定的反应，这一理论有着广阔的实验空间。这个概念主要源于苏联心理学家伊万·巴甫洛夫的研究，他关于狗的实验研究结果构成了行为主义的基础，而行为主义是在 20 世纪中叶占主导地位的一种心理学。

1974 年的同性恋平等运动

最早在 20 世纪 30 年代，厌恶疗法被用于治疗酒精成瘾，此后被用于“治疗”其他被认为“不正常”的行为，比如恐惧症、成瘾症和同性恋。在 1974 年，西方人从“官方角度”开始认为同性恋是一种精神疾病。在 19 世纪末，有人首先提出，同性吸引是一种医学或心理疾病。对性行为的过度医学化，使得人们觉得应该合法地采用治疗来“纠正”这种错误。据说，在 20 世纪中期，英国布赖顿的一家精神病院的工作人员曾经用这种装置（见右页图）治疗同性恋者。在治疗过程中，患者会受到某些刺激，例如在展示以同性为特征的色情图片的同时，对患者的手指或手进行不同强度和持续时间的电击。人们认为这种做法能减少同性恋的欲望，甚至改变个人的性取向。

到 20 世纪 50 年代，在英国各地的精神病院和国家医疗服务体系下属的医院，旨在“治愈”非异性恋的技术已经普及。尽管 1967 年英国不再将成年男性之间的私下性关系定为犯罪，但厌恶疗法等治疗方法仍在继续使用。据说，许多人自愿接受治疗，这可能是由于社会压力，而有些人则是刑事司法系统判定后被送来的。1967 年以前，在英国，对于男同性恋和被司法系统判为同性恋的男性，法庭判给他们的最长刑期是终身监禁，而作为他们刑罚的一部分，许多人被迫接受治疗。有些人则选择用接受治疗来替代监禁的刑罚。

同性恋被贴上疾病和犯罪的标签，这其实是一种歧视，侵犯了如今西方人所谓的基本人权。在 20 世纪 70 年代，同性恋权利活动家（包括精神病学家）抗议说，他们不需要被“治愈”。后来，人们的态度逐渐转变，1973 年，美国精神病学会终于将同性恋从其《精神疾病诊断和统计手册》中删除。

英国萨塞克斯郡的圣弗朗西斯精神病院里的厌恶疗法设备，1950—1980 年

# 给孩子们展示治疗方法的教学娃娃

## 小儿麻痹症的患者通常需要长时间卧床休息和被石膏模具包裹着。

右页图中这个娃娃的眼神清澈，它的眼睛睁得大大的，好像显示出这个娃娃无所畏惧。在20世纪上半叶，孩子们对瓷娃娃或赛璐珞娃娃都很熟悉。但右页图中的这个娃娃并未和别的娃娃一样去参加聚会，而是正在接受骨结核或小儿麻痹症的治疗。

与医院里的小孩交流有一定的难度，因为孩子们很可能病恹恹的，内心也比较害怕。这个玩偶和同型号的其他玩偶一样，都用来展示各种各样的治疗方法，向病床上的孩子们解释医生和护士们在做什么。这种创意行为出现于英国的“特雷洛尔市长跛子医院”，该医院成立于1908年，1951年其改名为特雷洛尔市长骨科医院，以代替过时的术语“跛子”。最初医院为患有肺结核的儿童提供治疗，从20世纪20年代也开始收治小儿麻痹症患者。上述两种疾病都会给正在成长的孩子们带来关节、骨骼和肌肉上的损伤。肌腱和韧带的绷紧和僵硬可能会导致儿童的运动障碍和骨头发育问题，在这种情况下，医生们会让病人使用金属背带和卡钳，配合在躯体上铸成石膏。对于脊柱受到影响的儿童，医生会让病人在架子上悬吊着，然后在他们整个躯体上铸石膏。病人可能要在这样的模具里待上几个月。这种疗法的疗效有限，虽然它能防止骨骼进一步扭曲，但强迫病人不动会导致他们肌无力。

玩具能寄托孩子们的想象力，尤其是娃娃。但右页图中的这个娃娃不仅仅是一个玩具，它代表了20世纪儿童健康事业的重要节点。人类发明了有效的疫苗，广泛应用了青霉素，之后，英国人对脊髓灰质炎和结核病的恐惧逐渐减少，与此同时，现代儿童心理学也开始出现，本文介绍的娃娃正是在这一背景下出现的。20世纪三四十年代，心理学的发展包括利用游戏与儿童交流，和需要对儿童创伤的长期影响有更清晰的认识。毕竟，娃娃的中性表情和被动属性与真实的孩子大不相同。

教学娃娃，以展示小儿麻痹症的治疗过程，1930—1950 年

左页图：在英国汉普郡的奥尔顿市，患有小儿麻痹症和结核病的儿童正在“特雷洛尔市长跛子医院”的露天平台上接受治疗，1937 年左右

微型医院里的儿童病房

# 微型医院

**国王基金会制作了一个有很多人偶的微型医院模型，目的是在全国各地展出，为慈善机构筹集资金。**

左页图中的这个模型里面有许多人偶，但这个复杂的模型并不是用来玩的。它是20世纪30年代初由国王基金会委托制造的，这个模型旨在激发公众对医院的自豪感和责任感。在英国国家医疗服务体系建立之前，国王基金会还发挥着筹措资金的作用。当时的威尔士亲王（他后来以爱德华八世的身份短暂地担任过英国国王）主持了该模型首次展览的开幕式。这个模型在英国各地进行了巡回展示，人们用专属拖车运送它，成千上万的人曾经观赏过它。

这一比例为1:16的模型展示了当时的人们对理想中现代医院的憧憬。它由五个独立的模块组成，展览时这些模块会连接在一起，藏在微型灯框内的100多个灯泡可以完全照亮模型的所有角落。其精致的细节让人叹为观止，人们甚至能透过某些窗户看到里面的内容。除了13,000块手工彩绘瓷砖和超过100万块砖块，整个模型中展示的设备（无论是X射线机、手术室灯还是厨房用具）都是与现实世界中生产这些产品的公司合作制造的。另外，梧桐木纹板房的装裱肖像画是由当时一位著名的微型画画家完成的。而且，为了反映那些为该模型的建造和展览提供资助之人的社会地位，模型里成人病房的几张床罩是由王室女性成员捐赠的蕾丝手帕制成的。

在该模型刚出现的那段时间，它至少有一个互动装置。把一枚硬币投入一个特殊的盒子里，按下一个按钮，就能操作这个微型医院的电梯了。这个简单的互动装置还贴着纸质标签。在原始标签下面，有一条手写的附加说明，写着“用户能选择让电梯向上或向下运行，请只玩一次”，后面还写着“希望体验者不要把它当成玩具来玩”。但尴尬的是，在反面还写着更简单的词：“已坏”，由于玩的人太多，电梯坏了。

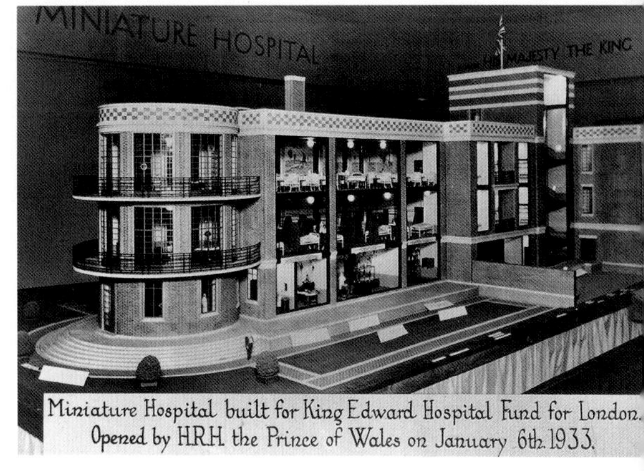


开幕式时发行的宣传明信片上的微型医院，1933年

# 后记

本书是伦敦科学博物馆的工作人员和研究人员共同努力的成果，他们积极参与了伦敦科学博物馆的医学收藏工作。不同学科的作者，包括艺术史学家、博物馆管理员、科学家和环境保护活动家等，他们都对伦敦科学博物馆的医疗艺术品有着深刻的理解，并热衷于分享他们的专业知识。

作为这本书的主编，我们要感谢每一位作者的贡献，感谢他们的专业知识和在整个创作过程中的慷慨支持。以下为参与作者的姓名：杰玛・阿尔蒙德、穆里尔・贝利、凯蒂・巴雷特、莎拉・邦德、蒂姆・布恩、杰西卡・布拉德福德、罗伯特・巴德、伊莫根・克拉克、鲁珀特・科尔、凯蒂・达宾、杰克・戴维斯、斯图尔特・埃门斯、丽贝卡・卡尼、詹妮克・兰菲尔德、伊莎贝尔・劳伦斯、艾玛・斯特林・米德尔顿、萨拉・斯特拉达尔、安妮・斯威特和莎拉・韦德。

我们感谢凯文・珀西瓦尔、珍妮・希尔斯和基拉・祖姆克利，他们为本书拍摄了精美的照片。我们感谢负责编辑本书的夏洛特・格里弗森和塔拉・戈弗雷。我们也感谢卡尔顿出版集团的伊西・威尔金森。同时，伦敦科学博物馆的管理员们与英国惠康博物馆的同事和朋友们分享了他们的想法，我们从中受益匪浅，本书的成功出版离不开他们的帮助，对此我们向他们表示感谢和感激。最后，我们要感谢在幕后工作的同事们，感谢他们一直以来对伦敦科学博物馆的关心和奉献。

# 图片鸣谢

此书包含所有图片来自伦敦科学博物馆 / 伦敦科学与社会图片库，除非另有说明。

卡尔顿出版集团感谢以下机构和个人，感谢他们许可本书使用他们拥有版权的图片。

Alamy：Hemis 第 48 页；Interfoto 第 89 页；图片艺术收藏公司第 2 页；沃纳福尔曼档案馆 / 开罗国家图书馆第 94 页。

安德鲁·巴姆吉博士提供：第 219 页。

© 大英图书馆董事会：第 116 页。

© 剑桥新闻社以及埃弗拉德家族提供：第 152 页。

英国中央健康卫生委员会和健康教育局：第 108 页、第 124 页、第 125 页。

彼得·布朗提供：第 136 页。

约翰·查恩雷信托基金：第 149 页。

彼得·邓恩制作了该页左侧图“推卸责任”中的药片城堡：第 199 页。

Eyevine: 乔纳森·普莱尔 /《纽约时报》/Redux 第 24 页。

埃德·弗里曼提供：第 144 页。

盖蒂图片社：贝特曼第 151 页；浩顿·戴池第 238 页；蒙特·弗拉斯卡 / 斯垂哥第 80 页；肯斯顿 / 斯垂哥第 140 页；华莱士·柯克兰第 43 页；波普费托第 224 页。

芭芭拉·赫普沃斯 © 鲍内斯：第 100 页、第 101 页。

伦敦帝国战争博物馆：第 212 页（Q 3212）、第 215 页（Q33415）。

彼得·邓恩 © 邓恩·李森所著《推卸责任：跨国制药公司的游戏》，东伦敦健康项目：第 198 页。

© MRC 分子生物学实验室：第 14 页。

© 英国国家肖像艺术馆：第 58 页。

公共领域：第 47 页、第 107 页、第 162 页。

© 图片由英国皇家助产士学院提供 [ 档案参考：RCM/PH7/2/3]：第 36 页。

伦敦科学与社会图片库 /© 每日先驱档案 / 英国国家科学与媒体博物馆：第 10 页、第 148 页、第 182 页、第 190 页、第 228 页；© 沃尔特·纽伯格 / 英国国家科学与媒体博物馆第 139 页。

科学图片库：第 230 页；A. 巴林顿·布朗，© 冈维尔与凯斯学院第 33 页；帕特里斯·拉特隆 / 尤里利奥斯 /《看科学》第 65 页。

Shutterstock: ANL 第 69 页；朱利安·马克伊第 232 页；弗兰克·鲁斯特 / 每日邮报第 131 页；罗汉·沙利文 / 美联社第 44 页。

苏·斯内尔（CC BY）：第 194 页。

伦敦南华克地方历史图书暨档案馆：第 119 页（PB6346）。

英国惠康博物馆：第 6 页、第 9 页、第 12 页、第 19 页、第 20 页、第 23 页、第 39 页、第 40 页、第 52 页、第 62 页、第 70 页、第 74 页、第 83 页、第 90 页、第 99 页、第 111 页、第 120 页、第 123 页、第 127 页、第 128 页、第 158 页、第 176 页、第 197 页、第 201 页、第 202 页、第 205 页、第 208 页、第 220 页、第 227 页、第 235 页、第 237 页、第 240 页、第 243 页。

我们已尽一切努力确认并联系每张图片的版权所有者，卡尔顿出版集团对任何无意的错误或遗漏深表歉意，这些错误或遗漏将在本书的今后版本中更正。

卡尔顿出版集团

图书在版编目（CIP）数据

科学博物馆 / 英国伦敦科学博物馆著 ;（英）娜塔莎 · 麦肯罗 ,（英）塞利娜 · 赫尔利主编 ; 董震东译 . -- 北京 : 北京时代华文书局 , 2024.3

书名原文 : Science Museum: The Medicine Cabinet The Story of Health and Disease Told Through Extraordinary Objects

ISBN 978-7-5699-5060-1

Ⅰ . ①科… Ⅱ . ①英… ②娜… ③塞… ④董… Ⅲ . 科学馆 – 藏品 – 介绍 – 伦敦 Ⅳ . ① G269.561

中国国家版本馆 CIP 数据核字 (2023) 第 220845 号

Science Museum: The Medicine Cabinet, edited by Natasha McEnroe and Selina Hurley
Design copyright © Welbeck Publishing Group 2019
Text copyright © Science Museum 2019
First published in 2019 by Welbeck, an imprint of Headline Publishing Group.
All rights reserved.
Simplified Chinese rights arranged through CA-LINK International LLC.

北京市版权局著作权合同登记号 图字：01-2019-6397

KEXUE BOWUGUAN

出 版 人：陈 涛
责任编辑：邢 楠
执行编辑：刘嘉丽
责任校对：陈冬梅
装帧设计：孙丽莉
责任印制：刘 银 訾 敬

出版发行：北京时代华文书局 http://www.bjsdsj.com.cn
北京市东城区安定门外大街 138 号皇城国际大厦 A 座 8 层
邮编：100011 电话：010-64263661 64261528

印 刷：天津裕同印刷有限公司
开 本：710 mm × 1000 mm 1/16 成品尺寸：170 mm × 240 mm
印 张：16 字 数：257 千字
版 次：2024 年 3 月第 1 版 印 次：2024 年 3 月第 1 次印刷
定 价：108.00 元

**版权所有，侵权必究**
本书如有印刷、装订等质量问题，本社负责调换，电话：010-64267955。